AF545739

NICOLA BARDOLA

RINGO STARR

Die Biographie

“He was quite simply the heart of the Beatles.”
John Lennon

„Ich habe Ringo zum ersten Mal 1960 im Kaiserkeller gesehen, als er noch mit Rory Storm & The Hurricanes gespielt hat. Das war die erste Band, die ich überhaupt im Kaiserkeller sah. Ringo hat sofort großen Eindruck auf mich gemacht. Er war einfach unglaublich, ein großartiger Drummer: Die ganze Show wurde durch Ringos Schlagzeugspiel zusammengehalten.“
Klaus Voormann

“Ringo Starr is vastly underrated. The drum fills on the song ‘A Day In The Life’ are very complex things. You could take a great drummer today and say, ‘I want it like that’. He wouldn’t know what to do.”
Phil Collins

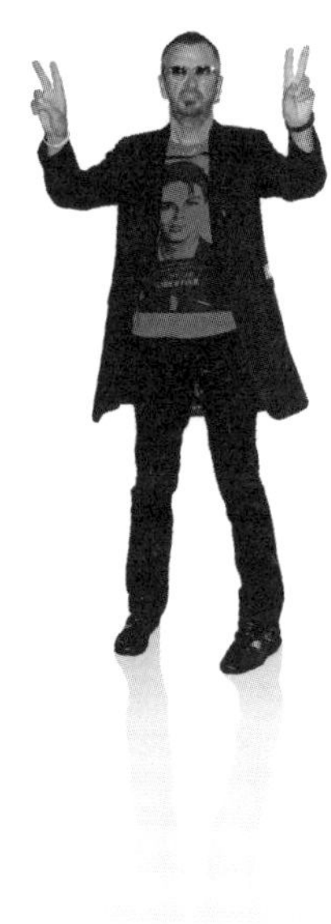

NICOLA BARDOLA

RINGO STARR

Die Biographie

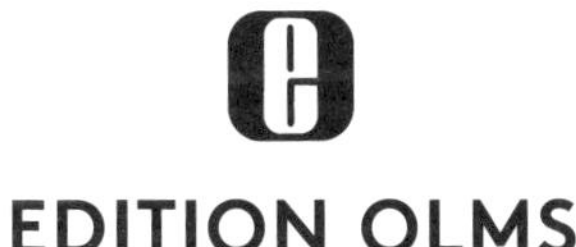

EDITION OLMS

EDITION OLMS AG
Willikonerstr. 10
CH-8618 Oetwil am See / Zürich
Schweiz

Mail: info@edition-olms.com
Web: www.edition-olms.com

ISBN 978-3-283-01295-3

Bibliografische Information der Deutschen Bibliothek
Die Deutsche Bibliothek verzeichnet diese Publikation in der Deutschen Nationalbibliografie; detaillierte bibliografische Daten sind im Internet über http://dnb.ddb.de abrufbar

Lektorat: Gert Gliniorz, Glini-Music
Gestaltung und Satz, Repro: Weiß-Freiburg GmbH – Grafik und Buchgestaltung

Printed in Lithuania

INHALT

TEIL ZWEI

TEIL DREI

ANHANG

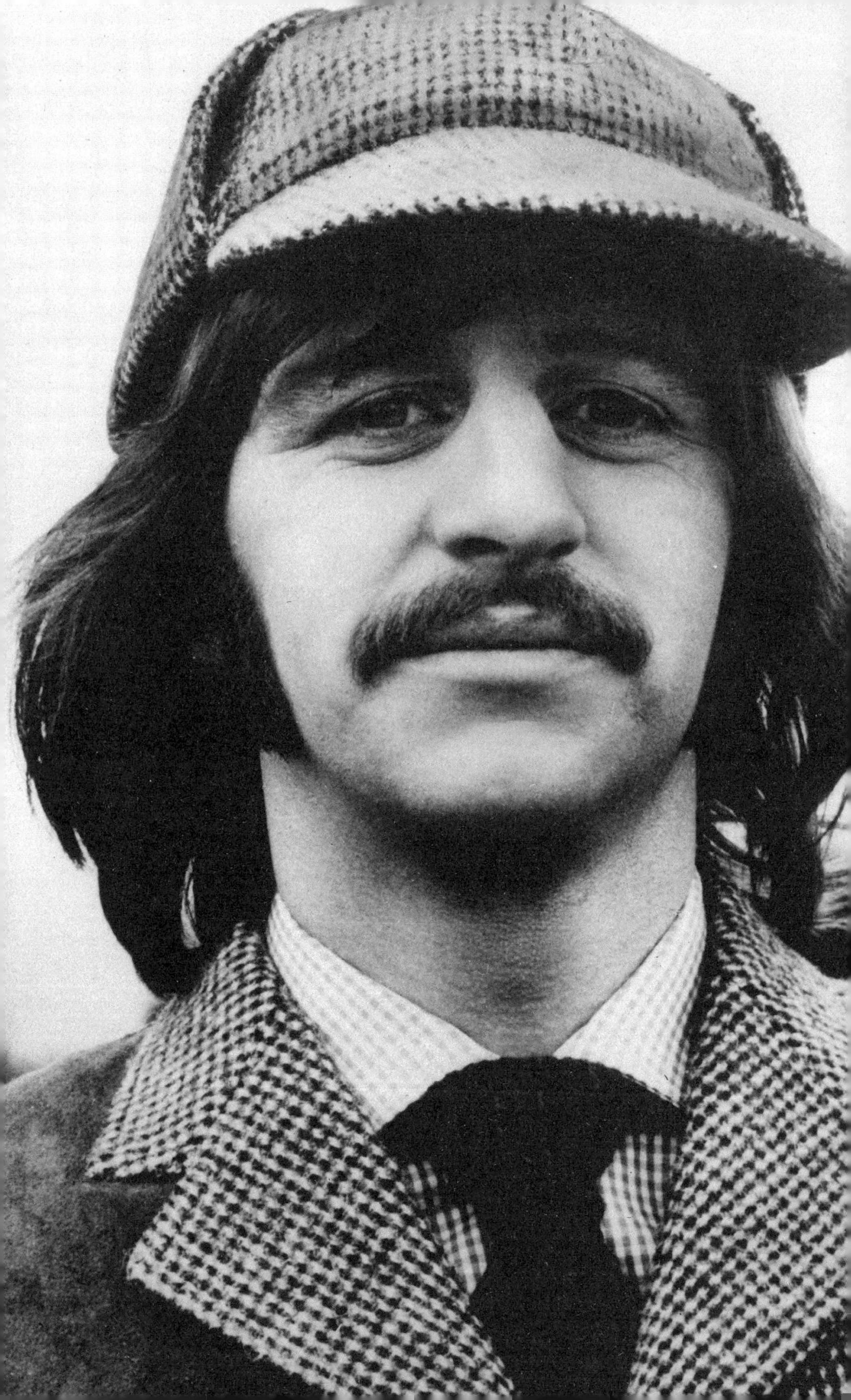

VORWORT

Ringo heißt eine kleine Gemeinde in Kansas in den USA. Auch Helden tragen diesen Namen: John Wayne ist im Western „Stagecoach" (1939) Ringo Kid. Regie führt damals John Ford. Die Story basiert auf Guy de Maupassants Novelle „Boule de suif" von 1879. Gedreht wird die Postkutschen-Geschichte beim Colorado Plateau an der Grenze zwischen Arizona und Utah.

„Ringo" heißt eine Western-Ballade, die für den Schauspieler Lorne Greene (er verkörpert Ben Cartwright in „Bonanza") im Jahr 1964 zum Nummer-Eins-Hit in den USA wird.

Giuliano Gemma spielt Ringo in den Spaghetti-Western „A Pistol For Ringo" und „The Return Of Ringo" (beide von 1965, Soundtracks von Ennio Morricone), die auf ihre Weise Homers Odyssee nacherzählen. „Ringo" heißt auch eine Comicreihe des belgischen Zeichners William Vance. Das erste Album „Der lange Weg nach Santa Fe" erscheint 1965.

Diese und noch viel mehr „Ringos" haben alle ihren Ursprung in John Peters Ringo, genannt Johnny Ringo, einem Outlaw, der 1875 am Mason County War in Texas beteiligt ist. 1882 findet man den Revolverhelden in der Nähe des Chiricahua Peak in Arizona an einen Baumstamm gelehnt: Kopfschuss. Vielleicht war es Suizid nach einer Zechtour, vielleicht war es Mord. Bis heute wird spekuliert, wer Ringo hingerichtet, wer ihn skalpiert haben könnte.

Johnny Ringo ist ein Mythos der US-Populärkultur: In vielen Büchern und Filmen wird von seinem Leben erzählt. Die Legende von Johnny Ringo ist in den 1950er Jahren auch in Liverpool bekannt, wo sich ein Junge namens Richard Starkey, genannt Ritchie, für Geschichten aus dem Wilden Westen begeistert. Als Kind und Jugendlicher schaut er viele Western-Filme im Kino an. „Nach Samstagsmati-

Ringo Starr im April 1969 bei den Dreharbeiten zum Film „The Magic Christian". Seine Kleidung passt zur Szene: Britische Landlords gehen auf die Jagd. Hauptdarsteller Peter Sellers und Drehbuchautor Terry Southern sind sehr gute Freunde Ringos.

neen war ich je nach Film das ganze Wochenende Indianer, Pirat und am liebsten Cowboy", erinnert sich Ringo.

Als die Beatles 1964 die USA erobern, sind diese Hintergründe beim dortigen Publikum präsent. Ringo lernt im Lauf der „British Invasion", wie der Siegeszug britischer Popmusik in Nordamerika genannt wird, Burt Lancaster und Elvis Presley kennen. Beide schenken ihm echte Revolver samt Western-Holster und Patronengürtel. Hierzulande wird der Name Ringo eher mit dem berühmtesten Drummer der Rock-Geschichte in Verbindung gebracht als mit der Figur aus dem Wilden Westen.

Wer ist dieser Filmemacher, Schauspieler, Sänger, Schlagzeuger und Tänzer? Ringo Starr gibt viele Interviews, geht aber selten in die Tiefe und meidet bestimmte Themen. Ringo erklärt mehrfach und immer wieder anders, warum er keine Autobiographie schreibt: „Die Verleger wollen nur wissen, was während der Zeit mit den Beatles passierte. Aber das interessiert mich nicht. Ich kam auf die Welt und hatte ein gutes Leben. Ende der Geschichte." Manchmal variiert Ringo: „Die Leser wollen doch nur wissen, wie John war." Jedenfalls schreibt Ringo nicht ausführlich über sein Leben.

Richard Starkey, geboren 1940, rückt seit den 1990er Jahren immer stärker die Musik in den Mittelpunkt: „When I was thirteen I only wanted to be a drummer", betont Ringo. „I never studied anything, really. I didn't study the drums. I joined bands and made all the mistakes onstage." Ringo hat „by doing" auf der Bühne so viel gelernt, dass daraus die berühmtesten Rhythmen der Pop-Geschichte entstanden sind. Die Lehre ist hart: Zwischen 1959 und 1962 sind Rory Storm & The Hurricanes die erfolgreichere Band als die Beatles. Am Schlagzeug bei Rory sitzt Ringo. Als er den charismatischen Rory verlässt, beginnt der langsame Abstieg des Leadsängers mit seinen Hurricanes und der unaufhaltsame Aufstieg der Beatles. Was, wenn Ringo das Zünglein an der Waage ist? Was, wenn der Drummer den Unterschied macht?

Es gibt viele Fakten in und um Ringos Leben und Werk zu entdecken. Da ist Ella Fitzgerald, die 1965 mit „Ringo Beat" ihren selbstgeschriebenen Song für Ringo veröffentlicht. Da ist The Band, die

Ringos „Don't Pass Me By" für den besten Song der Beatles auf dem „White Album" hält. Da ist Bob Dylan, der mit Ringo im Duett ein Lied im Studio singt, davon zwei Verse solo. Zudem begleitet Bob Dylan ihn auf der Mundharmonika. Da ist Ringo nicht in einer Filmrolle, sondern als Performer mit komplett kahlrasiertem Kopf, inklusive der Augenbrauen. Seine Aussage: „You don't know me". Da ist ein unbekannter Drummer, der Ringo zum einzigen mit den Beatles im Studio aufgenommenen und veröffentlichten Schlagzeugsolo inspiriert. Da gibt es diesen Ausnahme-Song in der Geschichte der Beatles, der als Songwriter das Trio Lennon-McCartney-Starkey nennt. Und da ist jener Song, den John extra für Ringo schreibt, den Ringo aber nie aufnehmen wird, obwohl Johns Demo-Tape existiert.

Da sind auch die persönlichen und sehr individuellen Probleme Ringos: Wie Schriftsteller angstbeladene Erinnerungen überschreiben, um sie zu löschen, so übertrommelt Ringo die fremden Schlagzeugparts von 1962 in „Love Me Do". Da sind auch die Songs „Matchbox" und „Honey Don't", die einzigen zwei im großen Repertoire der Beatles, die von allen Fab Four einzeln als Leadsänger bei verschiedenen Gelegenheiten interpretiert wurden. In Erinnerung bleiben aber nur die Versionen Ringos.

Ringos Leben hält mehr Überraschungen bereit als die sattsam bekannten Lebensläufe von John, Paul und George. Das liegt auch daran, dass die kreativeren Fab Three schon so gründlich untersucht wurden. Nun können Ringos Originalität, Ausdauer und Wille besser zum Vorschein kommen. Musikerkollegen, Publikum und Tontechniker staunen, wenn sie Ringo bei der Arbeit sehen: Er ist ein Marathon-Drummer. Diese Zähigkeit überträgt sich auf viele Bereiche seines Lebens.

Nicola Bardola, München im Januar 2020

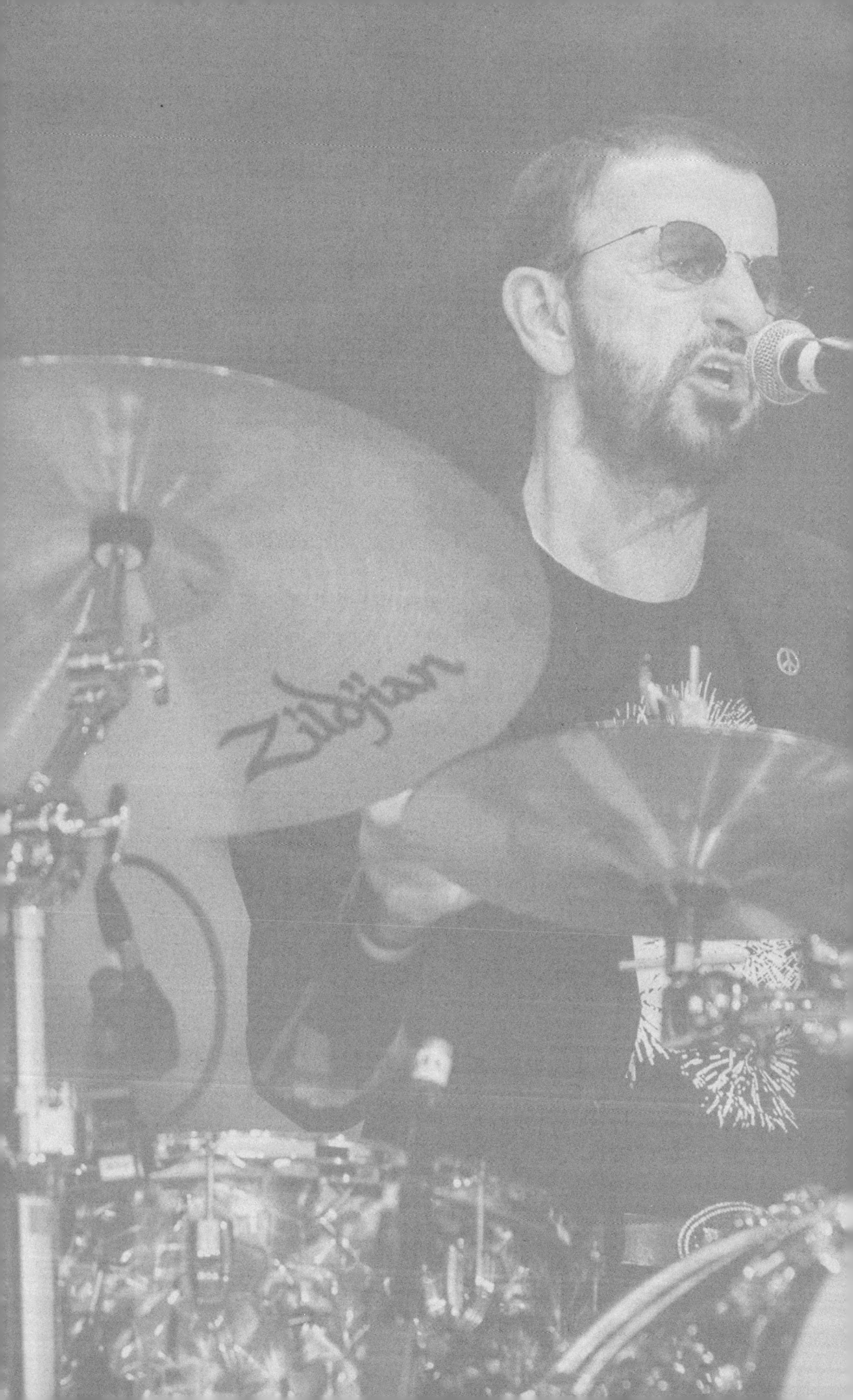
Zildjian

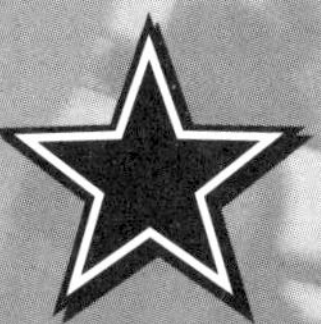

TEIL EINS

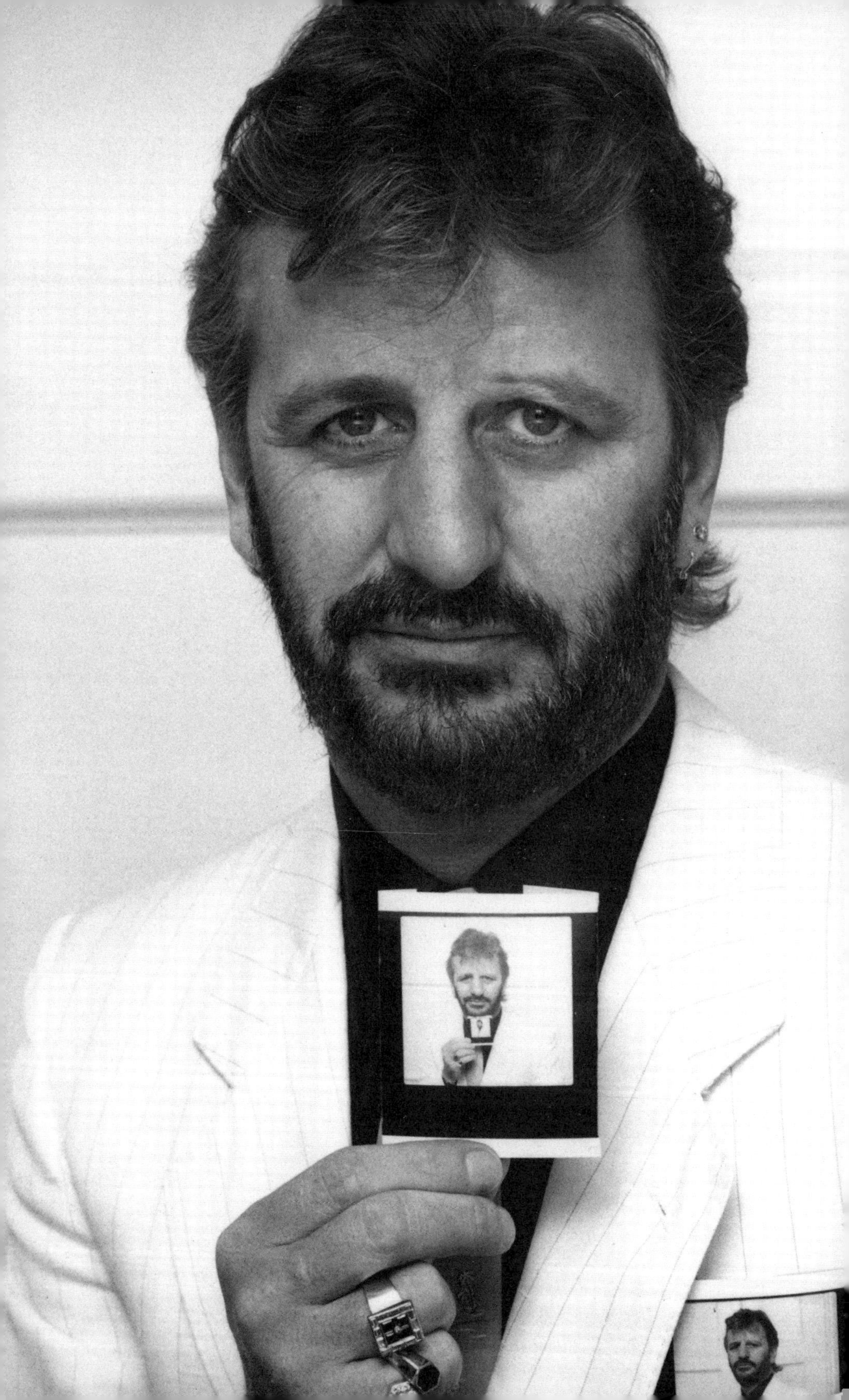

WENDEPUNKTE VON 1970 BIS 2020

Das Ende der Beatles im Frühjahr 1970 ist der tiefste Einschnitt im Leben des damals noch nicht ganz dreißig Jahre alten Schlagzeugers Ringo Starr. Die Folgen des Auseinanderbrechens der größten Rockband der Welt sind aber nicht nur negativ.

Weitere wichtige Zäsuren finden zehn und 18 Jahre später statt. Privat ändert sich für Ringo alles im Jahr 1980, als er sich während der Dreharbeiten zum Film „Caveman" in das Ex-Bond-Girl Barbara Bach verliebt. Die beiden haben nach den Dreharbeiten einen Autounfall mit Totalschaden. Sie waren nachts unterwegs von London zu einer Party Eric Claptons. Das Foto des vollkommen zerstörten Mercedes ist erschreckend. Ringo besitzt davon nur noch das Lenkrad und die Nummernschilder. Mit sehr viel Glück verletzen sich die beiden nur leicht. Das schweißt sie zusammen. Wenn sie das überlebt haben, so sagen sie sich, dann werden sie auch alles Künftige überstehen. Sie schwören sich ewige Liebe. Und es funktioniert. Ringo und Barbara sind eine Ausnahme im Showbusiness und bis heute ein Paar.

Das heißt nicht, dass alles glatt läuft bei Ringo. Drei entscheidende Ereignisse finden kurz nacheinander Ende der 1980er Jahre statt. Es ist erstaunlich, wie nah beieinander in einem Lebenslauf manchmal wichtige Weichen gestellt werden. Seither sind die Folgen der drei Begebenheiten deutlich spürbar. Wie die Liebe zu Barbara bestimmen sie bis in die Gegenwart hinein Ringos Verhalten.

Ringo Starr fotografiert nicht nur leidenschaftlich und singt ‚Photograph", er spielt auch gerne mit seinem Konterfei. Hier hält er Anfang der 1980er Jahre sein Polaroid hoch.

Das verbotene Album

Chips Moman wird 1937 in Georgia geboren und zieht 1951 nach Memphis, wo er sich rasch als Musiker einen Namen macht. 1958 komponiert er seinen ersten Song „This Time", der von Thomas Wayne & The De-Lons interpretiert und später mehrfach gecovert wird, u.a. von Troy Shondell. Wenig später tourt Chips mit Johnny Burnette („You're Sixteen") und Gene Vincent („Be-Bop-A-Lula"). Sie sind von Ringo, John, Paul und George verehrte Helden des Rockabilly. 1961 treffen die Beatles Gene Vincent in Hamburg, 1962 treten sie mit Gene Vincent im Cavern in Liverpool auf. Ringos und Chips' Wege hätten sich damals fast schon kreuzen können, aber Chips kann Vincent nicht nach Europa begleiten. Er hat in den USA zu tun.

Chips ist in Memphis Ende der 1950er Jahre an der Umwandlung von Satellite Records zu Stax Records maßgeblich beteiligt. Er ist der Aufnahmeleiter und produziert schon 1960 die Hit-Single „Gee Whiz", gesungen von Carla Thomas. Es folgen Hits von Booker T. & The M.G.'s und viele andere. 1964 gründet Chips sein eigenes Studio in Memphis, das American Sound Studio. Dort entstehen unter Chips' Leitung Hits von Petula Clark, Solomon Burke, Bobby Womack, Neil Diamond oder Wilson Pickett. Es folgen viele weitere Erfolge, die Chips nicht nur produziert, sondern gemeinsam mit Dan Penn für Stars wie Aretha Franklin („Do Right Woman, Do Right Man"), James Carr („The Dark End Of The Street") oder Waylon Jennings auch komponiert und textet. Für den wunderbaren Wortspiel-Song „(Hey Won't You Play) Another Somebody Done Somebody Wrong Song", gesungen von Billy Joe Thomas, gewinnt Chips 1975 einen Grammy. Sein Studio gehört in den 1960er und 1970er Jahren zu den erfolgreichsten der USA. Chips beeinflusst in dieser Zeit maßgeblich die Entwicklung des Soul und insbesondere den Memphis-Sound.

Einer der Höhepunkte in Chips' Laufbahn ereignet sich 1969. Chips begleitet mit seiner Studio-Band „The Memphis Boys" keinen geringeren als Elvis Presley. Und zugleich produziert er sein Comeback-Album „From Elvis In Memphis". Es enthält den Hit „In The Ghetto". Während derselben Sessions wird auch „Suspicious Minds" aufgenommen, der erste Nummer-Eins-Hit für Elvis seit 1962. Chips stellt in vielfacher Hinsicht eine enge Zusammenarbeit mit Elvis her und berät ihn besonders auch in gesanglichen Fragen. Chips' Anteil an Elvis' Erfolg in jener für den King schwierigen Zeit kann nicht hoch genug eingeschätzt werden. Chips ist der musikalische Vater des neuen und so erfolgreichen Sounds, den Elvis bis zu seinem Tod nicht mehr überbieten kann.

All das weiß Ringo nur allzu gut. 1986 ist er in einer noch viel problematischeren Situation als Elvis 1968. Ringos letztes Studioalbum „Old Wave" ist 1982 gefloppt. Seither wagt er sich nicht mehr ins Studio. Musikalisch ist er verunsichert und weiß nicht mehr, wie es weitergehen soll. Da eröffnet sich ihm eine großartige Chance. Zu Beginn des Jahres 1987 ist Ringo in Memphis, Tennessee, um mit Produzenten-Legende Chips Moman ein neues Album aufzunehmen. Es existieren Fotos und Videos der beiden, die gut gelaunt an Ringos Comeback-Projekt arbeiten. So schicken Ringo und Chips eine Grußbotschaft an Pete Drake, ohne den 1970 Ringos Country-Album „Beaucoups Of Blues" nicht entstanden wäre. Ringo und Chips sind ein Herz und eine Seele. Ringo neigt sich zum Schluss der Aufnahme weit zu Chips hinüber und sie winken gemeinsam ihrem Freund Pete Drake zu.

„I Wish I Knew Now What I Knew Then"

Chips Moman hat sich gerade mit Hilfe der Stadt Memphis sein neues Aufnahmestudio „Three Alarm Studio" in einem früheren Feuerwehrhaus eingerichtet. Ringos Memphis-Album könnte darin zu Beginn des Jahres 1987 der lange versprochene Nachfolger des Country-Albums „Beaucoups Of Blues" werden, das Ringo 1970 mit Pete Drake in Nashville aufgenommen hat. Allen ist klar, dass Ringos Stimme zu keinem anderen Genre besser passt als zu Country und Western. Chips Moman produziert kurz vor der Zusammenarbeit mit Ringo mit der Supergroup The Highwaymen (Johnny Cash, Waylon Jennings, Kris Kristofferson und Willie Nelson) das gleichnamige

Album „The Highwaymen“ im Jahr 1985. Und nur ein Jahr später gelingt ihm als weiteres Highlight „Class of 55 – Memphis Rock & Roll Homecoming“ mit Johnny Cash, Jerry Lee Lewis, Roy Orbison und Carl Perkins.

Ringo und Chips passen in dieser Situation sehr gut zusammen. Und Ringo braucht den Meister-Produzenten eher als Chips den alkoholabhängigen Ex-Beatle am Tiefpunkt seiner musikalischen Laufbahn. Aber die Sessions laufen nicht reibungslos. Die Probleme beginnen, als die Journalistin Rheta Grimsley Johnson in „The Commercial Appeal“, einer Tageszeitung in Memphis, im Februar einen kritischen Artikel schreibt, der Ringo als einen „aging Beatle who is yesterdays news“ bezeichnet. Dessen Anwesenheit könne ja wohl der Musik-Stadt Memphis nicht förderlich sein, so Johnson. Es treffen zahlreiche Leserbriefe pro und contra ein. Die Medien greifen das Thema auf. Irritiert verlassen Ringo und Barbara die Stadt, zumal auch mit ihrer Aufenthaltserlaubnis etwas nicht in Ordnung ist. Chips organisiert inzwischen Proteste: Film-Aufnahmen zeigen ihn mit anderen Demonstranten Transparente und Schilder schwenkend vor dem Redaktionsgebäude des „Commercial Appeal“. Das Engagement zeigt Wirkung. Der Bürgermeister lobt schließlich öffentlich Ringo für seine Verdienste und heißt ihn herzlich in Memphis willkommen. Ringo kehrt daraufhin mit Barbara an seiner Seite zurück.

Jetzt erst, im April 1987, gehen die Sessions in den Three Alarm Studios richtig los. Mit von der Partie sind u. a. Sam Shoup am Bass, J.R. Cobb an der Gitarre und Jimmy Whitehead am Piano. Chips spielt Gitarre und leitet die Sessions. Ringo singt und spielt nebenbei Schlagzeug, wobei zwei weitere Schlagzeuger im Einsatz sind. Fotos zeigen Ringo am Schlagzeug mit Sakko und einer pinkfarbenen Krawatte. Ringo ruft und die Freunde kommen: Eric Clapton, Dave Edmunds, Carl Perkins und Bob Dylan nehmen an den Sessions teil. George Harrison kündigt sich an. Ringo glaubt, dass dies ein historisches Event in seinem Leben werden könnte und lässt während der Sessions filmen, die teilweise auch in den legendären Sun Studios stattfinden. Diese Filmaufnahmen sind heute bei Ringo unter Verschluss. Es werden 16 Songs aufgenommen, von denen bis heute aber nur sechs auf Bootlegs kursieren: „I Can Help", „Some Kind Of Wonderful", „Beat Patrol", „Ain't That A Shame", „Shoo-Be-Doo-Be-Doo-Da-Day" und „Whisky And Soda". Ähnlich wie bei „Beaucoups Of Blues" werden einige Nummern speziell für Ringo komponiert.

Einer der Höhepunkte: Bob Dylan singt im Duett mit Ringo den Country-Song „I Wish I Knew Now (What I Knew Then)", spielt Mundharmonika und singt zwei Zeilen solo. Das ist ein besonders berührender Moment: Der spätere Literaturnobelpreisträger mit dem bekanntesten Schlagzeuger der Welt in einem Studio gemeinsam ein Lied singend, das mit seinen Wortspielen so gut zu Ringo passt. Thematisiert wird ein melancholischer und desillusionierter Rückblick auf das Jahr 1968, „als es noch Helden gab". Ringo singt „we were the conscience that make the dream begin". Die zweite Strophe wechselt vom Politischen zum Privaten. Ringo erinnert sich an eine Geliebte und an die Freiheit, die er glaubte mit ihr gefunden zu haben. Die Schreiber dieses und weiterer Songs dieser Sessions können nicht zweifelsfrei identifiziert werden. „I Wish I Knew Now (What I Knew Then)" enthält Eigenschaften, die sowohl zu Bob Dylan als auch zu Chips Moman und natürlich zu Ringo passen. Handelt es sich hier am Ende um einen verlorenen Dylan-Song? Thema und Habitus in „I Wish I Knew Now (What I Knew Then)" sind jedenfalls sehr dylanesque.

Nie einen ehrgeizigeren Sänger erlebt

Bemerkenswert ist auch Ringos Version von Billy Swans „I Can Help". Das Tempo ist höher als beim Original, die Instrumentierung sparsam und Ringos Gesang kantig. In einem Interview mit dem „Commercial Appeal" erklärt Ringo, es werde ein Rock'n'Roll-Album, das nicht unbedingt einen Memphis-Sound hat. Er wüsste gar nicht, was das sei. „If I make an album in London, you don't call it a ‚London album'." Ringo bekräftigt, er singe hier richtig gut. Chips hole das Beste aus ihm heraus und auch Chips' Ehefrau Toni Wine helfe ihm sehr.

Toni Wine, 1947 geboren, ist eine amerikanische Singer-Songwriterin. Mit 18 Jahren schrieb sie die Melodie zu „A Groovy Kind

Of Love". Sie ist die weibliche Stimme bei den Archies, deutlich zu hören in „Sugar Sugar", und sie hat Musik an der Julliard School in New York studiert. In Memphis coacht sie Ringo und er lobt sie dafür. Beim Singen könne er ja leicht nervös werden, seine Sache sei das Schlagzeug. Zudem sei er ein Crooner, Toni aber sei auch eine Rock'n'Rollerin und befreie ihn vom Croonen. Die wenigen Aufnahmen dieser Sessions im Umlauf bestätigen das: Es fehlt die dominante Wärme und Intimität in Ringos Stimme. Er probiert in Memphis etwas Neues aus: Rock und Country in Chips' Memphis-Sound. Fotos zeigen Ringo konzentriert bei der Arbeit, beispielsweise im Gespräch mit Toni Wine. Im Studio herrscht eine aufgeräumte Atmosphäre, alle Anwesenden sind bei der Sache. Und sogar Ringos juristischer Berater Hilary Gerrard hat seine Freude daran. Barbara und er sind manchmal im Studio anwesend. Die Aufnahme-Situation ist ähnlich wie in Nashville 17 Jahre zuvor: Overdubs sind nicht Chips' Spezialität. Im Gegenteil: Die neuen Songs werden vor Ort eingeübt und live mit der gesamten Band eingespielt. Toni Wine erklärt, sie habe nie einen ehrgeizigeren Sänger erlebt als Ringo. Bis zu 15 Stunden am Stück habe Ringo an den Songs gearbeitet.

Nach Beendigung der Sessions findet eine rauschende Party statt. Ringo und Chips laden Freunde und Pressevertreter auf eine Music-Riverboat-Tour ein, auf der beide gut gelaunt ein paar Songs spielen. Die Chemie stimmt zu diesem Zeitpunkt noch, das zeigen die Fotos.

Ringo und Barbara fliegen zurück nach London. Der Kontakt zu Chips schläft ein, der Alkoholkonsum beim Ehepaar Starkey steigert sich und die Zweifel Ringos an seiner Leistung in Memphis nehmen zu. Ringo möchte die Drum-Parts neu aufnehmen, weil er in Memphis offenbar kaum am Schlagzeug saß, sondern sich auf den Gesang konzentrierte, ähnlich wie in Nashville. Er möchte mit seinem eigenen Drum-Stil präsenter sein. Möglicherweise kommt auch Kritik von Ringos Stargästen. Jedenfalls verzögert sich das Abmischen des Albums so lange, bis Chips Druck macht. 1989 will er „seinen" Ringo veröffentlichen, doch dieser verhindert es mit einer einstweiligen Verfügung. Es kommt zu juristischen Streitereien, die sich bis 1991 hinziehen. Am Ende bezahlt Ringo eine erhebliche Summe an Chips und bekommt dafür die Bänder ausgehändigt, die von Chips nicht veröffentlicht werden dürfen.

Offenbar ist Ringo in Memphis an seine Grenzen gestoßen. Er hätte fast zu sich als Country-Sänger und als Rock'n'Roller zurückgefunden. Es muss während der Aufnahmen viel Alkohol geflossen sein. Und es waren weitere Drogen im Spiel. Aus den Fotografien geht das nicht hervor. Und eine betrunkene Toni Wine bei der Arbeit kann man sich nur schwerlich vorstellen. Aus Ringos rückblickender Warte sind die Arbeiten aber aus dem Ruder gelaufen. Zudem habe man ihm Songs angeboten, die ihn überbeansprucht hätten. John, Paul und George hätten ihm weniger zugemutet und das sei besser gewesen.

Nun drohen diese Aufnahmen als das „Drunken Album" oder „The Lost Memphis Tapes" für immer in Vergessenheit zu geraten. Es hätte eines der besten Alben Ringos werden können. 2003 würdigt Ringo die Stadt mit dem Song „Memphis In Your Mind": *You can have two left feet and you can still keep the beat, if you're sixteen and sweet. Or you can't leave your seat if you wanna be the king. You gotta go to Memphis in your mind.* Diesen Rocker spielt er heute noch gerne live.

Ringo versucht seither nie wieder, sich musikalisch zu überfordern. Es dauert noch fünf Jahre bis zum nächsten Studioalbum. Ringo achtet darauf, dass die Ambitionen nicht zu hoch gesteckt werden. Er geht als Sänger nie wieder an seine Grenzen. Spaß und Spielfreude müssen im Vordergrund stehen und sollen sich dann auf die Hörer übertragen.

Ringo, Playboy und Trinker

Das Ende der Beatles belastet nicht nur die Fab Four schwer, sondern auch ihre Fans weltweit. Niemand gießt das so prägnant in einen Song wie John Lennon in „God" mit den Worten: *... I don't believe in Elvis. I don't believe in Zimmerman. I don't believe in Beatles. I just believe in me, Yoko and me, and that's reality. The dream is over. What can*

I say? The dream is over, Yesterday, I was the Dreamweaver, but now I'm reborn. I was the Walrus, but now I'm John. And so dear friends, you'll just have to carry on. The dream is over. Der Song entsteht im Herbst 1970 in den Abbey Road Studios. John wird begleitet von Billy Preston, Klaus Voormann und natürlich von Ringo Starr: „Ich spiele in dem Song viele Fills, aber niemals dieselben. Ich lasse mich treiben, lasse mich inspirieren von Johns Worten, von seiner Stimme, von der Atmosphäre im Studio", erklärt Ringo die Virtuosität – bei diesem Lied ist dieser Ausdruck tatsächlich angebracht –, mit der er diesem vielleicht traurigsten Lied Lennons eine enorme Intensität verleiht. „Ich bin natürlich nicht inhaltlich mit jedem Vers Johns einverstanden, aber das spielt ja für die Qualität meiner Fills keine Rolle", lacht Ringo. Sein Problem zu jenem Zeitpunkt besteht darin, dass er sich im Gegensatz zu John eben nicht „reborn", also wiedergeboren, fühlt. Seine drei Freunde spüren Ringos Unsicherheit und versuchen ihm zu helfen, ihn in ihre Arbeit einzubinden. Das gelingt auch weitgehend, aber zu Ringos bestem Freund entwickelt sich mehr und mehr der Alkohol.

John, Paul und George haben Drogenprobleme, aber keinen erwischt es langfristig so hart wie Ringo. Das mag auch daran liegen, dass er schon als Kind der Flasche zu nahe kam: „Meine Mutter erzählte mir, dass ich als Neunjähriger sturzbetrunken auf allen Vieren durchs Wohnzimmer kroch", berichtet Ringo 1989, nachdem klar wird, dass er offenbar den Tiefpunkt seiner Sucht überwunden hat. Im Jahr davor nämlich unterzieht er sich mit Barbara einer Entziehungskur. Der Weg Ringos bis zur Einsicht, dass er professionelle Hilfe braucht, um von der Flasche loszukommen, ist hart und lang. Drinks gehören seit den ersten Tagen als Schlagzeuger in Liverpool zu seinem Musikeralltag. Erst ganz allmählich steigern sich die Häufigkeit und die Dosierungen.

Der Rausch soll Ringos gute Stimmungen verstärken und später vor allem auch seine Schwächen verbergen. Zu Beatles-Zeiten ist seine eigene Privatbar *The Flying Cow* in Sunny Heights in Weybridge der naheliegende Absturzort, denn wenn die Gäste gegangen sind, helfen noch einige Gläser vor dem Einschlafen, um den Abend Revue passieren zu lassen. Ringos Trinkverhalten steigert sich Mitte der 1970er Jahre in Los Angeles zu neuen Höhepunkten: Gemeinsam mit Harry Nilsson und dem Yoko-losen John wird dessen „lost weekend" zu einer nicht enden wollenden Party mit unzähligen Brandy Alexanders samt Phil Spectors Pistolenschüssen während der Aufnahmen zu Johns „Rock'n'Roll"-Album in den A&M Studios am Sunset Boulevard in Hollywood. Dazu tragen auch Who-Drummer Keith Moon und der leider viel zu unbekannt gebliebene indianischstämmige Studio-Gitarrist Jesse Ed Davis bei, der bald von der Flasche zum Heroin wechselt und mit nur 43 Jahren 1988 an einer Überdosis stirbt.

In jenen verrücken Jahren markiert Ringo den geborenen Playboy, der rasch mal zwischen seinen drei Wohnorten in Los Angeles, London und Monte Carlo hin und her jettet und das bei jeweils wechselnden Liebschaften. Er hat die großartige Fähigkeit, jede lahme Gesellschaft auf Trab zu bringen und mit Alkohol gelingt ihm das noch besser und schneller. „Im Rock'n'Roll-Business bist du von Drogen umgeben. Sie stehen stets zur Verfügung. Am gefährlichsten sind sie im Studio und auf Tour. Kaum ein Musiker hält sich von ihnen konsequent fern", sagt Ringo rückblickend.

The „Sierra Tucson Model For Treatment"

Die Liebe zu Barbara Bach ist nur am Anfang in den 1980er Jahren eine Befreiung von den Lastern. Ringos Unsicherheiten, seine ständige Eifersucht, seine Angst, nicht genug geliebt zu werden, verschwinden nicht mit der 1981 recht schnell geschlossenen Ehe, im Gegenteil: Ringo und Barbara gehen immer seltener auf Partys. Sie meiden gesellschaftliche Anlässe, um sich in Ruhe zu Hause zu betrinken, Tag für Tag, Nacht für Nacht. „Ich hätte ja nüchtern sein müssen, um auszugehen, allein schon um den Führerschein zu behalten", sagt Ringo. Und wenn sich das Paar in der Öffentlichkeit zeigt, dann nach Möglichkeit nur nüchtern. Ringo stellt fest, wie leicht sich die Medien täuschen lassen. Er winkt den Kameras zu und die Presse denkt, da geht er, der gute alte Ringo. Kaum zu Hause, greift er zur Flasche. Ihm dämmert allmählich, wie grausam die Abhängigkeit ist, wie sehr sie sein Leben zerstört: „Anfangs konnte ich ohne Alkohol nicht singen und nicht spielen. Ich brauchte ein gewisses Maß, um meine Angst zu überwinden. Ich dachte, ich wäre der bessere Musiker mit einigen Drinks. Und ich dachte dann, ich könne abseits der Musik die Sinnleere mit Alkohol besser überstehen. Das teuflische daran ist, dass du am Ende weder mit noch ohne Alkohol ein guter Musiker bist."

Mitte der 1980er Jahre kommt es unter Drogeneinfluss zu häuslicher Gewalt. Ringo will Sorgen und Trauer vergessen: Johns Tod, die abgebrannte Villa in Hollywood Hills, die Magenprobleme, die Erfolglosigkeit als Musiker. Randale und Trunkenheit über mehrere Tage hinweg führen schließlich zum Kollaps, und Ringo und Barbara weisen sich selbst im Oktober 1988 in die Entzugsklinik *Sierra Tucson* in Arizona ein, die über 50 Kilometer nördlich von Tucson abgeschieden am Rande der Wüste liegt. Die medizinischen Verfahren sind vielseitig und passen sich an die Patienten an: „The Sierra Tucson Model For Treatment" ist ein eingetragenes Warenzeichen und folgt holistischen Grundsätzen. Gearbeitet wird mit den Klienten nicht nur an den Symptomen, sondern der Mensch als Ganzes rückt in den Mittelpunkt: *Once a man or woman begins our rehab center's Addiction Recovery Program, he or she will experience this program's biopsychosocial-spiritual approach to treatment,* erklärt die Klinik. Es gibt sie noch heute und sie genießt einen exzellenten Ruf. Sie profitiert auch von den Prominenten, die dort versuchen, sich von ihren Abhängigkeiten zu befreien, dazu zählen u. a. Whitney Houston oder Michael Douglas, was schon zeigt, dass der Erfolg der Behandlung trotz der hohen Expertise nicht immer garantiert werden kann.

Ringo und Barbara versuchen ihre Abhängigkeit ebenso wie ihren Detox-Plan geheim zu halten. Aber während des Fluges betrinkt sich Ringo maßlos („ich dachte, ich gehe in eine Irrenanstalt, das war die letzte Gelegenheit vor dem Entzug") und torkelt am Flughafen in Tucson aus der Maschine direkt einigen Journalisten in die Arme, die von der Sache Wind bekommen hatten. Dadurch sorgt nun Ringos Sucht-Drama weltweit für Negativ-Schlagzeilen. Noch heute wirkt

Ringo in Interviews zerknirscht, wenn von seiner Alkoholsucht die Rede ist. Gleichzeitig ist er nun Botschafter für ein gesundes Leben. Auf keinem Tweet, keinem Instagram-Post des bekennenden Vegetariers fehlt das leuchtend grüne Broccoli-Emoji, das langsam allen anderen wichtigen Ringo-Symbolen (Heart, Peace, Perfect, Fire) den Rang abläuft.

Hoffnung und Hilfe

Der Aufenthalt in der *Sierra Tucson Clinic* dauert über fünf Wochen. Ringo und Barbara müssen in getrennten Zimmern ohne Fernseher und ohne Telefon schlafen. Sex ist tabu. Geweckt werden sie jeden Tag bei Sonnenaufgang. Die konkrete Behandlung nennt sich damals wie heute *The Minnesota Model Of Addiction Treatment,* kurz *Minnesota Method,* das im deutschen Sprachraum auch als spirituelles „Zwölf-Schritte-Programm" bekannt ist. In der *Sierra Tucson Clinic* legt man gleichzeitig Wert auf Kompetenztraining, Paartherapie und Stressmanagement. Zudem motiviert man die Klienten, die eigene Herkunft zu erforschen. „Nach acht Tagen habe ich beschlossen, dass ich dort bin, weil ich krank bin und Hilfe brauche. Ich tat einfach alles, was von mir verlangt wurde", erinnert sich Ringo. „Ich habe verstanden, dass ich aus einer dysfunktionalen Familie stamme. Es gab so viele Partys bei uns und es wurde so viel getrunken. Schon als Kind hatte ich meine ersten Blackouts." Er fühlt sich zunehmend besser und sicher in Tucson, weshalb er die Klinik gar nicht mehr verlassen möchte. Ringos Fazit lautet: „Wir haben unser Leben zurückbekommen". So freut sich der jetzt tatsächlich wiedergeborene.

Sollten sich künftig Freunde beschweren, dass er nicht mehr mittrinkt, sei ihm das nun egal, so Ringo. Sein Leben sei im wichtiger als die schlechte Laune einiger Kumpane. „Ich fühle mich jetzt physisch und mental stark. Ich bin jetzt bereit. Ich bereue nur, dass ich so lange damit gewartet habe." Das ist kein leeres Geschwätz. Das ist ein Wendepunkt in Ringos Leben. Unmittelbar nach dem Aufenthalt in der *Sierra Tucson Clinic* ändert sich alles für den berühmtesten Schlagzeuger der Welt. Der wohl wichtigste Schritt: Ringo gründet 1989 die erste Formation der All-Starr Band mit zwei Mitgliedern von The Band, nämlich dem Sänger und Bassisten Rick Danko und dem Drummer Levon Helm, sowie Dr. John, Joe Walsh, dem E-Street Band-Saxophonisten Clarence Clemons, Billy Preston, Nils Lofgren und Jim Keltner – eine Supergroup mit drei Schlagzeugern. Deren erste Gigs in den USA im Sommer 1989 finden enorme Beachtung: Es beginnt eine fabelhafte musikalische Rehab-Reise, die bis heute nicht zu Ende ist.

In den 1990er Jahren eilt Ringo weiter von Erfolg zu Erfolg, eine fast permanente Glückssträhne setzt ein: Seit Tucson meditiert Ringo wieder jeden Morgen nach dem Aufstehen im Sinne des Maharishi, bei dem er sich 1968 in Indien nur zehn Tage aufhielt, der aber einen bleibenden Eindruck hinterließ. Ringo trainiert hart und ernährt sich gesund. Wenn er Trinkern begegnet, und das tut er oft, wundert er sich, wie sie sich selbst belügen, wie sie glauben, den Alkoholkonsum noch im Griff zu haben, obwohl sie dem Fusel längst verfallen sind. Er erkennt mit Schaudern sein früheres Ich in ihnen.

1992 schreibt er gemeinsam mit Barbara das Vorwort für Derek Taylors Buch „Getting sober ... and Loving it: Hope and Help from Recovering Alcoholics". Taylor, der frühere Journalist und Pressesprecher der Beatles, der auch nach deren Auflösung besonders mit John und George eng befreundet blieb, veröffentlichte zahlreiche Musikbücher (u.a. „As Time Goes By") und war ab Ende der 1980er Jahre bis zu seinem Tod 1997 trockener Alkoholiker.

Ringo und Barbara reisen immer noch gemeinsam durch die Welt und sind heute ein wunderbar jung gebliebenes Liebespaar. Wer Ringo mit 79 Jahren auf der Bühne erlebt hat, staunt nicht schlecht ob seiner Fitness und Geistesgegenwart. Das hindert ihn nicht, ab und an vor allem vor anstehenden Tourneen mit seiner All-Starr Band prophylaktisch für einige Tage in Entzugskliniken zu gehen, um seine Widerstandskräfte zu stärken und allen Versuchungen zu widerstehen. 2019 feiert er ausgiebig das 30-jährige Bestehen seiner All-Starr Band und sagt dem *Rolling Stone*: „Vor der Gründung der Band dachte ich, nur betrunken irgendetwas zustande bringen zu können.

Aber dann konnte ich weder nüchtern noch betrunken Schlagzeug spielen. Nach dem Entzug ging mir ein Licht auf und eine Stimme sagte mir: Du bist Musiker und du spielst gut." Die Zeitschrift fragt ihn, wie er den Drogenkonsum in der Rock-Szene heute einschätze: „Viele der neuen Künstler sind klar im Kopf. Die Meinung, Musiker hätten ihr gutes Recht, verrückt und süchtig zu werden, hat sich geändert. Ich glaube, im neuen Musik-Zeitalter ist es sauberer. Ihre Rebellion besteht darin, nüchtern zu bleiben. So wie sie den Weg zurück zum Vinyl finden."

Rock'n'Fluxus: Ringos All-Starr Band

Der Konzert-Promoter und Sportler-Agent David Fishof organisiert 1986 die Reunion-Tour zum zwanzigjährigen Bestehen der Monkees. Er hat viele Kontakte im Rock-Business und schlägt Ringo ein ungewöhnliches Konzept vor. Dem nüchternen Ringo gefällt die Idee: Eine Band mit Musikern, die früher Hits hatten, soll ihn auf Tour begleiten. Dadurch steht nicht Ringo alleine im Mittelpunkt auf der Bühne, sondern alle Musikerkollegen haben Gelegenheit, ihre Songs zum Besten zu geben. Dazu gehören auch andere Drummer, so dass sich Ringo bei manchen seiner Hits ganz auf den Gesang konzentrieren kann. Der passende Name ist schnell gefunden: The All-Starr Band.

Ins Studio wagt sich Ringo nicht, aber die Vorstellung, mit guten Freunden von Gig zu Gig zu reisen, passt in sein Anti-Drogen-Konzept. Wie gut und tragfähig die Entscheidung ist, zeigt sich allein daran, dass Ringo 2019 das dreißigjährige Bestehen der All-Starr Band feiert. Ein wenig erinnert sie an die Plastic Ono Band, so wie Yoko und John sie definierten: Nichts Festes, sehr flexibel, immer wieder neu, Rock'n'Fluxus. David Fishof hält die Band von Anbeginn an bis 2003 am Laufen und stellt in dieser Zeit gemeinsam mit Ringo acht verschiedene Formationen zusammen. Seither kümmert sich Ringo mit seinen Leuten selbst darum.

Nach intensiver Organisationsarbeit, nach vielen Interviews und Proben startet die erste Tour im Juli 1989. Mit von der Partie sind

Billy Preston, Springsteens Saxophonist Clarence Clemons, Levon Helm mit Garth Hudson und Rick Danko von The Band, Dr. John, Joe Walsh, Nils Lofgren, Jim Keltner und als Gäste Bruce Springsteen, Max Weinberg, Zak Starkey und einige andere. Im September desselben Jahres löst sich die Band wie geplant auf. Ihr letztes Konzert im Greek Theatre wird gefilmt und erscheint 1990 als CD. Bemerkenswert: Ringo fragt das Publikum „what's my name?" und wiederholt die Frage, damit die Fans noch lauter „Ringo!" schreien.

Dreißig Jahre später erscheint Ringos zwanzigstes Soloalbum, betitelt mit denselben Worten, nur ohne Fragezeichen: „What's My Name". Die Tour 1989 ist fast komplett ausverkauft und begeistert auch die Medien. Das ist der Grund, die All-Starr Band als dritten Wendepunkt innerhalb weniger Jahre in Ringos Leben zu verstehen. Nach den gescheiterten Ambitionen in Memphis, nach der Verdammung der Drogen in Arizona ist die reisende All-Starr Band das Mittel der Wahl für Ringo, um fit zu bleiben. Es ist nicht übertrieben, wenn man sagt, dass Ringo seither seine Gesundheit, die körperliche und die geistige, immer stärker in den Mittelpunkt seines Lebens gerückt hat. Inzwischen ist es längst nicht mehr nur seine Musik, die ihm mediale Aufmerksamkeit sichert, sondern seine (Über-) Lebenskunst. Ringo, der achtzigjährige Broccoli-Apostel, ist ein gefragter Gesprächspartner. Ringo beginnt die Konzerte meistens mit einem seiner größten Hits, „It Don't Come Easy" und mit dem inzwischen sehr ernst gemeinten „No No Song". Höhepunkte bei der ersten Tour sind u. a. Levon Helms „The Weight" und Joe Walshs „Life In The Fast Lane".

Die zweite All-Starr Band ist 1992 unterwegs mit u. a. Todd Rundgren, Dave Edmunds und Timothy B. Schmit. Deren Show wird beim Montreux Jazz Festival aufgenommen. Das Casino dort wirkt wie schräg in den Hang gebaut und befindet sich in unmittelbarer Nähe zum Genfer See. Den Konzertsaal, den es heute nicht mehr gibt, lässt Ringo bei der Zugabe komplett in gelbes Licht tauchen. Das Publikum hat dank der Nähe zum Wasser ein fabelhaftes Unterseebootgefühl.

1994 holt Ringo Mark Farner, Frontmann von Grand Funk Railroad, in die dritte Formation der All-Starr Band. GFR hatten 1974 einen Nummer-Eins-Hit in den USA mit ihrer Version von „The Loco-Motion". Ringo sorgt dafür, dass das Publikum bei der Goffin-King-Komposition auch in Japan von den Sitzen springt. Felix Cavaliere, früher bei Joey Dee & The Starliters und bei The Young Rascals, sowie Randy Bachmann und John Entwistle zeigen sich in Hochform. Das verlangt Ringo von seinen All-Starrs: Spielfreude und gute Laune auf der Bühne sind Bedingung.

In der vierten Formation sind ab 1998 u.a. Peter Frampton, Jack Bruce (Cream), Gary Brooker (Procol Harum) oder Simon Kirke (Free und Bad Company) dabei. Als Special Guests tauchen zudem in den ersten zehn Jahren u.a. Stevie Nicks, Bonnie Raitt, Harry Nilsson, Steven Tyler, Max Weinberg, Slash, Eric Burdon und Ginger Baker unter den All-Starrs auf. Im neuen Jahrtausend geht es so weiter mit Gästen und festen Mitgliedern, u.a. mit Sheila E., Joan Baez, Klaus Voormann, Ray Davies, Roger Hodgson, Ian Hunter, Greg Lake, Colin Hay, Steven van Zandt, Mark Hudson, Edgar Winter, Rod Argent, Hamish Stuart, Pete Townshend, Jeff Lynne, Peter Asher, Gary Wright, Gregg Bissonette, Rick Derringer, Steve Lukather und Graham Gouldman. Und das sind noch nicht einmal alle klingenden Namen, die Ringo auf die Bühne holt. Zudem gibt es einige weitere (wieder) zu entdecken, die inzwischen nicht mehr so bekannt sind. Insgesamt gibt es 14 verschiedene All-Starr-Formationen.

Die Langlebigkeit dieses Konzepts erklärt Ringo auch damit, dass der eine oder andere während der Tour krank werden kann. Dann wird das Programm eben kurzfristig umgestellt. Zudem ist die All-Starr Band eine anhaltende Win-Win-Situation: Ringo profitiert von den vorzüglichen Musikern, deren Bekanntheitsgrad manchmal nicht mehr sehr groß ist. Sie spielen einige ihrer Hits und haben die Möglichkeit, wieder in Konzertsälen aufzutreten. Nicht selten holt Ringo sie damit aus prekären Situationen. Ohne die Gäste, die immer wieder dazu stoßen, zählt die All-Starr Band bislang rund 50 Mitglieder. Es sind neun Live-Alben und etliche visuelle Mitschnitte erschienen.

RINGOS 20 SOLOALBEN, SINGLES UND GREATEST HITS VON 1970 BIS 2020

Wenn Ringo gefragt wird, warum er keine Autobiographie schreibt, antwortet er manchmal auch mit den Worten: „Sie steht in meinen Songs". Bis 1969 waren das nur zwei selbstkomponierte Lieder: „Don't Pass Me By" und „Octopus's Garden".

Deshalb steht hier Ringos Musik im Mittelpunkt. Das Ende der Beatles ist eine der größten Zäsuren in Ringos Leben. Er ist keine dreißig Jahre alt, als klar wird, dass der Traum vorüber ist: Die Fab Four sind Geschichte. John, Paul und George kommen dank ihrer schöpferischen Kraft klar mit der neuen Situation. Aber wie ergeht es dem Schlagzeuger? Sein Leben vor und mit den Beatles ist dank der Prominenz des Quartetts gut dokumentiert. Für die Jahre danach fehlt dieser mediale Automatismus, obwohl nun interessante Phasen im Leben Ringos beginnen. Sie formen ihn zu dem Menschen, der er abseits der Fab Four ist.

Die Welt konzentriert sich auf John und Yoko, die mit ihren Friedensaktivitäten, mit der Plastic Ono Band und mit herausragenden neuen Alben („Imagine") das Publikum begeistern. Paul und Linda ziehen sich aufs Land zurück. Der Schock, den Paul ausgelöst hat, indem er das Zerbrechen der Beatles öffentlich bekannt gab, erreicht ihn nun selbst. Alkohol und das Familienleben sollen helfen, seine Solo-Karriere in Gang zu bringen. George wirkt wie befreit. Endlich kann er als Künstler aus dem Schatten von Lennon-McCartney heraustreten. Mit dem ersten Dreifach-Album der Rock-Geschichte („All Things Must Pass") oder mit Hits wie „What Is Life" beweist er, was viele spätestens seit „Abbey Road“ vermuteten und John forderte: George war zum ebenbürtigen Songwriter-Partner geworden, konnte sich aber in der alten Konstellation nicht entfalten.

Mit Spannung verfolgt die Öffentlichkeit die Querelen zwischen John und Paul, die auf musikalischer, juristischer und privater Ebene ausgetragen werden. George erobert die Herzen dagegen auch mit dem ersten großen Charity-Event der Rock-Geschichte („Concert For Bangladesh“). Aber was macht Ringo? Seine Ausgangslage scheint die schwierigste der Fab Four zu sein. Einmal erzählt Ringo rückblickend: „Ein Journalist sagte mir, nach den Beatles könne es doch genau genommen nur abwärts gehen. Ich finde, das trifft es ganz gut.“ Und doch ist es erstaunlich, wie sensibel der Schlagzeuger auf seine Umwelt reagiert und mit welcher Energie er nun die Zügel in die Hand nimmt.

Nostalgie als erster Schritt vorwärts

John und George hatten schon experimentelle Soloalben aufgenommen, aber Ringo ist der erste der Fab Four, der mit „Sentimental Journey“ eine kommerzielle Platte veröffentlicht. Sie erscheint im März 1970 kurz vor „Let It Be“ und vor Pauls Solo-Debüt. Im September 1969 hatte John den drei anderen gesagt, dass er „sich von den Beatles scheiden lassen“ will. Das Ende war da, aber noch geheim. In welchem Verhältnis – auch chronologisch betrachtet – diese Ereignisse zu dem 2019 angeblich beim Beatles-Forscher Mark Lewisohn aufgetauchten Tonband stehen, wird noch zu klären sein. Offenbar ist John – auch im September 1969 – in Anwesenheit von Paul und George zu hören, wie er zu Ringo spricht (der im Krankenhaus ist) und das nächste Beatles-Album konzipiert (je vier Songs von John, Paul und George und zwei von Ringo, wenn er mag).

Jedenfalls ermuntern die drei in jener schwierigen Zeit Ringo, etwas Eigenes zu machen, und auch Ringos Mutter Elsie und sein Stiefvater Harry machen ihm Mut. Sie und einige weitere Verwandte Ringos sind in den Fenstern des Pubs *The Empress* in Dingle auf dem Foto zu sehen, das Ringo für das Cover seines ersten Soloalbums „Sentimental Journey" wählt. Es ist nicht nur eine Hommage an seine Kindheit und Jugend, sondern verweist auf die Songs, die ihn damals beeinflussten.

Gemeinsam mit seinen Verwandten erstellt Ringo die Liste der Lieder, von denen es dann zwölf auf das Album schaffen. Große Stars im Rockgeschäft lassen sich immer wieder in nostalgischen Phasen dazu verführen, die Lieder von damals neu zu interpretieren, zuletzt Bob Dylan mit seinen („Sinatra-") Alben „Shadows In The Night" (2014), „Fallen Angels" (2016) und „Triplicate" (2017).

Wie Dylan wird auch Ringo scharf kritisiert: Die stimmlichen Leistungen würden den Klassikern nicht gerecht werden. In der Tat verfehlt Ringo beispielsweise auf „Night And Day" oder „Stardust", das es beinahe wortspielerisch zum Titelstück schafft („Ringo Stardust"), insbesondere die Töne in den höheren Lagen. Beide Künstler lassen sich aber von den Verrissen nicht beeindrucken. Sie singen einige dieser Songs heute noch live. Zudem wird die Rezeption immer besser, je mehr Zeit vergeht.

Ringo geht schon 1969 mit dem Projekt zu George Martin, der ihn dabei voll unterstützt. Martins Orchester übernimmt die gesamte Instrumentierung. Die Besonderheit: Jedes Lied wird individuell arrangiert. Maurice Gibb, Quincy Jones, Paul McCartney, Richard Perry, Klaus Voormann und sieben weitere Musiker lassen sich zu den Liedern jeweils etwas Neues einfallen. Nicht immer entkommen sie dabei der Schnulzenhaftigkeit, zumal Engelschöre, Glöckchen, Triangel und Streicher auf dem Album gerne eingesetzt werden. Andererseits gibt Ringo den coolen Träumer, der sich lässig im Great American Songbook bedient wie in „I'm A Fool To Care".

Ringo setzt eine Marke: Einfache Melodien, naive Texte und ein Hang zum Kitsch werden auch auf vielen der folgenden Alben wiederzufinden sein. Gleichzeitig demonstriert Ringo als Crooner seine unnachahmliche Souveränität und Warmherzigkeit, beispielsweise mit „You Always Hurt The One You Love" im jazzigen Big-Band-Sound samt Sax-Solo oder dem verspielten „Have I Told You Lately That I Love You", nicht als Ballade, sondern beschwingt. Ringo über-

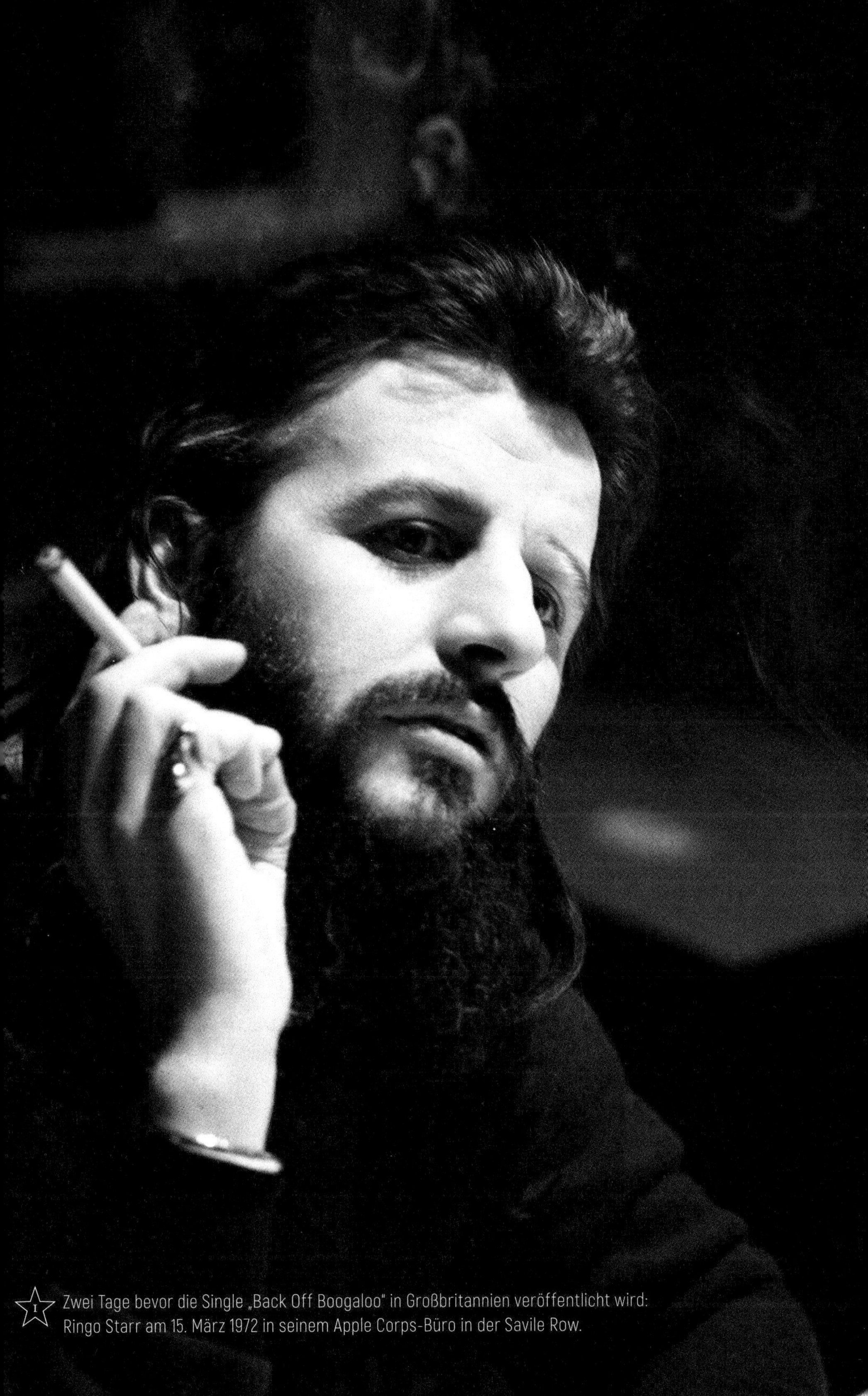

I Zwei Tage bevor die Single „Back Off Boogaloo" in Großbritannien veröffentlicht wird: Ringo Starr am 15. März 1972 in seinem Apple Corps-Büro in der Savile Row.

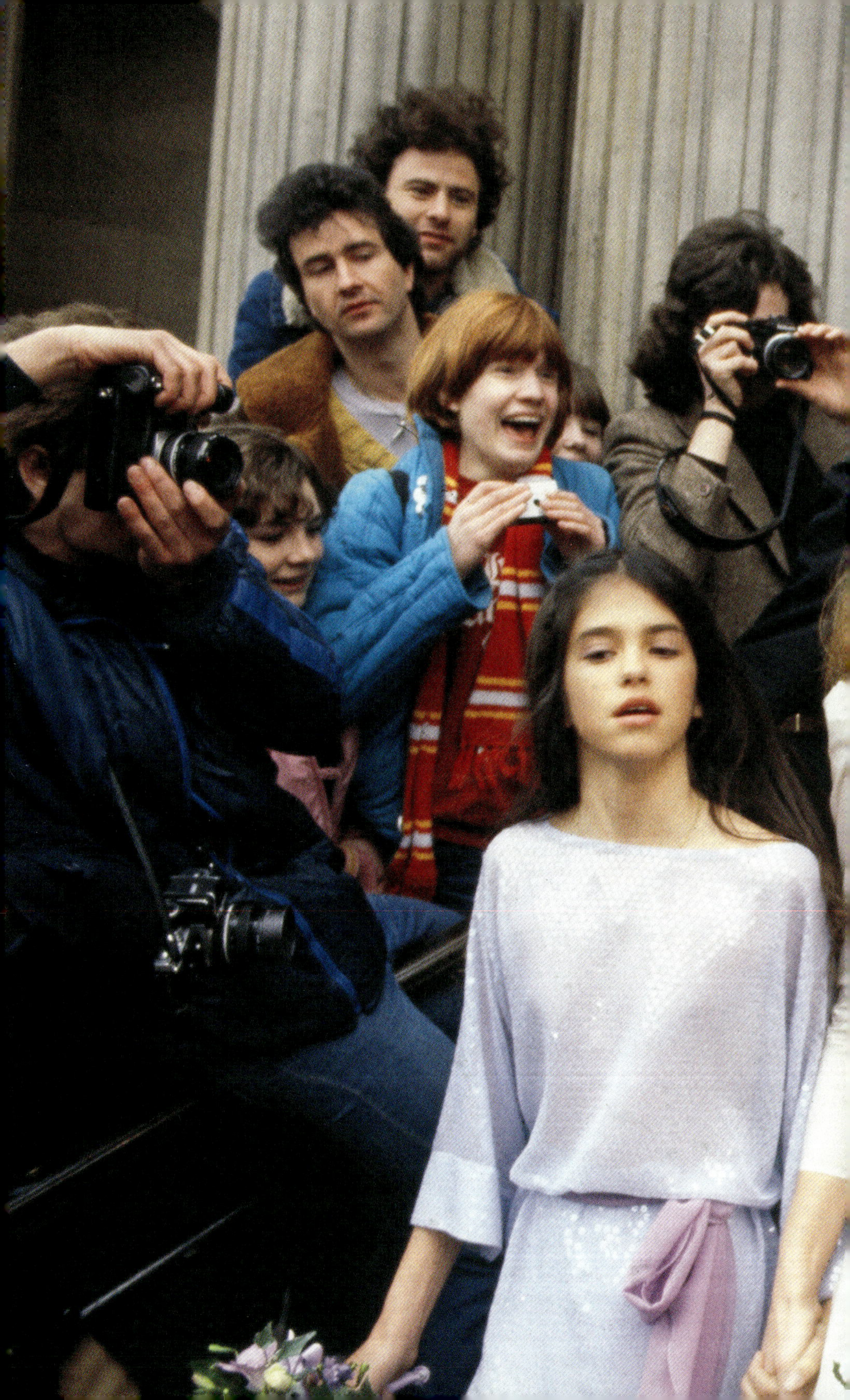

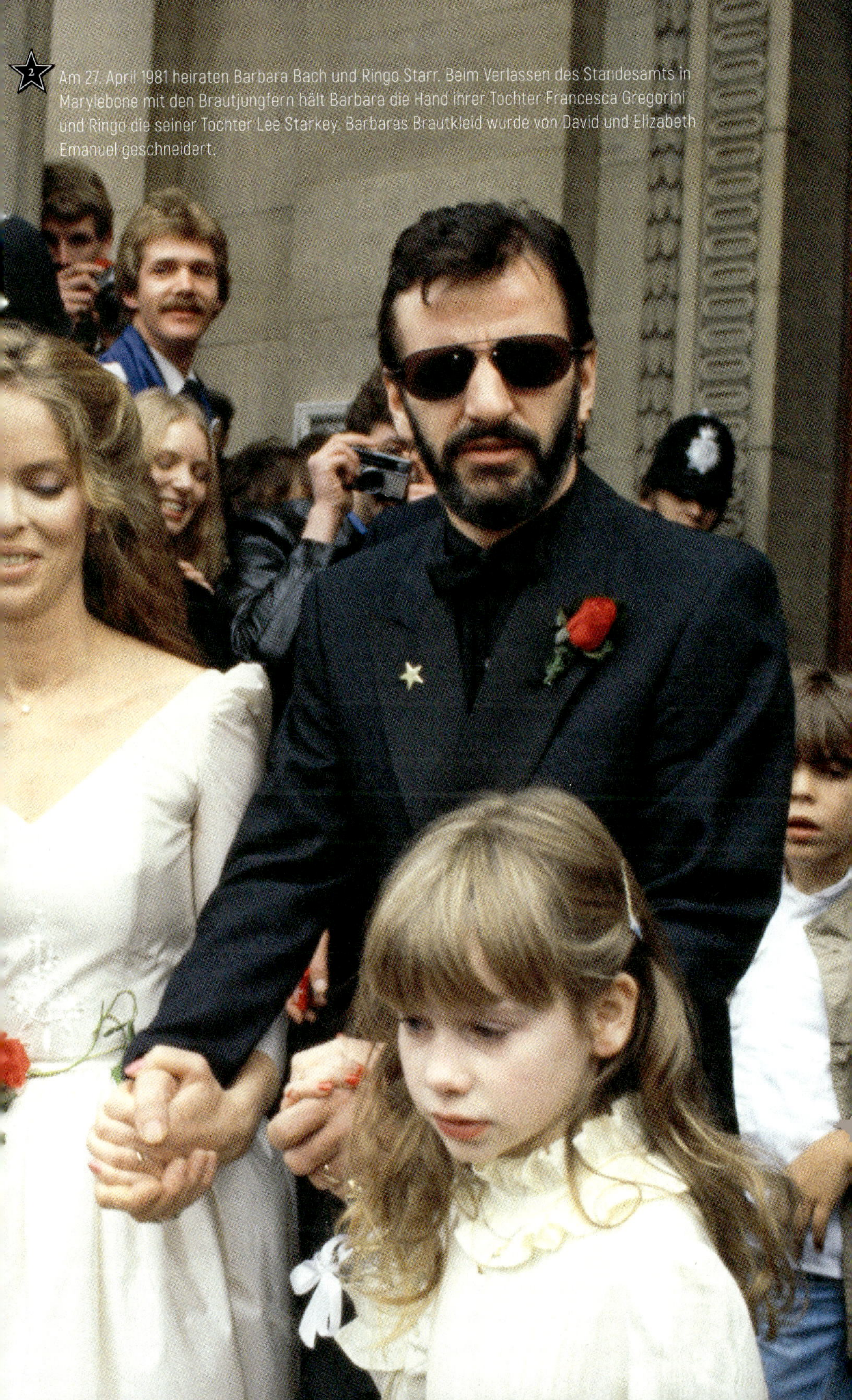

2 Am 27. April 1981 heiraten Barbara Bach und Ringo Starr. Beim Verlassen des Standesamts in Marylebone mit den Brautjungfern hält Barbara die Hand ihrer Tochter Francesca Gregorini und Ringo die seiner Tochter Lee Starkey. Barbaras Brautkleid wurde von David und Elizabeth Emanuel geschneidert.

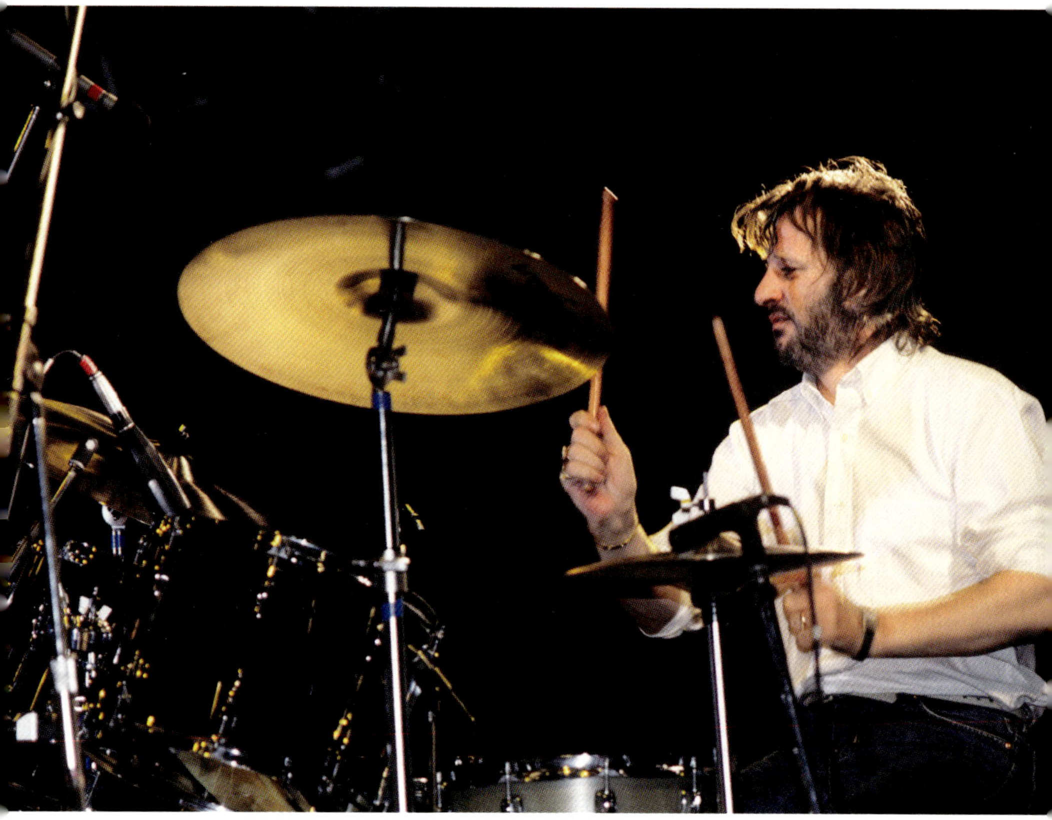

Filmriss: Ringo Starr kann sich nicht mehr an seine Auftritte mit den Beach Boys erinnern. Hier trommelt er betrunken in Miami, Florida, am 4. Juli 1984.

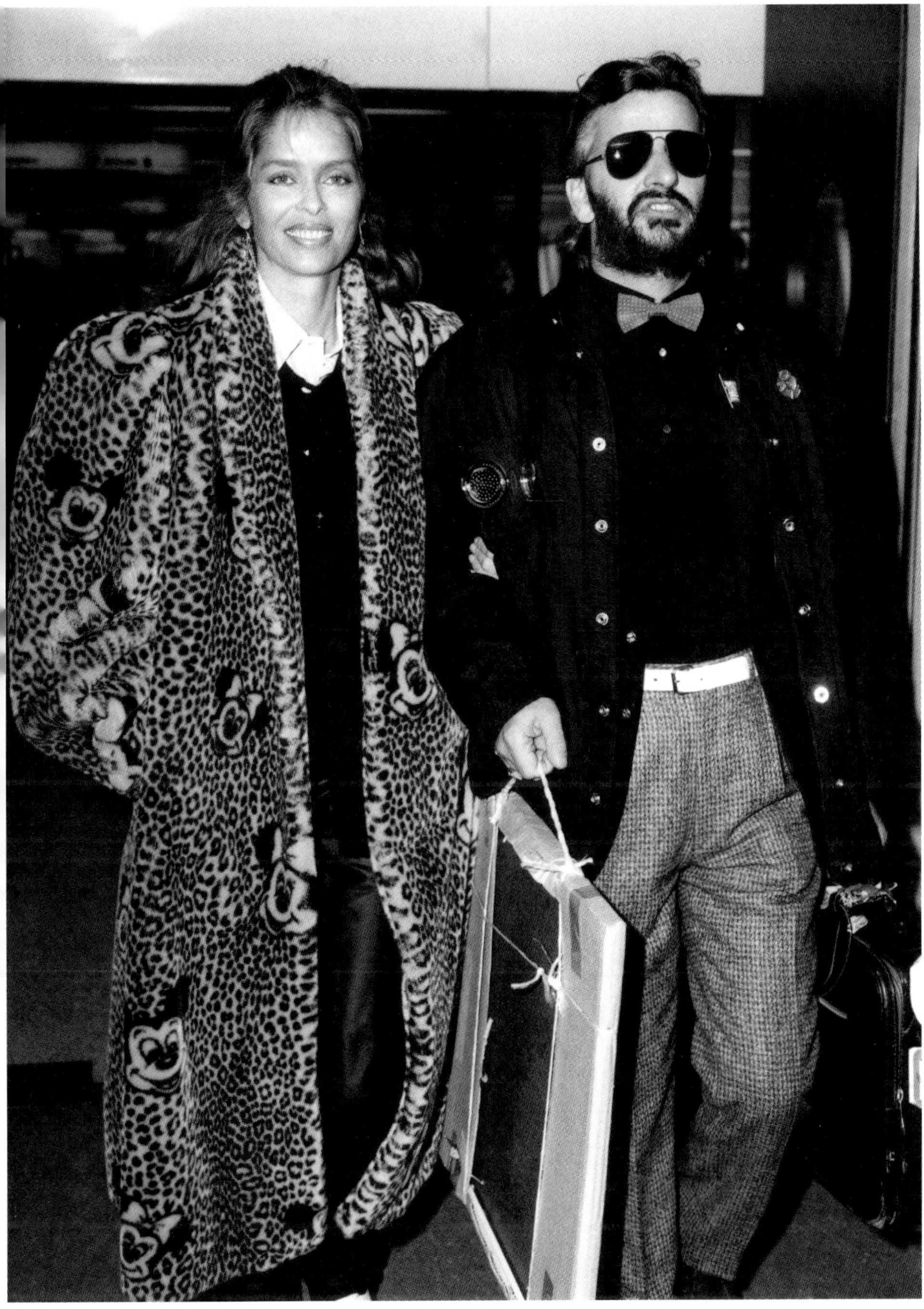

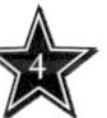

Nach außen hin ist alles in Ordnung: Ringo Starr mit seiner Frau Barbara Bach im Dezember 1985 am Londoner Flughafen Heathrow.

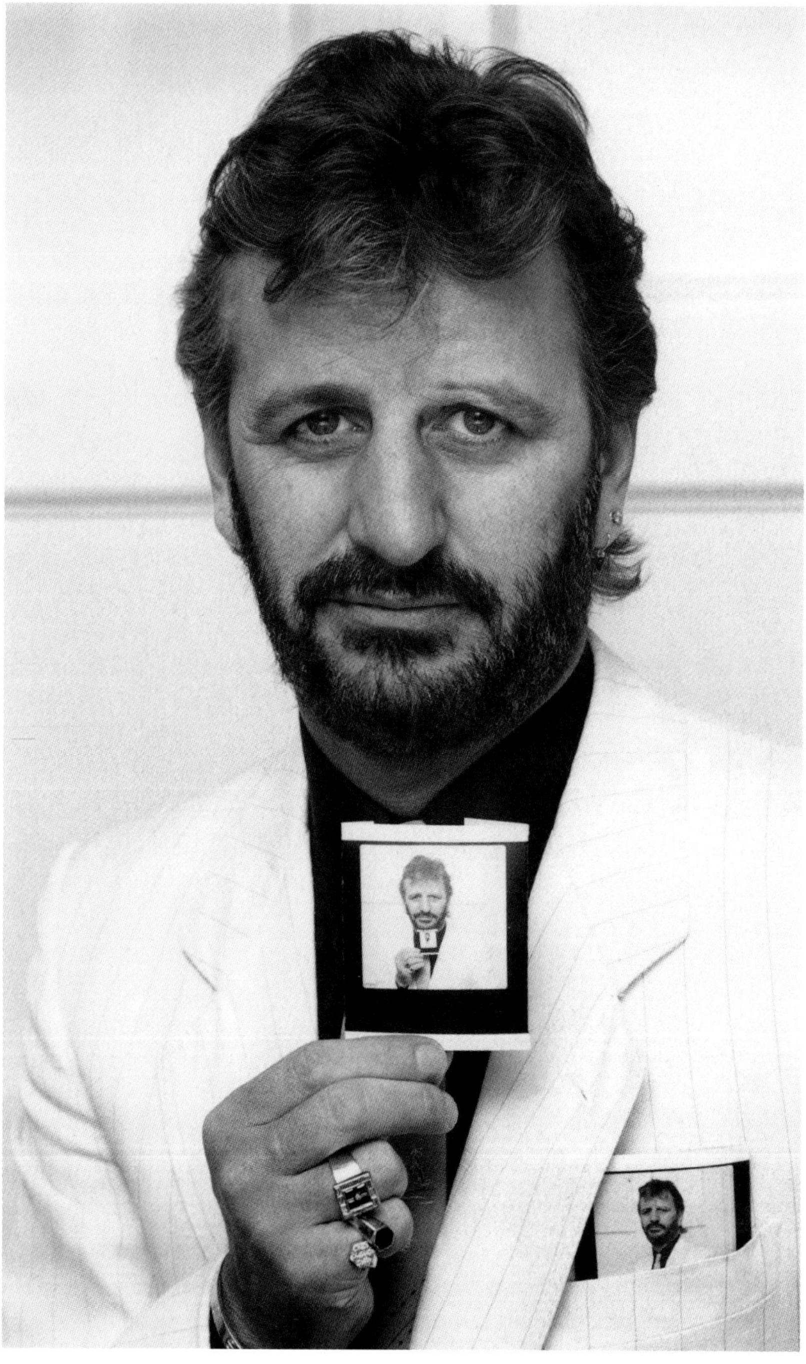

Ringo Starr fotografiert nicht nur leidenschaftlich und singt „Photograph", er spielt auch gerne mit seinem Konterfei. Hier hält er Anfang der 1980er Jahre sein Polaroid hoch.

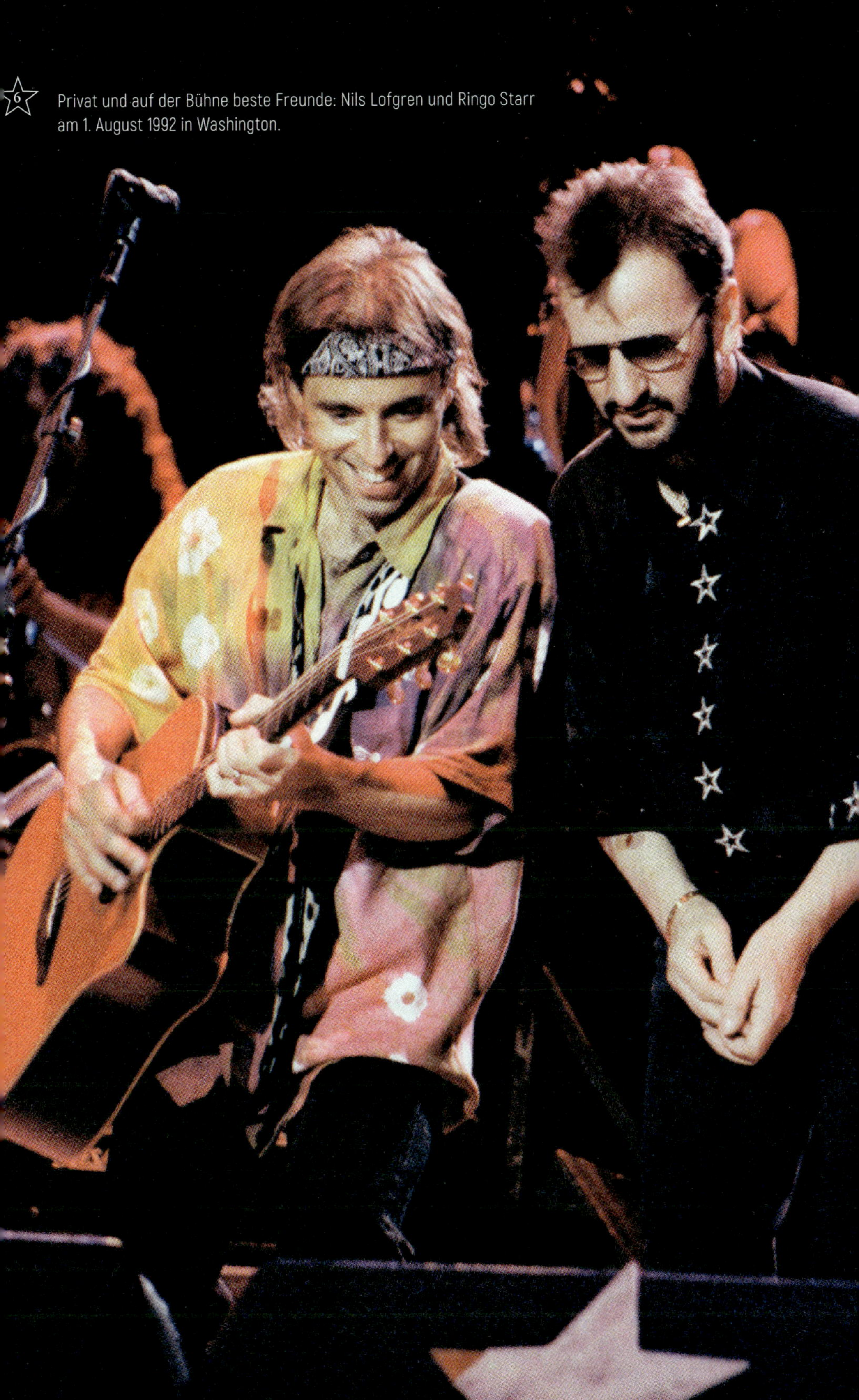

6 Privat und auf der Bühne beste Freunde: Nils Lofgren und Ringo Starr am 1. August 1992 in Washington.

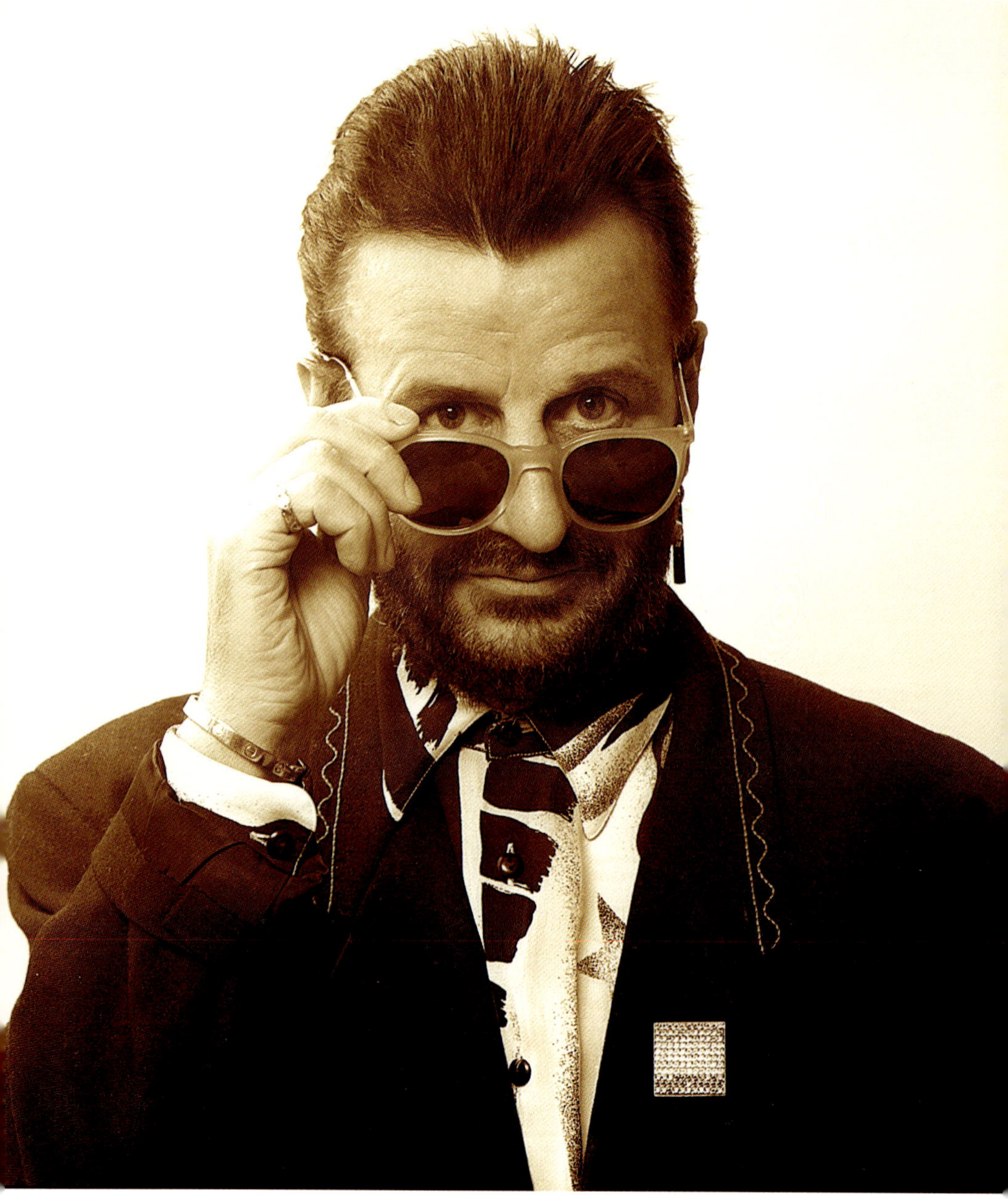

Mit Sonnenbrille oder ohne? Seit der Entziehungskur verbirgt Ringo Starr nicht mehr so oft seine Augen. Hier kokettiert er damit Anfang der 1990er Jahre.

zeugt auch deshalb, weil er sich nicht allzu ernst nimmt und zeigt, dass er nur Spaß haben will. Er singt auf jedem Stück, trommelt aber auf keinem einzigen. Das wird er in den kommenden Jahren noch mehrfach so machen.

Am Ende von Fats Wallers und Andy Razafs „Blue, Turning Grey Over You“ legt Ringo nicht nur ein kurzes Scat-Solo ein, sondern sagt ganz zum Schluss schmunzelnd und fast entschuldigend: *I just lost myself there as a child.* Mit seinem Solo-Debüt demonstriert Ringo nicht nur aufrichtig, wo seine musikalischen Wurzeln liegen, sondern er versucht sein Glück mutig mit Songs weitab vom Repertoire der Fab Four. Es gibt einige wenige Vorlagen von Paul mit „When I'm Sixty-Four“ oder „Your Mother Should Know“, aber das sind vereinzelte Eigenkompositionen Pauls im Stil der Klassiker. Demnach ist Ringo der erste Rock'n'Roll-Star überhaupt, der sich an solche Standards und das gleich mit einem ganzen Album wagt, lange vor Linda Ronstadt, Rod Stewart oder Paul selbst, der sehr viel später mit „Kisses On The Bottom“ (2012) Ähnliches versucht. Die Unabhängigkeit vom Beatles-Sound demonstriert Ringo dann in noch drastischerer Weise mit dem Nachfolge-Album „Beaucoups Of Blues“. Durfte Ringo als Beatle nur sehr selten singen, so bekommt nun die Welt mit „Sentimental Journey“ eine geballte Ladung seiner einzigartig nasalen Baritonstimme, und sie dankt es mit beachtlichen Absatzzahlen. In Großbritannien steigt das Album bis auf Platz sieben, in den USA auf Platz 22 – ein Exot in einer Zeit, in der Hard Rocker wie Black Sabbath, Deep Purple oder Led Zeppelin Maßstäbe setzen.

In einem von Neil Aspinall organisierten PR-Video, das im Musik-Theater und Nachtclub *Talk Of The Town* in London an der Charing Cross Road gedreht wird, präsentiert Ringo den Titelsong mit nach langer Zeit adrett geschnittenem Haar, im schwarzen (Sargträger-)Anzug, den er schon beim Überqueren des Zebrastreifens auf dem „Abbey Road“-Cover trug, aber mit übergroßer rosa Fliege. Er mischt sich elegant unter weißgekleidete Tänzerinnen und Tänzer. Im Hintergrund singen Madeline Bell, Marsha Hunt und Doris Troy, die für diesen Abend als Soul-Trio vereint sind. Ringos Mimik und seine Moves, die er singend vollführt, zeigen einmal mehr sein einzigartiges Talent, mit dem er sein Publikum live fasziniert. Seit 2012 befindet sich in jenem Gebäude das von Boris Johnson, dem damaligen Bürgermeister Londons, eröffnete *The Hippodrome Casino.*

Leider wird keine Single ausgekoppelt. Nicht nur Ella Fitzgerald und Booker T. & The M.G.'s hatten Erfolge mit dieser Melodie. Doris Day landete davor schon 1945 einen Nummer-Eins-Hit. Aber das Album ist am Ende der Beatles-Ära paradoxerweise ein nostalgischer Schritt vorwärts für den Drummer der größten Band aller Zeiten, um den sich seine Freunde so viele Sorgen machen. Er selbst schreibt im Booklet der CD-Edition 1995: *I wondered, what shall I do with my life now that it's over? I was brought up with all those songs, you know, my family used to sing those songs, my mother and my dad, my aunties and uncles. They were my first musical influences on me.*

„Coochy Coochy" – der zweite Streich führt nach Nashville

Weniger als ein halbes Jahr nach „Sentimental Journey" erscheint noch im September 1970 Ringos zweites Soloalbum „Beaucoups Of Blues", womit er musikalisch nicht nur jegliche Kontinuität zum Vorgänger vermissen lässt, sondern sich gleichzeitig noch weiter von allem entfernt, was beatlesque sein könnte. Alle frühen Soloalben der drei anderen, die ab 1970 erscheinen, klingen mehr oder weniger wie Beatles-Alben, nur etwas einförmiger, weil der Input der jeweils anderen fehlt. Es gibt zahlreiche Versuche von Beatles-Forschern, aus den frühen Soloalben der Fab Three das eine und große Beatles-Meisterwerk zu kompilieren, auf dem dann u.a. Johns „Mother" und „Imagine", Pauls „Maybe I'm Amazed" und „Uncle Albert" und Georges „What Is Life" und „My Sweet Lord" dafür gesorgt hätten, dass es die beste Beatles-Scheibe aller Zeiten geworden wäre. Denn es wären ja zudem nicht exakt dieselben Songs gewesen, sondern durch das gemeinsame Tüfteln im Studio hätten die Kompositionen und Arrangements an Qualität gewonnen und im Endergebnis mit Sicherheit anders geklungen. Was vielfach bei der Analyse der Gruppendynamik übersehen wird, ist die Fähigkeit der Fab Four, sich gegenseitig zu kritisieren und die große Toleranz aller, die Kritik zu akzeptieren. Schlechte Songs werden gnadenlos weggelegt. Die Selektion ist streng. Dabei hilft auch George Martin. Bei den ersten Kompositionsversuchen Ringos kugeln sich die drei anderen vor Lachen, weil er unwissentlich bestehende Songs kopiert. „Ich war toll im rewriten von Jerry Lee Lewis Songs", erinnert sich Ringo. Viel zitiert ist Pauls Panik, ob es die „Yesterday"-Melodie schon gebe und wie er von einem zum anderen geht, um sich abzusichern.

Ringo taucht in solchen Kompilationsfantasien meist gar nicht auf. Aber natürlich würde er es verdienen, auch mit mindestens einem Song auf so einem ausgedachten Album vertreten zu sein. So stark sich seine ersten zwei Soloalben stilistisch vom Beatles-Kosmos entfernen, so bleibt er sich selbst trotzdem in gewisser Weise treu, denn er macht einfach das, was er gut kennt und ihm besonders gut gefällt: „Wenn ich betrunken bin, mag ich traurige Lieder. Deshalb mag ich Country", sagt Ringo. Nach den Schnulzen seiner Eltern und seiner Kindheit jetzt also Country and Western.

Anlässlich der Aufnahmen zu Georges „All Things Must Pass", dem ersten Dreifachalbum der Pop-Geschichte, lernt Ringo im Mai 1970 den Pedal Steel-Gitarristen Pete Drake kennen, der im Jahr davor mit Bob Dylan das Album „Nashville Skyline" eingespielt hatte und zuvor schon auf „John Wesley Harding" zu hören ist. Anfang der 1960er Jahre war Pete Drake mit seiner Talk Box – über fünfzehn Jahre vor Peter Frampton – berühmt geworden. Drake ist einer der begehrtesten Sessionmusiker in Nashville und sehr gut vernetzt. Er bietet Ringo neues Songmaterial an, das seine Freunde in kurzer Zeit für ihn schreiben würden und überzeugt ihn für die Aufnahmen nach Nashville zu kommen.

Der Musiker und Singer-Songwriter Sorrells Pickard ragt mit vier Songs, insbesondere mit dem Opener der B-Seite, dem Country-Rock-Song „$ 15 Draw", heraus: Hier wird die hohe Qualität der Nashville-Musiker rund um Ringo und Pete Drake besonders deutlich, und Jerry Reeds Fingerpicking gehört zum Besten überhaupt und entlockt Ringo am Ende des Liedes das Statement: *When you're hot, you're hot.*

In nur drei Tagen im Juni 1970 und trotz der durchgängig nachdenklichen Songs wird das Album in bester Stimmung mit eben jenen großartigen Nashville-Instrumentalisten aufgezeichnet, die auch auf Elvis Presleys und Bob Dylans Nashville-Alben zu hören sind, u.a. der Drummer Dominic Joseph Fontana, Bassist Charlie McCoy sowie Gitarrist und Geiger Charlie Daniels, der später zu den wichtigsten Vertretern des Southern Rock gehören wird. Daniels urteilt rückblickend: „Das Album hat stark dazu beigetragen, dass Country in der Rockmusik Fuß fassen konnte." Zum satten Sound trägt auch das legendäre Quartett The Jordanaires bei, weltbekannte Sänger dank ihrer Zusammenarbeit mit Elvis Presley. Auf fast allen Songs sind sie meist als eindrucksvoller Bass-Chor zu hören. Auf der Rückseite des Albumcovers sind die vielen Western-Herren zu sehen, aber nicht eine Frau. Das einzige weibliche und gleichzeitig wunderschöne Element auf „Beaucoups Of Blues" steuert die damals erst 16-jährige Jeannie Kendall mit ihrer glockenhellen Country-Stimme im Duett mit Ringo beim Song „I Wouldn't Have You Any Other Way" bei. Jeannie bildet danach bis hinein in die 1990er Jahre zusammen mit ihrem Vater als The Kendalls ein erfolgreiches Country-Duo und veröffentlicht seit dessen Tod 1998 regelmäßig eigene Alben.

Die Songs erzählen manchmal in Honky-Tonk-Manier von Einsamkeit und Liebeskummer, von Niederlagen und vom Tod. Das Sentimentale des Debüts geht über in deprimierende Geschichten, die aber dank ihrer Melodien gleichzeitig tröstend wirken. Ringos Stimme – er trommelt auf keinem einzigen Lied – passt wunderbar zu den Country-Songs, die ja fast alle extra für ihn geschrieben wurden. Das Album ist über die Jahrzehnte sehr gut gealtert und viele halten es heute für eines seiner besten. Die bislang erste Single-Auskopplung Ringos in der Post-Beatles-Zeit, der Titelsong „Beaucoups Of Blues" schafft es nicht in die Charts, obwohl Komponist Buzz Rabin genau wusste, für wen er die Worte schrieb. *Oh where are the things I saw in my dreams / Where's the happy that freedom should bring / I see me today and know yesterday / That I threw away my most precious things.* Die B-Seite, die sich nicht auf dem Album befand (erst später wurde sie auf der CD wiederveröffentlicht und war bis dahin eine Rarität) ist bemerkenswert, denn es handelt sich bei „Coochy Coochy" um eine Eigenkomposition Ringos, der damals schon altersweise textet und singt. *I've got everything that I ever wanted / Done everything I ever wanted to do / Where are you / My coochy, coochy, coochy, coochy, coo?* Der Song wird am letzten Tag der Nashville-Sessions aufgenommen. Er enthält virtuose Mundharmonika-, Steel Guitar- und Geigen-Soli und nimmt spätere Ringo-Songs vorweg. Aber man spürt, dass „Coochy Coochy" stilistisch nicht zum Rest des Albums gepasst hätte. Der Song klingt, als hätten die Beatles versucht, Creedence Clearwater Revival zu kopieren: „Coochy Coochy" ist nicht Nashville-Country, sondern Swamp-Rock vom Feinsten. (Gecovert wird der Song von Ray Wylie Hubbard, was Ringo heute noch mit Stolz erfüllt.) Unmittelbar danach macht Dominic Joseph Fontana im Studio Platz und Ringo setzt sich selbst ans Schlagzeug.

Alle Musiker jammen fast eine Stunde, wovon nur gut sechs Minuten als Bonus Track unter dem Titel „Nashville Jam" auf der CD übrig bleiben. Fontana spielt Tambourine, Maracas und Klanghölzer. Der legendäre, 2018 verstorbene Drummer und Elvis-Freund, der auf „Heartbreak Hotel", „Hound Dog" oder „Jailhouse Rock" zu hören ist, fasst sein grandioses Urteil über Ringo 2008 so zusammen: *He's one of the finest drummers. People say 'He don't do a lot.' Well, he don't have to do a lot. He played that steady tempo. He was the glue for The Beatles. He put it together for them. That's what they needed. That's the whole secret of drumming. If you wanna do something fancy, go ahead and do it. If not, just play the beat.* Dominic Joseph Fontana muss es als altgedienter Drummer wissen: Er beobachtet bei der Jam den Beatle genau und definiert Ringo als „glue", als Klebstoff der Beatles. Wie treffend, denn Ringo erfüllt diese Funktion nicht nur musikalisch, sondern auch menschlich, besonders in jenem Jahr am Ende der Beatles-Ära. Fontana weiter: *I think one of the jams was 18 minutes. The other one was something like 20 minutes. What amazed me, he never varied from that tempo. He had the greatest conception of tempo I've ever heard in my life. I have never heard anybody play that steady in my life, and that's a long time.*

EMI besorgt für die 1968 gegründeten Apple Records den Vertrieb und hat die vier Beatles zu jenem Zeitpunkt immer noch unter Vertrag: Im Herbst 1970 kündigt EMI ein weiteres Country-Album Ringos an, aber dazu kommt es nicht. Erst im November 1973 wird mit „Ringo" das nächste Soloalbum erscheinen. In der Zwischenzeit widmet sich der bekannteste Drummer der Welt diversen Filmprojekten, aber natürlich kann er die Finger nicht vom Musikgeschäft lassen. Wie nebenbei nimmt er zwei Singles auf.

„It Don't Come Easy"

Ein Satz, der Ringo Starr charakterisiert, wie kaum ein anderer: *It don't come easy.* Das Komponieren beispielsweise geht dem Drummer immer noch nicht leicht von der Hand. Es ist diese selbstkritische Offenheit, die viel von Ringos Charme ausmacht. Auf der Suche nach einem Songtext und nach einer Melodie muss Ringo immer wieder feststellen: *It don't come easy.* Der Satz steht für sein ganzes Leben, zu Beginn für seinen Kampf ums Überleben, als Teenager für seine riskante Berufswahl, als Beatle für seine Bemühungen, vollwertiges Mitglied zu werden, nach den Beatles für seine Versuche, endlich auch Gitarrist zu werden. Der Ex-Beatle nimmt tatsächlich Lektionen und muss auch hier feststellen: *It don't come easy.* Entsprechend sieht man ihn auf dem Cover der Single gebeugt über eine Gitarre.

Das kleine Geständnis mit der kleinen Melodie, wie schwer ihm Vieles fällt, sollte zum erfolgreichsten Song seiner Karriere werden. Viel dazu beigetragen hat George, obwohl allein Ringo als Komponist genannt wird. Es gibt jedoch eine Version, in der George singt. Da wird deutlich, wie charakteristisch das Lied gesanglich, in der Melodieführung und im Einsatz der Gitarren für den jüngsten Ex-Beatle ist, der in jenen Jahren vor Kreativität nur so strotzt und dem ein kleines Geschenk für Ringo leicht zuzutrauen ist. Etwa so, wie wenig später John seinem Drummer „I'm The Greatest" schenken wird, allerdings unter Beibehaltung des Copyrights. Andererseits sieht man Ringo förmlich vor sich, wie er beim unbeholfenen Üben auf der Suche nach einem neuen Song neu gelernte Akkorde drischt und dazu traurig und ungeduldig „It don't come easy" summt, um dann damit zu George zu gehen, ob sich daraus nicht etwas machen ließe. Später gestand Ringo: *I wrote this song with the one and only George Harrison.*

Die Single erscheint ohne dazugehöriges Album völlig überraschend im April 1971. Komischer Höhepunkt eines Begleitvideos: Ringo wild trommelnd mit Ping Pong-Schlägern statt Sticks. Der Rock-Song klingt nach den Alben „Sentimental Journey" und „Beaucoups Of Blues" erstmals wieder wie ein Beatles-Song und steigt in den USA und in UK bis auf Rang vier und in Kanada auf Platz eins der Charts. „It Don't Come Easy" wird ein weltweiter Erfolg, der auch auf dem „Concert For Bangladesh" für Stimmung sorgt und sich besser verkauft als die fast gleichzeitig erschienenen Singles von John („Power To The People"), Paul („Another Day") und George („Bangla Desh"). Dieser Erfolg Ringos im Vergleich zu seinen kreativeren und prominenteren Kollegen wird selten gewürdigt.

Die Entstehungsgeschichte ist langwierig. Die ersten 20 Takes entstehen in einer Nacht unter der Federführung Harrisons mit George Martin als Produzenten, Ringo am Mikro und am Schlagzeug, Klaus Voormann am Bass und Stephen Stills am Klavier unter dem Arbeitstitel „You Gotta Pay Your Dues" schon im Februar 1970 am Rande der Arbeiten zu „Beaucoups Of Blues" in den Abbey Road Studios. Doch das Feilen an dem Lied (mit rund 70 weiteren Takes) dauert mit vielen Unterbrechungen ein knappes Jahr. „It Don't Come Easy" wurde oft gecovert und der Songtitel zum geflügelten Wort, das nicht nur Ringo mehrfach in neuen Songs zitiert und in Interviews. Alles braucht seine Zeit, wie der Song sagt: Der Blues, die Liebe, das Vertrauen, der Frieden.

Die B-Seite hat es auch in sich: „Early 1970" ist eine treffende Zustandsbeschreibung nach dem Ende der Beatles, richtet sich direkt an seine drei Freunde und macht sich auf fabelhafte Weise lustig zuerst über Paul: *Lives on a farm, got plenty of charm, beep, beep. He's got no cows but he's sure got a whole lotta sheep. And brand new wife and a family, And when he comes to town, I wonder if he'll play with me.* Bei John ist Ringo noch frecher: *Laying in bed, watching tv, cookie! With his mama by his side, she's japanese. They scream and they cried, now they're free.* Aber Ringo kann sich das erlauben. Gerade dieser eher unbekannte Song zeigt, wie einer der Fab Four in dieser kritischen Zeit austeilen kann und wie locker die anderen einstecken. Der Schlussvers ist eine Variante: *And when he comes to town, I know he's gonna play with me.* Bei Paul ist sich Ringo gerade nicht sicher, bei John schon und bei George singt er: *He's a long-haired, cross-legged guitar picker, um-um. With his long-legged lady in the garden picking daisies for his soup. A forty acre house he doesn't see, 'Cause he's always in town Playing for you with me.* Manche Beatles-Exegeten sind oft humorlos und streng. Aber gerade hier zeigt sich der Witz der Fab Four: Bald wird John seinem Drummer einen fantastischen Song schenken, Paul wird für ihn auf demselben Album spielen und George ist ohnehin immer an Ringos Seite und produziert auch diese Erfolgssingle Ringos. Der singt am Ende bescheiden und versöhnlich: *I play guitar, a - d - e. I don't play bass 'cause that's too hard for me. I play the piano if it's in c. And when I go to town I wanna see all three.*

Nach diesem enormen Erfolg arbeitet Ringo nicht an einem Album, sondern verfolgt Filmprojekte (als Schauspieler den Spaghetti-Western „Blind Man", als Regisseur den Glam Rock-Dokufilm „Born To Boogie"). Fast ein Jahr nach „It Don't Come Esasy" erscheint eine weitere Single, wieder von George produziert, dessen kompositorische Mitwirkung erst 2017 gewürdigt wird und wieder ohne begleitendes Album: „Back Off Boogaloo" wird ein ähnlich großer Erfolg wie „It Don't Come Easy".

Die Beatles fast wiedervereint

Ringo hat Anfang der 1970er Jahre den Glam Rock und vor allem die Band T. Rex fest im Blick. In der damaligen Zeit verhaftet schien es, als könnte Marc Bolan, der inzwischen Ringos Freund geworden ist, mit seinem orgiastischen Grooves die Beatles kommerziell übertrumpfen. Die Medien sprachen von „T. Rextasy" und die Reihe an Nummer-Eins-Hits war beeindruckend. Der charismatische Bolan nervte in jener Zeit seine Freunde mit bestimmten Ausdrucksweisen: Eine Zeitlang versah er alles mit dem Begriff „Boogaloo“, mal cool gemeint, mal abwertend. Boogaloo bezeichnete wie auch Shing-a-ling in den 1960er Jahren eine Stilrichtung und einen Tanz, die sich in den USA aus der Latin Music entwickelt hatten. Dem Boogaloo war der große Durchbruch nie vergönnt, auch ein Grund, weshalb der Begriff eher negativ besetzt war.

Bolan insistiert so sehr auf Boogaloo, dass Ringo 1971 eines Nachts mit den Worten „Back Off Boogaloo“ und der dazu gehörigen Phrasierung erwacht. Wieder geht er damit zu George, der dem Song den Schliff gibt, wofür er aber offiziell erst posthum 2017 geehrt wird. Seit seiner auffallenden Trommeltechnik auf „Abbey Road“ zeigt Ringo hier zum ersten Mal wieder, welch ekstatischer Drummer er sein kann: „Back Off Boogaloo“ beginnt mit militärischen Snare-Drum-Wirbeln, um dann in ein wildes und den Song dominierendes Rock-Donnern überzugehen. Das Drei-Minuten-Lied ist einprägsam und wird manchmal als Kritik an Pauls damaliger Musik verstanden, was Ringo jedoch immer und bis heute verneint.

Es sind vor allem die Zeilen *„Get yourself together now and give me something tasty. Everything you try to do, you know, it sure sounds wasted“*, die auf Paul gemünzt sein könnten, dessen musikalische Entfaltung im Vergleich zu denen seiner drei Freunde in jenen Jahren tatsächlich bescheiden ist. Die Aufnahme findet im September 1971 in den Abbey Road Studios kurz nach dem „Concert For Bangladesh“ statt. George spielt bei „Back Off Boogaloo“ eine einprägsame Slide Guitar, Klaus folgt ihm, füllt kongenial die Lücken zwischen Ringos Eruptionen und Gary Wright (von Spooky Tooth) schaltet sich gegen Ende mit einem hämmernden Piano ein. Der Song wird auch dank des penetrant oft repetierten Refrains ein weltweiter Smash-Hit, und die Kritiker („it's big drum sound“) wundern sich wieder, wo die dazugehörige LP bleibt. Auf der B-Seite ist Ringos noch abgefahrenere, unheimlich schleppende Komposition „Blindman“ zu hören, die er für den gleichnamigen Italo-Western („Der Vollstrecker“) geschrieben hat, in dem er auch mitspielt. Die Filmleute akzeptieren das aber nicht als Soundtrack und so geht der atmosphärisch dichte Muddy-

Swamp-Song mit dem Vermerk „Produced by: Ringo & Klaus" als ein weiteres Zeugnis der Freundschaft dieser großartigen Rhythm Section Starr-Voormann in die Rock-Geschichte ein.

Von mangelndem Selbstwertgefühl ist nichts zu spüren, als Ringo sein Film-Business Anfang 1973 ruhen lässt und sich entscheidet, die Zeit sei reif für sein erstes Rock-Album als Ex-Beatle. Es heißt schlicht „Ringo" und wird das erfolgreichste seiner gesamten Karriere: John schenkt ihm den Opener-Song „I'm The Greatest".

In vielen Lebensphasen beschleichen Ringo Selbstzweifel, die mit seiner Kindheit und Herkunft und mit dem Zufall zu tun haben, Mitglied der größten Rock'n'Roll Band der Welt gewesen zu sein. John textet: *When I was a little boy way back home in Liverpool my mama told me, I was great ... I was in the greatest show on earth for what it was worth and now I'm thirty-two and all I wanna do, is boogaloo ... Now let me introduce to you the one and only Billy Shears.* Ein bisschen Boogaloo da, ein bisschen Sgt. Pepper-Alter Ego dort: Der Song passt perfekt. Bei Take zwei und drei von zwölf singt John, der Ringo den Song erklärt: „Yes, I'm Billy Shears, happy for all those years". Produzent Richard Perry mischt später Live-Atmosphäre wie auf „Sgt. Pepper" dazu.

Das Cover zeigt auf einer aufwändig produzierten Fotografie Ringo allein auf riesiger Bühne mit mannsgroßen Buchstaben im Las Vegas-Stil. Über ihm hängt der Ringo-Stern als i-Punkt. Während der Fotosession versuchte sich Ringo auch recht akrobatisch liegend auf den Buchstaben. Später zeichnete Tim Bruckner in die Fotografie Theater-Ränge über der spiegelnden Bühne hinein. Dort sitzen 26 mitwirkende Freunde, in den ersten zwei Reihen zentral und gut erkennbar von links der malende Klaus, Yoko in einem Sack, John und George und dahinter Paul und Linda. Darüber hinaus hat Bruckner die Porträts erfunden. Das Arrangement erinnert entfernt an „Sgt. Pepper", obwohl Bruckner das nicht beabsichtigt hatte.

Zwischen zwei Theatermasken steht zuoberst der Spruch „DUIT ON MON DEI" („Mach' es montags"). Die Worte umrahmen den grünen Apfel. Sie sind eine Veräppelung des Wahlspruchs der Britischen Monarchen „Dieu et mon droit" („Gott und mein Recht"). Spaß muss sein: Ohne Bruckners Wissen wird zudem ein schelmischer Cherub neben Ringo hineingemogelt. Und am rechten Rand bei der EXIT-Tür reicht jemand hinter dem roten Vorhang ein Glas Wein auf die Bühne. 1975 erscheint dann das „Duit on Mon Dei"-Album von Trinkkumpan Harry Nilsson, und Ringo und Klaus sind bei diesen Aufnahmen auch mit von der Partie.

Mir ist klar, Du kommst nicht mehr zurück

Die Medien werfen es Ringo bis heute vor: Verglichen mit John, Paul und George habe Ringo wenig zum Erfolg der Beatles beigetragen. Die öffentliche Kritik an seiner mangelnden Kreativität verunsichert ihn. Man kann Ringos Leben, sein Auf und Ab, seine Rückzüge und Vorstöße als eine direkte Folge davon verstehen und Ringos Werdegang als beharrlichen Kampf gegen mangelndes Selbstwertgefühl lesen. John kennt diese Schattenseite seines Freundes gut und widmet Ringo den grandiosen Muntermacher, in dem sich der bescheidene Schlagzeuger die Seele aus dem Leib schreit und am Ende des Liedes weit über die von John vorgegebenen Lyrics hinaus geht: *I'm the greatest and you better believe it baby! I'm the greatest in this world, in the next world, and in any world!* Das ist Ringo im Selbstbestärkungsmodus, nicht John, der das Lied im Studio mit sehr viel weniger Verve interpretiert als wenig später sein Drummer. Kein Wunder, John hätte man den Muhammad Ali-Satz übel genommen und möglicherweise als Fortsetzung des Jesus-Vergleichs auffassen können.

Die Aufnahmen finden am 12. März 1973 in Los Angeles im Sunset Sound Recorders Studio statt. Das Datum wäre um eine Haar in die Musikgeschichte eingegangen: John, George und Ringo musizieren seit dem Ende der Beatles 1970 zum ersten (und letzten) Mal an diesem Tag wieder gemeinsam im Studio. Nur Paul fehlt. Es sind wohl nur Visa-Probleme, die ihn daran hindern. Aber Klaus ist ja da. Er spielt mit den Fab Three live den Bass. Es gab schon davor Überlegungen, Paul einfach durch Klaus zu ersetzen und so als Beatles weiterzumachen. Wie schon in Hamburg gut ein Jahrzehnt davor wäre – diesmal dank Ringo – aus dem fünften Beatle Klaus fast ein echter

Beatle geworden. John dirigiert die anderen drei vom Piano aus. Die Stimmung ist prächtig. Bei Take 4 improvisieren die vier einfach weiter und weiter – reine Spielfreude wie bei früheren Jam Sessions der Fab Four.

Die erste Single-Auskopplung „Photograph" ist wieder ein Gemeinschaftswerk von Ringo und George und steigt weltweit in den Charts ganz oben ein. Die Fab Three reiben sich die Augen, als sie sehen, dass ihr Schlagzeuger damit in Australien, Kanada und den USA jeweils Platz Eins der Hitparaden belegt. Ringo ist 1973 tatsächlich „the greatest". John schickt ihm ein Telegramm mit den Worten: „Wie kannst du es wagen? Warum schreibst du mir nicht einen Hit-Song?"

Die erste Idee für „Photograph" entsteht schon 1971 als Ringo und George im Urlaub an neuen Songs tüfteln. Textlich ist es ein schlichter Herz-Schmerz-Song. Ringo trauert der Frau nach, die ihn verlassen hat. Beharrlich variiert der Sänger die Melancholie, ausgelöst durch Einsamkeit und Erinnerungen und eben durch das Foto der Geliebten. Musikalisch ist es eines der gelungensten Beispiele für den „Wall Of Sound", für den hier in erster Linie Phil Spectors Kollege Jack Nitzsche sorgt. Ringo singt das Lied dann auch beim „Concert For George" im November 2002 in der Londoner Royal Albert Hall an Harrisons erstem Todestag. Es wird alles andere als Grabesstimmung auf der Bühne verbreitet, auf der u. a. Paul McCartney, Eric Clapton, Jeff Lynne oder Tom Petty ihr Bestes für den verstorbenen Freund geben. Aber Ringo überbietet sie an guter Laune. Als er vom Publikum umjubelt ans voreingestellte Mikro tritt, das deutlich zu hoch hängt, sagt er: „Ich wundere mich nur, warum alle größer sind als ich" und leitet „Photograph" mit den Worten ein: „George und ich haben das Lied gemeinsam geschrieben. Die Bedeutung hat sich jetzt natürlich verändert. *Every time I see your face it reminds me of the places we used to go. But all I've got is a photograph and I realize you're not coming back anymore.*

Spinning round with the sounds

Die Urheber wissen wohl schon 1971 während des Urlaubs, dass sie einen Hit geschrieben haben. Als Cilla Black, die auf der von Ringo gemieteten Yacht in Frankreich dabei ist, Ringo bittet, das Lied singen zu dürfen, soll er ihr gesagt haben: „No, it's too bloody good for you. I'm having it myself". Die Melodieführung scheint einfach, in E und repetitiv, aber die wenigen Abweichungen gemeinsam mit dem besonderen Rhythmus und dem Sehnsuchtsthema machen aus dem Lied etwas Besonderes, das vom großen Publikum geschätzt wird. Nicht wenige Musik-Kritiker halten es für eines der besten Lieder eines Ex-Beatles überhaupt. Die Qualität liegt auch darin, bei aller zum Ausdruck kommenden Sorge, eine Wärme, ja fast eine Zuversicht auszustrahlen, dass es nie gänzlich vorbei ist. *I can't get used to living here while my heart is broke, my tears I cry for you. I want you here to have and hold as the years go by, and we grow old and gray.* Und natürlich ist es Ringos treuherzige Stimme, die aus der pompösen Instrumentierung herausragt und das ihre dazu beiträgt. Allerdings schaut es bei Erscheinen von „Ringo" im Privatleben düster aus. Maureen und Ringo haben sich definitiv auseinandergelebt, gehen beide fremd und beschließen, die Ehe zu beenden. Im Jahr darauf werden sie geschieden.

Ähnlich erfolgreich ist auch die zweite Single-Auskopplung „You're Sixteen", eine Coverversion von Johnny Burnettes Hit von 1960. Der Song war aufgrund des Films „American Graffiti" gerade wieder populär. Sehenswert sind die Tanzeinlagen Ringos im Begleitvideo und nicht minder die seiner noch unbekannten Filmpartnerin Carrie Fisher, bevor sie Prinzessin Leia in „Krieg der Sterne" wurde. Die Szenen stammen aus der TV-Komödie „Ringo". Die dritte Auskopplung „Oh My My", komponiert von Ringo erstmals mit Vini Poncia, schafft es immerhin noch auf Platz fünf der US-Charts. Vor allem aber überzeugt das Album in seiner kompositorischen Gesamtheit inklusive Gatefold-Cover und dem zwanzigseitigen Beiheft im LP-Format mit Klaus Voormanns Zeichnungen zu jedem Song und allen Lyrics.

Musikalisch und optisch ist „Ringo" rundum gelungen und stellt den Höhepunkt im Schaffen Ringos dar, gleichsam Ringos „Sgt. Pepper". Großartig auch das gemächliche „Step Lightly", das Ringo nun als Komponist wie aus dem Ärmel schüttelt. Die Worte weisen auf seine Lebenssituation hin: *You gotta find a love that last.* Pauls und Lindas „Six O'Clock" ist der dazu passende Schmachtfetzen. Die Anwesenheit aller Ex-Beatles und das sorgfältig ausgesuchte Songmaterial sorgen für große internationale Anerkennung, die Ringo möglicherweise entgegen seines grundsätzlich bescheidenen Charakters etwas zu Kopf steigt. Jedenfalls zeigt ihn ein Video produziert vom Medienunternehmer Bob Meyrowitz zu „I'm The Greatest" im Rahmen der TV-Komödie „Ringo" umgeben von schönen Frauen in einer Stretch-Limousine auf dem Weg ins Studio, wo dann eine andere Version des Songs mit noch fetteren Drums und zwei kurzen Soli zu hören ist.

Am Ende dieses brilliant-beatlesquen Albums befindet sich ein Song von George, den er gemeinsam mit Beatles-Roadie Mal Evans geschrieben hat. Das Lied spricht direkt die Hörer an und schließt nach dem Opener den Kreis mit einem langen Abschiedsgruß und diesen witzigen und selbstreferentiellen Zeilen: *Now I want to tell you the pleasure really was mine. Yes, I had a good time, singing and drinking some wine. Though I may not be in your town, you know that I can still be found, right here on this record, spinning round with the sounds.*

Ganz zum Schluss bedankt sich Ringo in aller Ausführlichkeit bei allen Mitwirkenden. Es klingt wie ein letztes Winken zurückblickend auf die Beatles-Ära: *Goodbye, everybody! Come on, lads, play it for me, boys, there we are. Well, it's the end of the night and I'd just like to say thank you to everyone involved in this piece of plastic we're making. Good old Jim Keltner, Klaus Voormann, Nicky Hopkins, George Harrison and John Lennon, Paul McCartney. Richard Perry, who's producing this masterpiece, Bill Schnee, ever smiling, ever loving, Vini Poncia and all his other friends and everybody else who joined in and helped us on this wonderful record. So it's a big good night from your friends and mine, Ringo Starr.*

Der „Yes Yes Song"

Längst nicht so offensichtlich wie bei John, aber doch immer wieder deutlich spürbar ist Ringos Verarbeitung seines Privatlebens in der Musik. Egal, ob es dem Drummer gut geht oder schlecht, egal, ob er sich langweilt oder gerade unter Strom steht, der Gang ins Studio mit Freunden und neuen Songs ist immer die beste Idee, um ganz bei sich zu sein. Schließlich steht am Ende der Sessions ein neues Werk, *a piece of plastic*, das mit Radio- und TV-Interviews, mit Videos und Konzerten beworben werden will. In diesen Aktivitäten findet Ringo bis heute den Sinn des Lebens, denn sie erlauben es ihm zudem seine Botschaft zu verkünden: Peace and love. Je älter er wird, desto intensiver wird er das tun und selbst dem Motto gemäß leben, das in jenen Jahren ja noch Yokos und Johns Slogan ist: *War is over if you want it.* Ihre Friedensaktivitäten färben immer mehr auf Ringo ab.

Im Januar 1974 gibt Ringo ein Radio-Interview, in dem er nach seinen Lieblingssongs gefragt wird. Dazu gehört „Everything I Do Gonh Bee Funky (From Now On)" von Allen Toussaint, interpretiert von Lee Dorsey. Ringo erinnert sich, dass John den Song mehrfach hintereinander laufen ließ, um sich, Ringo und Klaus für die Aufnahme von „Well, Well, Well" in Stimmung zu bringen. Zudem passen Toussaints Lyrics gut zu Ringos Verfassung. *Some may say I've got no class, but I'm doing what I wanna do. So go with me if you can or just do what you can do. Oh, why you whining, I'm on fire.* Darüber hinaus nennt Ringo „Somethin' Else" von Eddie Cochran und „Strange Brew" von Cream.

Der Trennungsschmerz von Maureen ist auf dem Nachfolgealbum „Goodnight Vienna" zu spüren, das im Sommer 1974 in Los Angeles aufgenommen wird. Ringo arbeitet mit vielen der Musiker zusammen, die schon zum Erfolg von „Ringo" beigetragen haben: John, Klaus, Harry, Billy Preston, Jim Keltner oder Robbie Robertson. Produziert wird das Album wieder von Richard Perry. Auch die inhaltliche Rezeptur bleibt unverändert: Eine Geschenk von John, einige Coverversionen und einige mit Partnern verfasste Lieder untermauern den Erfolg von „Ringo" und etablieren den Ex-Beatle als Pop- und Rock-Entertainer erster Güte.

Stilistisch weichen die einzelnen Lieder etwas weiter voneinander ab als auf „Ringo". Herausragend ist der Song „Husbands And Wives" in zweifacher Hinsicht: Erstens fällt allein schon die Entscheidung für diese Country-Komposition von Roger Miller auf, der damit 1966 erfolgreich war. Natürlich wird die Öffentlichkeit die Trauer, die das Lied ausdrückt, auf sein Privatleben beziehen. Zweitens ist der stilistische Rückgriff auf Country bemerkenswert: Der Song hätte perfekt auf das „Beaucoups Of Blues"-Album gepasst und wird von Ringo kompromisslos und genregerecht interpretiert. Ringos Trosteffekt fehlt hier fast gänzlich: Es herrscht abgrundtiefe Trauer in diesem Midtempo-Walzer: *Two broken hearts lonely, looking like houses where nobody lives. Two people each having so much pride inside, neither side forgives.* Es folgt keine Hoffnung. Ringo singt mit tieferer Stimme als alle anderen Interpreten dieses Liedes. Das Deprimierende dominiert und dringt bis in den hintersten Winkel verborgener Gefühle, auch dank der asymmetrischen Komposition, die vom Sänger und der Band im zweiten Teil einiges Geschick abverlangt. Das und die Trauer mögen Gründe sein, warum Ringo das Lied live nie spielt. „Husbands And Wives" wurde auch von den Everly Brothers, Neil Diamond oder Brooks & Dunn gecovert, aber niemand singt es so sorgenvoll wie Ringo.

Die erste und erfolgreichste Single-Auskopplung ist „Only You (And You Alone)". John schlägt diesen Song von 1955 vor und leitet die Aufnahmen am Rande seiner Arbeit an Harry Nilssons Album „Pussy Cats". Beim ersten Durchgang singt John den Song so, wie ihn dann Ringo interpretieren könnte. Die akustische Gitarre spielt John akzentuiert wie in „Stand By Me" und die virtuosen Gesangspassagen, die Tony Williams von The Platters berühmt machten, kappt John. Bei der endgültigen Fassung werden sie raffiniert durch Ringos Sprechgesang ersetzt. Offenbar passt diese Vereinfachung in die damalige Zeit. Das Lied wird wieder ein großer internationaler Erfolg für Ringo. Es wird während Johns Lost Weekend eben nicht nur getrunken und gefeiert in Los Angeles, im Gegenteil: Wer sich den Output genau und gesamthaft anhört, staunt nicht nur über die Quantität der Songs, sondern auch über die musikalische Qualität, die in jener rauschhaften Zeit entsteht.

Auf „Goodnight Vienna" sind zudem Harry („Easy For Me") und Elton John („Snookeroo") mit eigenen Songs vertreten, die sie Ringo überlassen. Von Elton gibt es nur eine Demo-Version, er allein am Piano, die die Qualität des Liedes bereits verdeutlicht. Ringo verbessert da nichts mehr. Den Opener hat John komponiert: „Goodnight Vienna“ sagte er als Junge in Liverpool, wenn etwas aus und vorbei war und er verschwinden wollte: „Goodnight Vienna – Lass uns abhauen“. Auch hier gibt es Takes, in denen John singt. Der Song rockt und Lennon zählt ihn auf Ringos Album ein. Ringo singt ihn dann aber leider nicht mit der Schärfe, die diese Strophe erwarten ließe: *She said she loved me but I knew she was lying. Uh Huh Hah, felt like an Arab who was dancing through Zion. Uh Huh Hah, don't call no doctor when ya just feel like crying. Uh Huh Hah, it's all da da down to Goodnight Vienna.*

Für einen TV-Spot, in dem Ringo in blauer Weltraumkleidung zwischen einer orange uniformierten Militärkapelle auf einer großen Marschtrommel wirbelt, spricht John den Werbetext. Wenig später revanchiert sich Ringo und spricht bei einem PR-Clip für Johns Album „Walls And Bridges“. Die Männer haben Spaß, was auch deutlich wird, als das Video für „Only You“ mit Ringo und Harry in Los Angeles auf dem Dach des Capitol-Gebäudes gedreht wird. Albumcover, Kostümierungen und Filmaccessoires wurden vom Science Fiction-Film „The Day The Earth Stood Still“ von 1951 inspiriert. Damit entwickelt sich auch der Ringo-Stern zum Markenzeichen, das er bis heute geblieben ist. Ringo und Harry tragen es stolz auf ihren Sonnenbrillen. Witzig und bittersüß ist Hoyt Axtons „No No Song“, den Ringo erst gar nicht aufnehmen will, der dann aber bis auf Platz eins der kanadischen und Platz drei der US-Charts steigt und den er heute noch live spielt. Das Gute-Laune-Lied wehrt sich mit Witz gegen Marihuana, Kokain und Alkohol.

Hoyt Axton, dessen Mutter Mae Boren Axton gemeinsam mit Tommy Durden Elvis Presleys ersten Nummer-Eins-Hit „Heartbreak Hotel“ schrieb, ist selbst jahrzehntelang drogenabhängig und komponiert u.a. die Songs „The Pusher“ und „Snowblind Friend“, die dank Steppenwolf bekannt werden. Axtons eigene Version von „The Pusher“ halten viele Musikkritiker für die bessere. Er veröffentlicht auch eine Fassung seines „No No Songs“, aber erst nach Ringo.

Die beiden haben viel Spaß bei einer gemeinsamen Performance mit besonderen Tanzeinlagen in Axtons TV-Show 1975 zwischen einer Menge von Komparsen, unter denen sich auch Harry Nilsson, Buffy Sainte-Marie, Kris Kristofferson, Micky Dolenz (The Monkees) und viele andere Prominente befinden, die ganz offensichtlich nicht „no, no, no", sondern „yes, yes, yes" singen. Und auf der Aufnahme murmelt Ringo am Ende: *„Hey, yeah, I'll just have another drink, barman. Have you got a large brandy?"*

„A Dose Of Rock'n'Roll"

Ende 1975 verlässt Ringo Großbritannien, um Steuern zu sparen, und lässt sich in Monte Carlo nieder. Angeblich wegen der Hitze lässt er sich dort kahlrasieren, was zu seinem wohl merkwürdigsten Videoclip führt. Die Zeiten sind turbulent. Der Vertrag mit EMI läuft im Januar 1976 aus und Ringo bekommt lukrative Angebote, beispielsweise von ABC Records einen Fünfjahresvertrag für fünf Millionen US-Dollar, der sieben Alben in diesem Zeitraum vorsieht. Ringo entscheidet sich aber für Atlantic in den USA und Polydor in Europa. Das ist auch der Grund, warum Produzent Richard Perry durch Arif Mardin ersetzt werden wird.

Bis jetzt ist es für Ringo-Fans und viele Musikkritiker aufregend zu sehen, wie gut sich der Ex-Beatle und Drummer als Frontmann behauptet. Ringo ist außerordentlich beliebt bei Musiker-Kollegen und in der Öffentlichkeit. Ruft Ringo, eilt die Speerspitze des Rock'n'Roll zu ihm. Für sein fünftes Studioalbum „Ringo's Rotogravure", das 1976 veröffentlicht wird, sind das u. a. John, Paul, Klaus, Harry sowie Eric Clapton, Dr. John, Jim Keltner, Peter Frampton, Jesse Ed Davis oder Danny Kortchmar. Der Fachausdruck Rotogravure bezieht sich auf das Tiefdruckverfahren zum Bedrucken von Fotografien auf Papier. Ringo hatte mit Vergnügen das Musical „Easter Parade" von Irving Berlin mit Judy Garland und Fred Astaire gesehen. Dort fällt der Satz: „The photographers will snap us, and you'll find that you're in the rotogravure". Das merkt sich Ringo.

Auch George ist indirekt wieder mit von der Partie: Er überlässt Ringo den Song „I Still Love You", den er seit 1970 in der Pipeline hatte und der früher „When Every Song Is Sung" hieß, aber nicht veröffentlicht wurde. Ringos Interpretation jedoch misslingt. George droht sogar mit rechtlichen Schritten. Das Lied sollte zuerst von Shirley Bassey, später von Ronnie Spector oder von Cilla Black gesungen werden, aber die Projekte kommen nicht zustande. Cilla veröffentlicht das Lied erst später und kommt damit Georges Intention deutlich näher als Ringo. Textlich und in der Melodieführung ist es eines der ausdrucksstärkeren Lieder von George. *When every song is sung, when every bell's been rung, when every picture's hung up, I'll still love you.* Das wird auch deutlich, wenn man sich Georges eigene Aufnahme anhört, wie variantenreich und intensiv er „I love you" singt. Ringo ist von Georges sehnsuchtsvoll-gequälter Stimme meilenweit entfernt. Ringos Version macht aus Georges dramatischer Liebesbezeugung eine Schmonzette.

Hingegen gelingt Ringo auf seine sentimental-tröstliche Art die musikalische Verarbeitung der Trennung von Maureen im selbstkomponierten „Cryin'": *I didn't really want to hurt you, but you must have realized we were through. Now don't it make you feel cryin', watching a good love slowly die? You and me could spend a lifetime tryin', but we'd be better off just to simply say goodbye.* Und später im Lied fügt er noch hinzu: *But I know we're getting strong.* Ringos Optimismus ist die Konstante in seinem Leben und hält bis heute an. Ringo wird immer friedvoller, immer liebevoller, immer glücklicher. Wenn etwas schief läuft, nicht zu lange zurückblicken. Aufstehen. Weitermachen. Das ist sein persönliches Programm. Natürlich sind auch Ausreißer zu beobachten, wenn er sich zum Beispiel vor laufender Kamera über die langatmigen Fragen eines Journalisten ärgert, ihn hänselt, ihm seien wohl die Themen ausgegangen und ihn dann ganz bewusst bei der Verabschiedung nicht beim Namen nennt. Ringo kann auch beißen, wenn es sein muss. Aber das sind Ausnahmen: Grundsätzlich lebt er seine Motti, *Peace, Love and Happiness.*

Dazu passen auch Party-Lieder wie Bruce Channels „Hey Baby!", das 1961 ein Nummer-Eins-Hit war. Pauls Beitrag „Pure Gold", Johns

Nummer „Cookin' (In The Kitchen Of Love)" und Eric Claptons Song „This Be Called A Song" für Ringos „Rotogravure" wirken allerdings eher wie Ausschussware. Immerhin ist Johns Piano zu hören, seine einzige Studioaufnahme während seiner fünf Hausmannsjahre abseits vom Musikbusiness. Und auch Yoko und Linda sind bei Ringo im Studio, der sich inzwischen mit der sieben Jahre jüngeren Nancy Lee Andrews über das Ende seiner Ehe mit Mo hinweg tröstet. Nancy ist ein besonders reizvolles Fotomodell, halb Sizilianerin, halb Cherokee-Indianerin.

Nancy berichtet, dass sie zunächst John in New York kennenlernte und sich besonders gut mit ihm verstand. Sie stand für Richard Avedon und Irving Penn vor der Kamera. Als Milton Greene ihr eine Nikon schenkt, beginnt ihre eigene Leidenschaft fürs Fotografieren. John überzeugt sie, mit nach Los Angeles zu kommen, wo er sie Ringo vorstellt. Die beiden haben gemeinsame Themen, vor allem das Filmen und Fotografieren. Und Ringo – stets im Fokus der Öffentlichkeit – könnte diese Schönheit an seiner Seite jetzt gut gebrauchen.

Die beiden bleiben bis 1980 ein Paar, auch wenn Ringo dem einen oder anderen Seitensprung nicht immer widerstehen kann und es zu kurzfristigen Trennungen kommt. Linda und Nancy verstehen sich gut, Fotografinnen unter sich. Ringo ermuntert Nancy, mehr und professioneller zu fotografieren, was sie bis heute mit Erfolg tut. Sie fotografiert die beiden folgenden LP-Cover Ringos und zudem viele Rockstars, und sie schreibt den Song „Las Brisas" mit Ringo. Bei der Entstehung dieses Liedes zeigt sich wieder eine der Qualitäten Ringos, seine Spontaneität. Nancy und Ringo dinieren in einem mexikanischen Restaurant und sind beeindruckt von der dort spielenden Mariachi Band. Ringo lädt die Truppe ins Studio ein. Er singt dort und schüttelt die Maracas und Jungs namens Los Galleros und Legends Of Xanadu sorgen für den turtelnden Mexiko-Sound.

Nancy beginnt auch die Arbeit an einer Film-Dokumentation für Ringos 1978er-Album „Bad Boy", die jedoch nicht fertiggestellt wird. Als sich Ringo 1980 bei den Dreharbeiten zu „Caveman" Hals über Kopf in Barbara Bach verliebt und sich von Nancy trennt, sinnt sie heißblütig auf Rache. Sie fordert fünf Millionen US-Dollar von Ringo, doch das Gericht weist die Klage ab. 2008 veröffentlicht Nancy den sehenswerten Fotoband „A Dose Of Rock'n'Roll“ und präsentiert ihn gemeinsam mit Lennons zeitweiliger Partnerin May Pang, die ihrerseits gerade das Buch „Instamatic Karma“ mit ihren Schnappschüssen von John veröffentlicht hat.

Blue-Eyed Soul

Seltsam ist ein Shoobi-doo-dam-dam-Song auf „Rotogravure“. Zu „You Don't Know Me At All“ wird zum Teil in Monte Carlo, zum Teil in Hamburg ein Begleitvideo gedreht, in dem Ringo gleichsam zum Beweis, dass wir ihn nicht kennen, den Strohhut lüftet. Daraufhin kommt seine Glatze zum Vorschein, ganz glattrasiert. Als er die Sonnenbrille wegnimmt, wird der Anblick unangenehm, ja fast unheimlich. Das Video ist im Internet leicht auffindbar. Ringo ist kaum wiederzuerkennen, aber man weiß nicht sofort, warum. Dann sieht man, dass ihm sogar die Augenbrauen fehlen. Das wirkt befremdlich. Die einzigen Haare, die er noch im Gesicht hat, sind seine Wimpern. Ringo steigert die merkwürdige Wirkung später noch, indem er sich am Ende verbeugt, worauf eine Narbe oben auf seinem Schädel sichtbar wird. Und er singt den Refrain mit Hingabe und vollster Überzeugung: *You don't know me at all.* Hier scheint es ihm wahrhaftig ein Anliegen zu sein, dass wir ihn nicht kennen. Später erklärt Ringo, dass er in jener Zeit Suizidgedanken hatte. Alkohol, Drogen, die unstete Beziehung mit Nancy und der schwindende künstlerische Erfolg tragen dazu bei.

Promovideos werden auch für „Hey Baby!“ und „I Still Love You“ gedreht, aber die Verkaufszahlen bleiben vergleichsweise bescheiden. Das Album ist bestimmt nicht viel schwächer als die beiden gelungenen Vorgänger, aber es klingt eher wie eine Variation von Vorangegangenem und keineswegs nach Weiterentwicklung oder gar Innovation. Im Gegenteil: Das Fehlen des früheren Produzenten Richard Perry ist ein Rückschritt und führt zu einer Verflachung des Sounds.

George ist als Songschreiber aus der Ferne und John und Paul sind mit Songs und im Studio bei Ringo vertreten. Damit ist es das letzte Album, auf dem alle Fab Four vor Johns Tod noch einmal auf einer Scheibe anwesend sind. Ein letztes Mal trommelt Ringo die Beatles zusammen. Aber kaum erfunden, beginnt Ringos Logo, beginnt sein Stern zu sinken. Exploits am Schlagzeug wie bei „Back Off Boogaloo" oder witzige Sprachspiele sind Fehlanzeige. Stattdessen macht sich eine Bravheit breit, die bis heute Ringos Vorzug und Fluch zugleich sind: Irritation ist seine musikalische Sache nicht. Harmlosigkeit und Schunkelmentalität drängen sich mit „Ringo's Rotogravure" allmählich in den Vordergrund. Gewürdigt wird das von der Öffentlichkeit nicht. Auch nicht das merkwürdige letzte Geräusch-Stück mit verfremdeten Stimmen, das als Avantgarde-Experiment daherkommt, in Wirklichkeit aber den Mangel an gutem Songmaterial kaschieren soll. Die ambitionierte Musikkritik übergeht „Rotogravure", dabei gibt sich die Plattenfirma alle Mühe.

Auf dem Cover ist Ringos Gesicht zu sehen, wie er sich mit der linken Hand eine Lupe vor das linke Auge hält. Der ersten Auflage liegt eine Plastik-Lupe bei, die dabei helfen soll, die Rückseite des Covers zu entziffern. Darauf abgebildet ist die Eingangstür in der Savile Row. Ausgerechnet auf dem ersten Nicht-Apple-Album Ringos befindet sich diese Hommage an das Apple Headquarter. Dort haben die Fans ihre Wünsche notiert, von „Long live the Beatles" über „Keep on rocking all of you" bis hin zu „Give John a Green Card".

Schon 1977 erscheint Ringos nächstes Album „Ringo The 4th". Es ist sein sechstes Soloalbum, die Zahl vier weist darauf hin, dass es sein viertes Rock-Album ist. Um den mäßigen Absatzzahlen des Vorgängers etwas entgegenzusetzen, ändert Ringo die Rezeptur: Die Fab Three und viele der alten Freunde und Weggefährten sind hier abwesend, dafür hat er von den zehn Titeln sechs selbst gemeinsam mit Vini Poncia geschrieben. Ein Höhepunkt ist das autobiographische „Gave It All Up". Es ist der erste von sehr vielen Songs, die er in den folgenden Jahrzehnten schreiben wird, worin er die Kindheit in Liverpool heraufbeschwört. Das wird ihm nicht immer so gut gelingen wie hier: *Me and Billy were a couple of kids, nobody knew about the things that we did. Sharing our toys and riding our bikes, we thought it would last for the rest of our lives. We gave it all up for school.* Ringo dekliniert daraufhin die kleinen und großen Opfer durch, die er später noch gebracht hat – natürlich vor allem auch für die Liebe.

Getrunken wird hier in vielen Liedern. Alkohol ist auch im Begleitvideo zum Opener „Drowning In A Sea Of Love" omnipräsent. Die Komposition von Kenny Gamble und Leon Huff, die zu den Mitbegründern des Philly Soul gehören, bewegt sich zwischen R&B, Soul und Funk und ist 1971 ein Hit für Joe Simon. Es wirkt angesichts der hohen Qualität des Originals deplatziert, wenn Ringo mit seiner glatten Stimme von einer Verzweiflung singt, die so fern von ihren Ursprüngen zu sein scheint. Aber Steve Gadd und Ringo am Schlagzeug sind hörenswert und die Story hat Ringo gefallen, also die Möglichkeit, sich im Film singend von Tresen zu Tresen, von Spielcasino hin zu nackten Frauen zu bewegen. Die Absicht ist es, mit frisiertem Blue-Eyed Soul auf der Disco-Erfolgswelle zu schwimmen, doch die Single-Auskopplung floppt. Und dabei sind Ringos Augen so blau. Eine vergleichbare und deutlich überzeugendere Adaption stammt übrigens von Boz Scaggs.

Niemals sonst ist Ringo so wütend zu hören wie in „Out On The Streets", einer zusammen mit Vini Poncia verfassten Eigenkomposition. Es ist ein Porträt seines Lebensstils. Auf Kokain wird angespielt und Gewalt wird greifbar, vor allem im Outro, in dem Ringo von seiner Begegnung mit einem bewaffneten Dealer berichtet. Das Leben war ein großer Rausch damals und wer ihn heute dazu befragt, bekommt keine Antwort.

Produzent Arif Mardin sorgt dafür, dass Ringo nur von Spitzenmusikern begleitet wird. Neben Steve Gadd sind das u.a. Richard Tee, David Spinozza, Cornell Dupree sowie Michael und Randy Brecker. Mit ihnen soll das Album passend zum Zeitgeist gestaltet werden. „Wings" (es ist keine Anspielung auf Pauls Band) wird als erste Single ausgekoppelt und floppt, aber Ringo hält daran fest, nimmt den Song 2012 erneut auf und spielt ihn immer mal wieder live. Dies zeigt auch Ringos Hartnäckigkeit und Unbeirrbarkeit: Was ihm gefällt, wird gehegt und gepflegt.

Den Opener der B-Seite spielt er heute nicht mehr: „Can She Do It Like She Dances“ ist ein Honky-Tonk-Knaller mit sattem Bläsersound, mit Melissa Manchester und Bette Midler als Backgroundsängerinnen. Aber gleichzeitig ist es ein so peinlicher Anmach-Song, dass er zurzeit allenfalls zum Schweizer Singer-Songwriter Faber passen würde, der dann – sich windend – erklären müsste, dass der Macho-Erzähler im Lied in Wirklichkeit nichts mit ihm selbst zu tun hat. *I was sitting at the bar, talking to a lady friend, sipping on a glass of wine and making time, – you know what I mean. Then my favorite record played and I turned to watch the crowd, but one dancin' lady made me spill my wine. She looked so wild and she looked so free and she moved so temptingly, all the boys had just one question on their minds: Can she do it like she dances?* Am Ende darf dann der Ich-Erzähler mit ihr tanzen: *Oh, come on, baby, dance with me one time, dance with me two times. Well, if you dance we can do it all over the floor!* Immerhin lobt ein Kritiker, dass man Ringos Stimme den Wein und die Geilheit regelrecht anhören könne.

Das darauf folgende Lied ist der musikalische Höhepunkt des Albums, denn es klingt, als habe die Band Stuff Ringo als Gastsänger geladen. „Sneaking With Sally Through The Alley“, ein Song von Allen Toussaint, beweist, dass Hopfen und Malz eigentlich noch nicht verloren sind. Ringo fügt Robert Palmers, Lee Dorseys und Allen Toussaints Interpretationen vor allem dank Steve Gadd und Richard Tee eine gelungene Version hinzu. Aber Ringos Absturz, beruflich und privat, ist vorprogrammiert. Die restlichen Songs rutschen in ein freudloses Mittelmaß ab, das sich auch in den Absatzzahlen ausdrückt: „Ringo The 4th“ verkauft sich deutlich schlechter als „Ringo's Rotogravure“, so schlecht, dass Atlantic, seine Plattenfirma in den USA, den Vertrag mit Ringo vorzeitig kündigt und Polydor für Europa nur noch die Kinderplatte „Scouse The Mouse“ und den Nachfolger „Bad Boy“ veröffentlicht. Zum Scheitern des Albums mag auch Nancys Foto von Ringo mit spärlich bekleidetem Model auf den Schultern beigetragen haben. Rückblickend ist dies ein musikalischer Tiefpunkt in Ringos Solo-Karriere. Er wird sich nie mehr ganz davon erholen. Das Feuilleton lässt seine Arbeiten seither links liegen oder rümpft allenfalls kurz die Nase. Allerdings bleibt Ringo als Ex-Beatle, als Drummer, als Friedensbotschafter und zunehmend auch als phänomenaler Jungbrunnen für die Medien interessant: Bewundert werden über die kommenden Jahrzehnte vor allem seine Rastlosigkeit und seine Schaffenskraft, die sich durch Kontinuität, selten durch Originalität auszeichnet.

Oy, oy, oy

„Scouse The Mouse“ erscheint zum Weihnachtsgeschäft 1977 in Großbritannien (nicht in den USA) und bestätigt Ringos Image als herausragender Kinderlied-Interpret. Das Album schafft es nicht in die Hitparaden, aber viele Kinder hören erstmals einen Beatle, der extra für sie singt. Ringo macht seine Sache sehr gut. Kinder sind ihm wichtig. Er zeigt sich von seiner besten Seite, auch stimmlich, beispielsweise bei dem Song „Boat Ride“, in den er nahezu a cappella einsteigt, nur von einer Akustik-Gitarre begleitet. Ein solcher Klang würde sich manchmal auch auf seinen Songs für Erwachsene gut machen.

Die Arrangements sind fast alle in Musical-Form angelegt und erfüllen ihren Zweck, die Kinder in Phantasiewelten zu entführen. Ausgedacht hat sich die Geschichte der britische Schauspieler Donald Pleasence (der mit dem hypnotischen Blick) in seinem gleichnamigen Bilderbuch. Illustriert wurde es von Gerald Potterton, der schon an „Yellow Submarine“ mitgearbeitet hatte. Ringo singt auf acht von 15 Liedern. Das Abenteuer beginnt in Liverpool im Schaufenster einer Tierhandlung. Vögel, Hunde, Katzen und sogar Fische sprechen eine eigene Sprache namens Animo. Menschen können sie nicht verstehen. Ein Junge kauft die Maus und benennt sie nach dem gleichnamigen Gericht (Labskaus). Aus ihrem Käfig heraus beobachtet die Maus ihre Gastgeber und lernt beim Fernsehen Englisch und zu singen. Damit beginnt ein großes Abenteuer, das die Maus bis nach New York und ins Show Business führt.

Ringos siebtes Studioalbum „Bad Boy“ erscheint schon im kommenden Jahr, im April 1978. Es bedeutet eine Abkehr von prominenten Helfern ebenso wie von Disco-Klängen. Es entsteht einerseits aus Trotz, andererseits aus Freude am Musizieren und als Ausgleich zur Dolce Vita, wobei diesmal das Weinglas schon das Coverfoto dominiert. Produziert wird es von Vini Poncia aus steuerlichen Gründen auf den Bahamas und in Vancouver. Doch das auf dem Albumcover genannte „Elite Recording Studio" ist auf den Bahamas unauffindbar. Die Namen der Studiomusiker sind verschlüsselt: An der Lead-Gitarre „Push-a-lone", Rhythmus-Gitarre „Git-tar", Synthesizer „Hamish Bissonette", Bass „Die-sel" und Vini Poncias „Peaking Duck Orchestra and Chorus". Die Fan-Gemeinde ist damit bei Erscheinen aufgefordert, nach den Klarnamen zu suchen. Mit diesem Versteckspiel weist Ringo auch auf die Problematik hin, für jedes neue Album die begehrtesten Studiomusiker zu engagieren. Vertiefte Recherchen ergeben erst einige Jahre später, dass „Push-a-lone" in Wirklichkeit Lon Van Eaton ist. Er veröffentlichte u.a. mit seinem Bruder Derrek 1973 das von George Harrison produzierte Album „Brothers" auf dem Apple-Label und gehörte seither nicht nur zum Beatles-Kosmos, sondern arbeitete auch eng mit Richard Perry zusammen. „Git-tar" ist der Singer-Songwriter Jimmy Webb, Komponist u.a. des Welthits „Up, Up And Away". Außerdem sind noch Dr. John und Dee Murray mit von der Partie.

Leider verhilft dem Album auch dieses Rätselraten nicht zum Erfolg. Ringos und Vinis Absicht ist es, mit „Bad Boy" wieder einfacher und erdiger zu klingen. Das kleine und unabhängige US-Label Portrait, bei dem Ringo gelandet ist, tut nun sein Bestes. Aber nach dem unrühmlichen Ende wegen zu niedriger Absatzzahlen und mangelnder Qualität beim mächtigen Vorgänger-Label Atlantic findet auch Portrait keine Lösung. „Bad Boy" ist noch erfolgloser als sein Vorgänger, obwohl der Titelsong selbstironisch und originell Ringos Privatleben auf die Schippe nimmt. Wäre der Song fünf Jahre früher erschienen, wäre die Akzeptanz wohl größer gewesen. Wie Ringo das „Oy" in „Boy" fast 50 Mal wiederholt – ohne Echo-Maschine und mehrfach – das hat was. Fatalistisch und romantisch zugleich blickt er singend auf seinen physischen und psychischen Absturz, was ihn die schmerzhafte Realität erträglicher erscheinen lässt. Komponiert haben den Song Louis Armstrong und Avon Long. 1957 war er ein Erfolg für die Jive Bombers, die das „Oy" längst nicht so oft wiederholten, und auch bei Mink DeVilles Version rutscht das „Oy" in einen „La-La-La"-Gesang ab. Da wirkt Ringos Aufnahme eigenständig und authentisch. Auch bei der Auswahl weiterer Klassiker beweist Ringo einmal mehr ein glückliches Händchen: „Lipstick Traces (On A Cigarette)" geht auch dank Dr. Johns Honky-Tonk-Piano durch Mark und Bein und wirkt heute dank der sparsamen Instrumentierung ohne Streicher viel frischer als Ringos frühere Aufnahmen vergleichbarer Standards. Auch „Heart On My Sleeve" singt Ringo routiniert mit seinem unverwechselbaren traurig-tröstenden Timbre. Ganz anders später die zackige Version von Bryan Ferry. Störend wirkt der Synthesizer auf „Where Did Our Love Go", geschuldet dem damaligen Zeitgeist: Das sind die kleinen Fehltritte, die verhindern, dass das Album rückblickend entgegen des kommerziellen Misserfolgs bei Erscheinen zu den besseren Ringos gezählt werden könnte. „Hard Times", der Opener der B-Seite, rockt, ebenso „Monkey See – Monkey Do" mit seinem funky Bläser-Arrangement oder „Tonight". „Old Time Relovin'" und „A Man Like Me" verlocken zu sentimentalen Träumen. Allerdings halten Ringo und Vini ihre stilistische Linie nicht durch, mischen dann eben doch noch Streicher hinzu, schielen mit Schmalz-Elementen auf ein größeres Publikum, das sie aber ohnehin nicht mehr erreichen, auch weil sie das etwas anspruchsvollere vergraulen.

Drumming is my middlename

Trotz berühmter Mitwirkender bringt auch Ringos achtes Studioalbum „Stop And Smell The Roses" nicht die Wende hin zu mehr Erfolg und höherer Qualität. George, Paul, Harry Nilsson, Ronnie Wood, Keith Richards, Stephen Stills, Al Kooper oder Herbie Flowers sind mit von der Partie. Hochkarätiger geht es kaum. Nur einer fehlt: John Lennon. Dabei steht sein Beitrag für dieses Album schon seit Sommer 1980 fest. Ringo beschließt, die Erfolgsformel aus dem Album „Ringo“ zu reaktivieren und klopft bei seinen drei Freunden an, die alle zusagen, insbesondere John, der sich von seiner Hausmannszeit verabschiedet und an seinem letzten zu Lebzeiten erschienenen Album „Double Fantasy“ arbeitet. Die Lennon-Bermuda-Tapes enthalten wahre Schätze. Und nach fünfjähriger Abstinenz vom Songschreiben schüttelt John einen Song nach dem anderen aus dem Ärmel. Darunter befinden sich u.a. auch „Life Begins At Forty“ und „Nobody Told Me“. John ist sich sicher, dass diese beiden Songs und ebenso „Grow Old With Me“ ideal für Ringo sind.

In diversen Studios in Frankreich und den USA nimmt Ringo mit den verschiedenen Rockstars ein Lied nach dem anderen auf. Für John ist die Studiozeit in New York für Januar 1981 bereits fest eingeplant. Aber die drei Lieder fehlen auf „Stop And Smell The Roses“, denn John wird am 8. Dezember 1980 von dem geistig verwirrten Mark David Chapman ermordet. Diese Songs hätten einen großen Unterschied auf dem Album ausgemacht, ähnlich wie „I'm The Greatest“ auf „Ringo“ oder „Goodnight Vienna“. Nach seinem sofortigen Besuch Yokos im Dakota Building und nach Tagen tiefster Trauer geht Ringo wieder ins Studio, um das Album ohne John zu vollenden. Ronnie Wood ist nun Ringos Partner. Die beiden arbeiten bis Februar, derweil George mit Hilfe Pauls den Song „All Those Years Ago“ aufnimmt. Vor Johns Tod lehnt Ringo das Lied ab, es überfordere seine Stimme. Nach Johns Tod ändert George einige Zeilen, wodurch es ein rührender Song für John wird, der als Single bereits im Mai erscheint und ein Welthit wird.

Das Schicksal meint es nicht gut mit Ringo: Seine Unsicherheit und Vorsicht bei schwierigeren Liedern einerseits und Johns Tod andererseits verhindern den Erfolg eines Albums, das in der Planungsphase großes Potential hatte. Ringo nimmt auch hier die Vorbereitungen sehr ernst und glaubt an den bevorstehenden Erfolg, an das kommende „piece of plastic“. Das zeigt er in mehrfacher Hinsicht, natürlich auch in selbstironischer, wenn er am Ende des Feelgood-Titelliedes singt: *So stop and take the time to buy this album, so i can plant roses and smell them all day long. Stop ev'rything you're doing, run to your local record shop and say, "give me that record called 'stop'". I'm go-*

ing crazy with this record business, I wanna stop it, you want me to stop it, ev'rybody wants it to stop.

Einzig mit Georges Komposition „Wrack My Brain", die im Oktober 1981 als Single ausgekoppelt wird, schafft es Ringo da und dort in untere Hitparadenplätze. In den USA kommt er damit zum letzten Mal in seiner Laufbahn in die Top 40, er erreicht Platz 38. Ringo dreht mehrere heitere Promo-Filme für die Songs und gibt viele Interviews, aber das hilft nicht wirklich. Dabei haben sich auch seine Freunde Mühe gegeben. Harrys „Drumming Is My Madness" hätte das Zeug zum Signature-Song: *Drumming is my pleasure, drumming makes me happy… do you think i'm sexy? Do you think I'm silly? Try a little tenderness, too… drumming is my middle name, drumming makes me go insane … I got rhythm, you got rhythm, too.* Leider ist es ein gemütlicher Mid-Tempo-Song mit Tanzkapellenbläsern und fröhlichen Flöten. Die Melodie ist so schlagzeugfeindlich, dass sogar Ringos kleines Solo deplatziert wirkt. Mit einem „Back Off Boogaloo"-Sound hätte „Drumming Is My Madness" zum Hammersong werden können. Ähnliche Missgriffe geschehen auf weniger dramatische Weise auch bei anderen Liedern dieses Albums, das je nach Song von vier verschiedenen Freunden Ringos produziert wird. Auch diese Heterogenität macht sich negativ bemerkbar.

All das führt letztlich dazu, dass die Plattenfirma RCA Ringo nach nur einem Jahr der Zusammenarbeit 1982 fallen lässt. Zum ersten Mal in seiner Karriere steht der berühmteste Schlagzeuger der Welt ohne Plattenvertrag da. Seine Bemühungen sind erfolglos. Niemand will den Gute-Laune-Beatle unter Vertrag nehmen. Das gilt sowohl für die USA als auch für Großbritannien. Ringo ahnt, eine radikale Änderung muss her.

Abwärts

Nach dem Attentat auf John fühlen sich Ringo und Barbara nicht mehr sicher in den USA. Sie ziehen 1981 zurück nach Tittenhurst. Trotz der vorangegangenen Misserfolge plant Ringo schon sein nächstes Album, das er in privater Atmosphäre in Johns Aufnahmestudio realisieren will. Die Erinnerungen an die Aufnahmen zu Johns „Imagine" 1971, u.a. mit George, Klaus, Nicky Hopkins, Alan White und Phil Spector, gehören zu Ringos schönsten. Inzwischen hat er die Räume renoviert, plant Erweiterungen und hat Johns Ascot Sound Studios umbenannt in Startling Studios. Ringo setzt alles auf eine Karte, auf Joe Walsh. Nach dem vorläufigen Ende der Eagles 1980 lässt sich Walsh im Februar 1982 nicht zweimal bitten. Ringo und Joe schreiben fünf der zehn Songs gemeinsam. Einen schreibt Joe alleine und er produziert das gesamte Album, das die beiden als Gegensatz zur „New Wave", die gerade den Markt überspült, „Old Wave" nennen. Auf dem Cover ist der jugendliche, melancholisch dreinblickende Ringo zu sehen. Das Foto stammt aus den späten 1950er Jahren: Ringo trägt das Haar im Teddyboy-Stil. Es entstand in einem Fotoautomaten in Liverpool. Die Schwermut überrascht, der Ringo allein in der Kabine freien Lauf lässt. Auf der Rückseite ist ein Foto seiner Hände mit gekreuzten Drumsticks zu sehen.

Das Album rockt nach Walsh-Manier, der viele gute Riffs und Soli beisteuert, angefangen bei „In My Car", einem herrlichen Kracher, über „Alibi" bis zum Upbeat „Be My Baby" inklusive wilder Keyboards und Talkbox. Doug Sahms „She's About A Mover" passt gut dazu. Lästig ist nur, dass im zweiten Teil Dixie-Bläser den Soul-Charakter des Songs zertrümmern. Die Jungs im Studio sind übermütig und nicht gewillt mit mehr Konsequenz und Seriosität ihre alte Welle durchzuziehen. Großartig ist die Jam-Session „Everybody's In A Hurry But Me" im Bo Diddley-Beat mit Ringos sparsamem Sprechgesang, Eric Clapton an der Gitarre und John Entwistle am Bass. Man kann diesem und auch dem nächsten Song vorwerfen, nicht durchkomponiert und nicht zu Ende gedacht zu sein. Doch gerade diese Improvisation, dieses Unfertige machen den Reiz aus. Danach ein triumphaler Abschluss, das nur dreizeilige „Going Down" mit Waddy Wachtel an der Mundharmonika.

Aber da sind auch noch mehrdeutige Ausreißer, die das Bild trüben. In lustiger Kinderlied-Manier thematisiert beispielsweise „Hopeless" die dramatische Lage Ringos: *When I woke up this morning, much to my surprise, the sun was going down and I was still alive.* Ringo und Barbara halten zusammen, aber mit jedem Jahr, das ihre Ehe überlebt, passt sich Barbara stärker an ihren Ritchie an und übernimmt dessen ungesunde Angewohnheiten. Das Alkoholproblem wird bei beiden immer drängender. Und Joe Walsh ist wahrlich auch nicht der richtige, um zur Vernunft zu kommen. Auf dem letzten Stück „Going Down" singt Barbara im Hintergrund.

Die Scheibe ist bis auf wenige Ausnahmen ein Knaller und gut gealtert, aber sie passt nicht in die Zeit: Ihre alte Welle zerschlägt sich an den Klippen des 1980er Jahre-Kommerz zu Gischt. Das kleine Broadwalk-Label, bei dem Ringo untergeschlüpft ist, bekommt kurz vor Vollendung des Albums Probleme, weil der Inhaber, Ringos Freund Neil Bogart, stirbt. Der Vertrieb verzögert sich und findet in den USA und Großbritannien gar nicht mehr statt. Die Verkaufszahlen sind auch deshalb katastrophal schlecht. Ringo wird fast zehn Jahre lang - bis 1992 – kein weiteres Studioalbum mehr veröffentlichen. Allerdings versucht er es zwischendurch mit einem neuen Produzenten, der für eines der großartigsten Comebacks der Rockmusikgeschichte bekannt ist. Aber Ringo ist nicht Elvis und schrammt 1987 haarscharf an seinem musikalischen Meisterwerk vorbei, das er gemeinsam mit Memphis-Legende Chips Moman erarbeitet. Das Vorhaben scheitert. Nach Alkohol- und Drogenexzessen folgt seine Selbsteinweisung in eine Entzugsklinik.

„Time Takes Time"

Seit 1989 rührt Ringo keinen Alkohol mehr an. Seither und bis heute ist er mit seiner All-Starr Band in wechselnden Besetzungen auf Tour. Es erscheinen Live-Alben und Greatest Hits-Kompilationen. Kinder-TV-Programme und Schauspielerei gehören der Vergangenheit an. Ringo lebt von Luft, Liebe und Broccoli. Er hält sich fit: Wer ihn 2019 in den Behind Scenes Clips zum Album „What's My Name" sieht, staunt über den drahtigen und muskulösen Körper des 79-Jährigen, eine Entwicklung, die nach der Talsohle 1988 einsetzt und bis heute anhält. Und noch immer treibt ihn der Ehrgeiz an, neue und gute Alben zu produzieren. Aber nach den drei kommerziellen Misserfolgen und dem unvollendeten Memphis-Album mit Chips Moman lässt sich Ringo Zeit. Das zahlt sich aus. Sein zehntes Studioalbum „Time Takes Time" wird 1991 aufgenommen und 1992 beim Label Private Music veröffentlicht, das keine PR-Kosten scheut. Ringo passt gut ins Programm der 1984 gegründeten Plattenfirma mit Sitz in Los Angeles, die mit New Age Musik beginnt und gerne experimentiert, u.a. mit der deutschen Band Tangerine Dream. Ringo schätzt Taj Mahal und Etta James, die beide bei Private Music sind.

Konzentriert und nüchtern konzipiert Ringo die Produktion. Er schart Leute um sich, denen er voll vertrauen kann: Jeff Lynne, Don Was, Peter Asher und Phil Ramone, wobei Lynne in alle Songs zumindest eine Prise ELO-Sound streut, was dieses Projekt wohltuend von den disparaten der Vergangenheit unterscheidet. Die zehn Songs gehören so zusammen, wie 1973 die Lieder auf „Ringo". Und das ist auch der Vergleich, den die Musikpresse bei Erscheinen von „Time Takes Time" macht. Es gibt Songs, die erinnern stark an die frühen Beatles wie „I Don't Believe You" und „Runaways", ohne sie zu plagiieren. Andere Lieder wie „Don't Know A Thing About Love" oder „What Goes Around" setzen gekonnt Ringos Highlights der Vergangenheit fort. Ein gemeinsamer Groove eint die Tracks. Und schließlich präsentiert das Album zwei Hammer-Songs. Einerseits Ringos Eigenkomposition „Don't Go Where The Road Don't Go", die das Publikum vor Drogen warnt. Zur Faszination trägt das hier elegant eingefügte „It Don't Come Easy"-Zitat bei: Ringo, der Rocker ist in Hochform und umgeben von einem modernen Wall-Of-Sound-Arrangement. Andererseits der indisch angehauchte Midtempo-Psychedelic-Ohrwurm „Weight Of The World": *It's takin' us down and the night's growin' colder. Just blame it on fate, that was yesterday girl. And we're just growin' older, we've all been used. Now it's time to lose the weight of the world.*

Diese Qualität wird Ringo in Zukunft nur noch in vereinzelten Songs erreichen, nie wieder mit einem ganzen Album. Das liegt auch an der klugen Auswahl und Zusammenstellung der Songs auf „Time Takes Time". Und an den Musikern, u.a. Michael Landau, David Grissom, Jeff Baxter, Mark Hart oder Roger Manning und Andy Sturmer von Jellyfish. Manche spielen zum ersten Mal für Ringo. Auffallend ist auch Ringos Stimme, die hier in ungewohnten Höhen die Töne trifft. Trotz der begleitenden Tour und vieler TV-Auftritte, in denen er immer wieder die beiden Hit-Songs performt, erreichen die Singles nur mit Mühe in manchen Ländern Platzierungen unter den Top 100. Das Label Private Music ist enttäuscht und beendet nach nur einem Album die Zusammenarbeit mit Ringo. Letztlich besteht aber eine der großen Vorzüge Ringos darin, sich nie entmutigen zu lassen und immer weiterzumachen.

Senkrechter Mann

Dank des großen Erfolges von „The Beatles Anthology" ergibt sich wieder mediales Interesse auch für Ringo. Fünf Jahre nach „Time Takes Time" geht Ringo wieder ins Studio, um sein elftes Soloalbum „Vertical Man" aufzunehmen. Mit von der Partie sind große Namen, nebst George und Paul auch Alanis Morissette, Tom Petty, Steven Tyler oder Joe Walsh. Die Songs werden alle sehr sorgfältig produziert. Trotzdem fehlt dem Album die Magie des Vorgängers. Das liegt auch an der mangelnden Qualität der einzelnen Lieder, die bis auf zwei Ausnahmen alle von Ringo mitkomponiert werden. Sein Co-Autor ist Mark Hudson, der 1993 den Hit „Livin' On The Edge" für Aerosmith mitgeschrieben hat. Auch wegen der zunehmend banalen Texte stellt sich ein Mittelmaß ein. Manch ein neues Lied Ringos erinnert allzu sehr an ein früheres.

Besonders zweifelhaft ist die erste Ausnahme, eine neue Version von „Love Me Do", die als Folie für Ringos Live-Shows dienen soll, aber als Studio-Aufnahme nicht nur Beatles-Puristen vor den Kopf stößt. Die zweite Ausnahme ist eine recht einfallslose Cover-Version von Mentor Williams „Drift Away", die dadurch nicht besser wird, dass Tom Petty oder Alanis Morissette einzelne Strophen singen.

Ringo geht nicht mehr an seine Grenzen wie bei den Memphis-Sessions. Der Spaß an der Freude für ihn und seine Freunde wird immer wichtiger. Diese und auch die folgenden Lieder auf den künftigen Alben strömen Optimismus und Fröhlichkeit aus. Naivität hat man ja schon Pauls „Ob-La-Di, Ob-La-Da“ 1968 vorgeworfen, warum also sollte Ringo 30 Jahre später nicht „La De Da“ singen? So schunkelt sich Ringo positiv denkend durchs Leben und wünscht der ganzen Menschheit Frieden und Liebe. Den Fans, die Ringo treu bleiben, sind der musikalische Durchschnitt, die vielen Varianten bestehender Lieder egal. Leider betrifft das auch die Arrangements auf „Vertical Man“. Aber Ringos Konzerte strahlen ja nach wie vor eine Beatles-Aura aus. Dank der All-Starrs ist für nostalgische Abwechslung gesorgt. Am Merchandising-Stand wird dann auch die jeweils neueste CD verkauft. Es geht um die harmonischen und unbeschwerten Momente im Leben, die Ringo evoziert und betont. Er multipliziert sie und dehnt sie so lange wie möglich. Durch die ständige Abwechslung zwischen den Monaten auf Tour, den Zeiten im Studio und der PR-Arbeit lässt Ringo selbst bei negativen Gedanken oder gar Depressionen oder Gelüsten nach unerlaubten Rauschmitteln den Verlockungen keine Chance mehr. Das gute Leben gewürzt mit Witz füllt nun Ringos Alltag. Und sein Publikum soll ein wenig daran teilhaben.

Es werde Weihnachten

Dass Ringo die Welt immer wieder überraschen kann, zeigt sein Weihnachtsalbum von 1999, „I Wanna Be Santa Claus“, Ringos 12. Studioalbum. Damit ist Ringo der einzige Beatle mit einem kompletten Weihnachtsalbum. Mit dem Opener, der Eigenkomposition „Come On Christmas“, rockt und schockt Ringo die Hörer. Fette Drums, harte Gitarren-Riffs und ein kreischendes Saxophon fordern den heiligen Geist heraus. Ebenfalls aus seiner Feder stammen das swingende Stück „Christmas Dance“ samt Big Band-Begleitung und der Schmachtfetzen „Dear Santa“. Und „The Little Drummer Boy“ by Ringo ist natürlich ein Hochgenuss, auch dank der vielen einmaligen Fills. Beeindruckend ist Ringos Gesangsleistung in „Christmas Eve“. Witzig ist „Christmas Time (Is Here Again)“, ein Stück, das die Fab

Four gemeinsam 1967 für ihre Weihnachtsplatte improvisiert hatten, und unique ist das psychedelische „Pax Um Biscum" in Georges Sitar-Stil. Ringo und Mitkomponist Mark Hudson singen es auch auf Italienisch, Französisch und Deutsch – Friede sei mit dir – und mehrfach auf Englisch, „Peace be with you" und in weiteren Sprachen. Ringos Lateinkenntnisse (oder die des für das Cover verantwortlichen Grafikers) verfremden auf rätselhafte Weise „Pax vobiscum" (der Friede sei mit euch) in „Pax Um Biscum". *Pax tecum sit, et cum spirito tuo,* möchte man ergänzen. Das Album gehört auch heute noch unter jeden Weihnachtsbaum. Es gibt keine dreistere Weihnachtsplatte eines Rockstars. Leider hält Ringo die Verfremdungen nicht konsequent durch. Die anderen Coverversionen der Weihnachtsklassiker sind weniger originell oder gießen die Standards nur zaghaft in Boogie-, Calypso-, Country- oder Honky-Tonk-Songs.

„Ringo Rama"

Schon im rockigen Album-Opener „Eye To Eye" zitiert Ringo einmal mehr „It Don't Come Easy". Die neue Formel für einen Großteil dieser und der künftigen Songs ist auf „Ringo Rama" gefunden. Sie besteht im Wesentlichen in Zitaten: Wort und Musik beziehen sich nostalgisch auf frühere Erfolge und erzielen damit die größtmögliche Aufmerksamkeit. So kann Ringo in begleitenden PR-Auftritten immer wieder von der glorreichen Vergangenheit sprechen. Ergänzt werden musikalisch und inhaltlich die Rückblicke mit Ringos Credo: Positiv denken, Optimismus, Friede, Zufriedenheit und Liebe gewürzt mit Liedern zu privater Idylle.

Spätestens mit seinem 13. Studioalbum „Ringo Rama" entscheidet er sich dafür, seine Pop- und Rock-Songs so zu gestalten, dass sie „middle of the road" bleiben. Oft dreht er dazu Filme, die den Spaß dokumentieren, den die Musiker haben. Dieser soll sich auf das Publikum übertragen. Dabei wird die Spieldauer seiner Alben tendenziell kürzer (sein 20. Studioalbum „What's My Name" dauert nur noch 34 Minuten), dafür erhöhen sich die PR-Anstrengungen inklusive Merchandising-Angeboten, Tourneen, Greatest Hits- und Live-Alben. Ringo gelingt es somit im 21. Jahrhundert, ein gut beschäftigter Musiker zu sein. Mehr wollte er nie. Wo andere sich längst in die Rockerrente verabschiedet haben, demonstriert Ringo eine faszinierende Umtriebigkeit, die ihrerseits Teil seines Erfolgs wird. Immer öfter kreisen die Medienberichte um seine mentale und physische Fitness. Dabei verhindert Ringo, dass viele seiner Musikerkollegen in Armut, Depressionen oder einfach nur in Vergessenheit geraten. Unermüdlich holt Ringo sie auf die Bühne, geht mit der ständig wechselnden All-Starr Band auf Tour und sorgt so für sein Publikum und für seine Freunde, dass gute Songs und ihre Schöpfer gewürdigt werden.

Bei genauem Hinhören gibt es auch auf seinen Alben immer wieder Überraschungen. Fest steht: Ringo engagiert sich für jede neue Platte mit ganzem Herzen. Bewundernswert ist dabei auch, dass die vielen Verrisse in den Zeitungen, die ihm Einfallslosigkeit und Naivität vorwerfen, an ihm abprallen. Unbeirrt auf seinem Weg von Song zu Song, von Gig zu Gig, konzentriert sich Ringo auf das Publikum, das ihn mag. Und das ist groß und treu und wächst wieder. Inzwischen sind dank Ringos enormer Ausdauer die Umsätze zufriedenstellend. Zurecht rückt Ringo in Interviews Songs wie „Instant Amnesia" in den Fokus der Aufmerksamkeit: Ringo trommelt dort virtuos und wild wie selten in seiner Karriere. Und natürlich helfen ihm auch auf „Ringo Rama" seine Freunde, u.a. Eric Clapton, David Gilmour und der Bassist Charlie Haden, der für jazzige Überraschungen sorgt.

Das Album erscheint im März 2003, enthält fast ausschließlich Kompositionen von Ringo und Mark Hudson, erhält wohlwollende Kritiken, und die Singleauskopplung „Never Without You" gehört zu den besten Songs Ringos, eine wunderschöne Ohrwurm-Hommage für George, der 2001 gestorben ist. Bemerkenswert ist auch „Memphis In Your Mind" im Hinblick auf Chips Moman. Ringo spielt das Lied auch noch 2019 live.

Auf dem 14. Studioalbum „Choose Love", das 2005 erscheint, vervielfacht Ringo seine Nostalgie-Formel. Im Titelstückt zitiert er musikalisch „Day Tripper" und im Text Verse aus „It Don't Come Easy".

The Long and Winding Road is more than a song. Tomorrow Never Knows What Goes On. To live your life right, you've got to let in the light and let all the darkness go. You've got to pay your dues if you want to sing the blues, but, no matter who you choose, choose love. Wieder komponiert Ringo mit Mark Hudson und manchmal einigen weiteren Musikern alle Tracks selbst. So will er mal von der Liebe, die ihn verlassen hat, den *Beat* zurück, das einzige, was sein Leben *complete* macht. So rocken die Kumpels freudvoll dahin. Tontechnische Besonderheiten oder ausgefallene Instrumentierungen sollen die einfachen Lieder aufwerten. Die rockige Wohlfühlmusik erregt ohne Höhe- oder Tiefpunkte wenig Aufmerksamkeit. Die Verkäufe sind geringer als bei den beiden Vorgängern. Trotzdem legt Ringo schon 2008 ein weiteres Easy Listening Album nach, das er wieder mit Mark Hudson durchkomponiert. Doch das ist dann wohl zu viel des Guten.

Spiel mich in den Himmel

Beim Album „Liverpool 8" gibt es Krach zwischen Mark und Ringo: Mark behauptet, weil er keine Synthesizer auf Tour mag, sondern viele gute Musiker. Ringo sagt, weil Mark lieber an einer TV-Show teilnimmt, als mit ihm wie verabredet auf Tour zu gehen. Die beiden werden nie wieder zusammenarbeiten. Bemerkenswert: Wenn es mal bei aller Harmoniesucht und Friedenspropaganda Ringos zum Streit kommt, verschwinden die betreffenden komplett aus seinem Freundeskreis. In Interviews geht er auf die Fehden nicht ein, und wenn doch, verharmlost er sie und vermeidet wenn möglich, die Namen der Kontrahenten zu nennen. Das gilt auch für Chips Moman. Andererseits ist es bemerkenswert, dass Ringo bei seinen wenigen juristischen Streitigkeiten meist gewinnt. Man muss Ringo schon sehr ärgern, bis er Härte zeigt. Und wenn es um Rosenkriege geht, sei es mit Maureen oder mit Ex-Geliebten, ist er meist gutmütig und nachsichtig und zur Versöhnung bereit.

Der Opener von „Liverpool 8" ist der gleichnamige Track, eine gesungene kleine Autobiographie mit einer Ohrwurmmelodie. Ringo zählt die Stationen seiner Jugend auf und klagt: „Liverpool I left you", aber er folge immer seinem Herzen, das Schicksal rufe ihn, er könne nicht in seiner Heimatstadt bleiben, aber er lasse Liverpool nie fallen. Es ist ein Singalong-Ringalong-Song. Eine Besonderheit ist auch „Harry's Song", in dem er mit Milde und Sanftmut an seinen Freund Harry Nilsson erinnert und durchgängig mit Besen über die Snaredrum streicht. Auffallend auch die Rockabilly-Stimmung in „R U Ready?", worin er seine Gedanken zum Thema Tod ausdrückt: *Are you ready to cross over, are you ready to let go? To face the final curtain in the land of I Don't Know. Every one can get there cause we don't have a soul. Are you ready to cross over, are you ready? So why hold on? It's good that you believe, but it's better if you know. So hold on, hold on. Someone's there to catch you when you're ready to let go.* Vor dem Solo ruft Ringo: „Play me to heaven!"

Nach dem Streit mit Mark tut sich Ringo mit Dave Stewart zusammen, der alle Tracks neu produziert. Trotzdem sind viele der Songs auf dieser Scheibe nahezu austauschbar mit Liedern auf den vier Vorgängern und auch mit den folgenden. Schon 2010 erscheint Ringos 16. Studioalbum „Y Not". Die Novität: Erstmals tritt Ringo als sein eigener Produzent auf und das wird auch bei den künftigen Alben so bleiben. Wieder schwelgt Ringo voller Charme in der Vergangenheit: Die Geschichten sind bekannt, die Melodien variieren nur leicht. Das Publikum freut sich, dass Ringo Ringo bleibt und „Peace Dreams" träumt: *Can you imagine all of this coming through? It's really up to all of us to do just like John Lennon said in Amsterdam from his bed: „One day the world will wake up to see the reality".* So führt Ringo den „Give Peace A Chance"-Gedanken unbeirrbar fort. Und das Publikum erfreut sich auch an einigen gelungenen Songs: Das Lied „Walk With You", ein wunderbarer Freundschaftsbeweis, singt Ringo in einem berührenden Duett mit Paul.

In „The Other Side Of Liverpool" erinnert sich Ringo wieder an seine Kindheit und Jugend. Herausragend ist das rockende Duett mit Joss Stone „Who's Your Daddy". Schon zwei Jahre später erscheint Ringos 17. Studioalbum „Ringo 2012": Es ist mit nur 29 Minuten das kürzeste seiner Karriere. Das Foto auf der Rückseite zeigt Ringo vor einem Motel: „Ich wollte das Album ‚Motel California' nennen, aber Joe Walsh war dagegen", lacht Ringo. Die Austauschbarkeit der Tracks verschärft sich. Das Traditional „Rock Island Line" und Buddy Hollys „Think It Over" fallen kaum auf, da das Arrangement jeweils an Ringos Stil so stark angepasst wird, dass man kaum merkt, dass es Coverversionen sind. Schließlich covert sich Ringo selbst in „Step Lightly". Die alte Version von 1973 wird damit nicht besser. „In Liverpool" ist eine weitere Ausdifferenzierung seiner Kindheitserinnerungen. Nimmt man alle biografischen Songskizzen zusammen, erzählt Ringo viel von seiner Herkunft und Kindheit.

Wie heiße ich?

Drei Jahre danach veröffentlicht Ringo „Postcards From Paradise". Der Titelsong setzt sich konsequenter als jemals zuvor aus Beatles-Zitaten zusammen. Ringo kündigt das Album via Twitter an. Er findet zunehmend Gefallen an den neuen sozialen Netzwerken und nutzt bis heute intensiv alle gängigen Kommunikationskanäle im Netz. „Es gefällt mir, mich direkt an meine Fans wenden zu können", erklärt Ringo. Der Opener thematisiert wieder Erinnerungen: In „Rory And The Hurricanes" singt Ringo von Ereignissen, die er auch davor schon in Interviews mehrfach erzählt hat. Ringo meint es ernst, wenn er sagt, sein Leben sei in seinen Liedern. Ringo, Mann der wenigen, aber treffenden Worte, braucht nur ein paar Songs, um seine Vita zusammenzufassen. Anekdoten wie diese sind inklusive: *Went to the dance on a friday night. Every London girl we asked were so uptight. I saw a pretty little girl she came from France. She said „oui" when I asked her to dance. The world was spinning like the glitter ball above. And already I was falling in love.*

Ringo ist euphorisiert von der neuen Situation: Er schreibt alle Songs selbst, u. a. mit Steve Lukather, Todd Rundgren, Dave Stewart oder Joe Walsh. Und er produziert das ganze Album wieder selbst. Die Aufnahmen finden wie bei den vier vorhergehenden Alben im Hinterhaus seiner Villa in Los Angeles statt, wo er sich sein Roccabella genanntes Heimstudio eingerichtet hat. Wer in der Stadt ist, soll vorbeikommen, lautet Ringos Motto, und schon ist er auf dem Album mit drauf. Dementsprechend flott geht es weiter. Keine zwei Jahre später erscheint „Give More Love“. Ringos 19. Studioalbum ist genau wie die vorhergehenden entstanden. Geplant waren Aufnahmen in Nashville und vorwiegend Country-Songs. Aber daraus wird nichts. Überreste der Pläne sind auf „Standing Still“ zu hören und auf „So Wrong For So Long“. Bemerkenswert sind Pauls Schreie auf „We're On The Road Again“, Ringos Drums auf „Speed Of Sound“ oder seine Tanzfreude bei „Shake It Up“. Der Titelsong ist eine weitere Steigerung von Ringos Sehnsucht nach Frieden und Liebe. Auf der Rückseite des Albums ist Ringo zu sehen und neben ihm die überdimensionierte Skulptur seiner Hand, die das Friedenszeichen macht. Allein dieser Versuch Ringos verdient Respekt: Natürlich ist die Verstärkung von Ringos Wunsch nach „Choose Love“ vorhersehbar, aber die Penetranz ist beachtlich. „Give More Love“. Dagegen nehmen sich die Bonustracks merkwürdig aus, vier Neuaufnahmen alter Hits, deren Originalaufnahmen ausdrucksstärker und kraftvoller sind. Ringo begibt sich damit auf die Wiederholspur.

2019 erscheint sein 20. Studioalbum „What's My Name“, das wieder im Roccabella aufgenommen wird. Ringo mag definitiv keine großen Studios mehr mit Trennwänden und Kabinen. Bei ihm zu Hause musizieren alle nahe beieinander, seine Frau Barbara schaut zwischendurch vorbei. Komponiert wird gerne auch mal in den Pausen. Meist steht zunächst der Songtitel fest, der sich nicht mehr wie früher („Tomorrow Never Knows“, „A Hard Day's Night“) malapropistisch ergibt. John ist ja nicht da, um Ringos Wortakrobatik zu würdigen. Aber Spontaneität ist immer noch entscheidend. So entsteht der Titel des rockenden Eröffnungssongs „Gotta Get Up To Get Down“, den Ringo gemeinsam mit Joe Walsh komponiert, bei einem Abendessen.

Ringo, Joe, Klaus und einige mehr sitzen an einer großen Tafel. Gegen Ende sagte Ringo: „Well, you've got to get up to get down“ und sofort ist klar, dass das ein Songtitel ist. So beginnt das Album dunkel: Einige Sekunden lang ist nur Ringos Bassdrum zu hören, die Einleitung zu diesem bedrohlichen Funk mit Ringos merkwürdiger Weisheit, was am Ende eines Dinners paradoxerweise zu tun ist. Thema ist ein Lob der Fitness, kombiniert mit Social Media-Kritik: *Everybody's on the Internet, what's up with that. Your body just waitin' for your brain to come back. Can't be cool just sittin' around. You gotta get up to get down.* Auch den zweiten Song „It's Not Love That You Want" leitet Ringo mit einigen Schlägen ein. Ursprünglich sollte das Album „Red Moon" heißen. Ringo hat ein Mond-Foto geschossen, worauf er stolz ist. Aber die Plattenfirma fand „What's My Name" besser. Der Song ist die Fortsetzung eines 60 Jahre währenden Dialogs zwischen Ringo und seinem Publikum. Wenn die Fans früher zwischen den Songs „Ringo! Ringo!" schrien, ließ er sie seit den 2000er Jahren eine Weile brüllen und fragte dann ungerührt: „Was habt Ihr nur? Ich kenne meinen Namen." Nun also, mit 80 Jahren dreht er an der Fan-Schraube: „What's My Name", ohne Fragzeichen, hat das Zeug, zum neuen Signature-Song der All-Starr Band zu werden. Die Tour-Daten für 2020 stehen fest und alle werden dann wieder einige Minuten lang in einem gelben Unterseebot leben und danach „Ringo!" rufen.

Kinder in Not

Ringos Kompilationen verkaufen sich oft besser als die Studioalben. Ihr Erscheinen ist meist abhängig von den schnell wechselnden Verträgen mit den vielen verschiedenen Plattenfirmen: Ringo ist mehrfach gezwungen, bei neuen Labels zu unterschreiben, da die alten mit den Absätzen unzufrieden sind.

1975 erscheint „Blast From Your Past" als letztes Album Ringos bei Apple. Der Apfel ist hier als seltene Ausnahme rot gefärbt. Seine Apple-Singles fallen auch auf, die blau gefärbt sind. Das Album enthält zehn Songs mit einer Spieldauer von nur 31 Minuten. Überraschend ist die Aufnahme des Songs „Early 1970", was aber zeigt, wie wichtig für Ringo diese selbstkomponierte Bestandsaufnahme ist. Wichtig für alle Single-Muffel ist die Aufnahme der Non-Album-Hits „It Don't Come Easy" und „Back Off Boogaloo". Alle Songs von „Blast

From Your Past" erscheinen dann 2007 in der umfassenderen Sammlung: „Photograph. The Very Best Of Ringo Starr".

1989 erscheint bei Rhino „Starr Struck: Best Of Ringo Starr, Vol. 2". Das Album enthält keine Überschneidungen zum Vorgänger, aber dementsprechend auch wenige wirklich beste Songs. Eine der Intentionen ist es, Lieder aus „Old Wave" damit in den USA bekannt zu machen, da das Album dort nicht erschienen war.

Mitte der Nullerjahre werden einige von Ringos Soloalben als CDs wiederveröffentlicht. In diesem Rahmen erscheint auch „Photograph. The Very Best Of Ringo Starr" 2007 mit 20 Titeln jetzt wieder bei Apple. Die Spieldauer beträgt über eine Stunde und Ringo erreicht damit in Großbritannien Platz 26 der Charts. Auch in den USA verkauft sich die Kompilation gut. Eine Sammler-Edition enthält sieben weitere Songs und eine DVD. Ein Jahr später erscheint auf dem Label Koch „Ringo Starr 5.1.: The Surround Sound Collection", eine DVD Audio mit Songs ausschließlich aus „Ringo Rama" und „Choose Love", die für einen Grammy für den besten Surround Sound nominiert wird.

2014 erscheint bei Apple „Icon" mit nur elf Titeln und einer Spieldauer von unter 40 Minuten und vielen Überschneidungen zu „Photograph. The Very Best Of Ringo Starr". Enthalten ist „Yellow Submarine" als Live-Aufnahme. Ringo veröffentlicht zwischen 1990 und 2010 elf Live-Alben, neun davon mit der All-Starr Band. Solo ist „VH1 Storytellers" von 1998 auf dem Mercury Label bemerkenswert, weil Ringo zu seinen bekanntesten Songs Hintergrundgeschichten erzählt. „Ringo Starr: Live At Soundstage" erscheint 2007 beim Label Koch, wobei die Aufnahmen schon 2005 stattfinden. „Solo" ist für beide Veröffentlichungen irreführend, zumal Ringo von seinen bewährten Musikerfreunden der All-Starr Band begleitet wird, die Ringo nur kurzfristig 1997 in The Roundheads umbenennt.

Eine Charitiy-Single ragt aus den vielen erfolglosen Album-Auskopplungen seit 1977 heraus: „The Official BBC Children In Need" erscheint 2009 mit einem Cover, das an „Sgt. Pepper" erinnert. Auf der Bass Drum steht: „Animated All Star Band". Das Lied ist ein Medley, in dem auch „Hey Jude" vorkommt, und Ringo ist der einzige Beatle, der im prominent besetzten Chor mitsingt. Die Scheibe erreicht Platz Eins der britischen Charts.

With a little help from Ringo

Kaum ruft Ringo, helfen ihm seine Freunde. Aber umgekehrt hilft Ringo auch oft seinen Freunden und Kollegen. Eine Auswahl:

Alpha Band „Spark In The Dark“ (1977) Drums

Attitudes „Good News“ (1977) Drums

The Band „Last Waltz“ (1978) Drums

Count Basie „Basie On The Beatles“ (1970) Liner Notes

Lonnie Donegan „Puttin’ On The Style“ (1977) Drums

Bob Dylan „Shot Of Love“ (1981) Drums

Electric Light Orchestra „Zoom“ (2001) Drums

Peter Frampton „Wind Of Change“ (1972) Drums

Peter Frampton „I’m In You“ (1977) Drums

Kinky Friedman „Lasso From El Paso“ (1976) Gesang

George Harrison „All Things Must Pass“ (1970) Drums

George Harrison „Concert For Bangladesh“ (1971) Drums, Tambourine, Gesang

George Harrison „Living In The Material World“ (1973) Drums

George Harrison „Dark Horse“ (1974) Drums

George Harrison „Somewhere In England“ (1981) Drums

George Harrison „Cloud Nine“ (1987) Drums

Howlin’ Wolf „London Howlin’ Wolf Sessions …“ (1971) Drums

Kanda Bongo Man „Amour Fou“ (1988) Rhythmus-Gitarre, Gesang

Bobby Keys „Bobby Keys“ (1972) Drums

B.B. King „In London“ (1971) Drums

John Lennon „Cold Turkey“ (1969) Drums

John Lennon „John Lennon / Plastic Ono Band“ (1970) Drums

John Lennon „Imagine“ (1971) Drums

Nils Lofgren „Silver Lining“ (1991) Drums, Gesang

Jackie Lomax „Is This What You Want“ (1969) Drums, Gesang

Liam Lynch „Fake Songs“ (2003) Drums

Manhattan Transfer „Coming Out“ (1976) Drums

Paul McCartney „Tug Of War“ (1982) Drums

Paul McCartney „Pipes Of Peace“ (1983) Drums

Paul McCartney „Give My Regards To Broad Street“ (1984) Drums

Paul McCartney „Flaming Pie“ (1997) Drums, Gesang

Paul McCartney „World Tonight“ (1997) Drums

Ian McLagan „Troublemaker“ (1979) Drums

Keith Moon „Two Sides Of The Moon“ (1975) Drums, Gesang

Harry Nilsson „Son Of Dracula“ (1974) Drums

Harry Nilsson „Pussy Cats“ (1974) Drums

Harry Nilsson „Duit On Mon Die“ (1975) Drums

Yoko Ono „Yoko Ono / Plastic Ono Band“ (1970) Drums

Yoko Ono „Fly“ (1971) Drums

Buck Owens „Buck Owens Collection (1959–1990)“ (1992) Gesang

Carl Perkins „Go Cat Go“ (1996) Gesang

Tom Petty „Wildflowers“ (1994) Drums

Leon Redbone „Whistling In The Wind“ (1994) Gesang

Leon Russell „Leon Russell“ (1970) Drums

Paul Shaffer „World's Most Dangerous Party“ (1993) Drums

Ravi Shankar „In Celebration“ (1995) Drums

Carly Simon „Playing Possum“ (1975) Drums

Paul Simon „Rhythm Of The Saints“ (1990) Rhythmus-Gitarre

Stephen Stills „Stills“ (1975) Drums

T. Rex „Slider“ (1972) Photographien

Guthrie Thomas „Lies And Alibis“ (1976) Drums, Gesang

Doris Troy „Doris Troy“ (1970) Drums

Lon & Derrek Van Eaton „Brother“ (1973) Drums

Jimmy Webb „Land’s End“ (1974) Drums

Willie & The Poor Boys „Willie And The Poor Boys“ (1985) Drums

Hal Willner „Stay Awake“ (1989) Gesang

SCHLAGLICHTER VON 1970 BIS 2020

29. März 1970: Ringo tritt in David Frosts Show mit seinem ersten Soloalbum „Sentimental Journey“ und George Martins Orchester auf. Im Gespräch mit Frost antwortet Ringo auf die Frage, was „Sentimental Journey“ sei: „A lot of songs that were my initiation to music“. Es sind Lieder, die seine Eltern sangen, wenn sie vom Pub nach Hause kamen. Wie oft bei Interviews überspielt Ringo seine Nervosität und Unsicherheit mit einem Witz, als das Gespräch stockt: „Das klappte aber vorhin in der Garderobe besser“, sagt Ringo, hat die Lacher auf seiner Seite und nimmt damit die Anspannung aus der Konversation. Später doppelt er bei der Aufzählung der Titel nach, nennt den Song „Have I Told You Lately That I Love You“ und blickt David Frost tief in die Augen. Zusätzlich zu seinen vielen künstlerischen Ausdrucksformen hätte Ringo eine Karriere als Komiker einschlagen können. Sein Humor, seine Schlagfertigkeit und vor allem seine Fähigkeit zur Improvisation hätten vielleicht einen großartigen Comedian aus ihm gemacht. Jedenfalls dreht er bei vielen Interviews den Spieß um und überrascht die Journalisten mit eigenen Fragen.

April 1970: Ringo spielt ohne die Fab Three in den Abbey Road Studios Schlagzeug auf den Songs „Across The Universe“, „I Me Mine“ und „The Long And Winding Road“. Dank dieser Overdubs ist Ringo der letzte der Fab Four, der zu Aufnahmen der Beatles beiträgt.

Ende Juni, Anfang Juli 1970: Ringo nimmt in Nashville sein Album „Beaucoups Of Blues“ auf.

17. September 1970: Ringo besucht in London ein Konzert von Michael Nesmith, Ex-Monkee, Singer-Songwriter und in jenen Jahren ähnlich aktiv wie Ringo als Schauspieler, Produzent oder Musiker. Nesmith, der ein Virtuose auf der 12-saitigen Gitarre ist, konzentriert sich auf Country Rock. Eine seiner bekanntesten Kompositionen „Different Drum" stammt von 1965 und beginnt mit der Zeile: *You and I travel to the beat of a diff'rent Drum.* Das gefällt nicht nur Ringo, sondern auch Linda Ronstadt, die ihn 1967 mit den Stone Poneys aufnimmt.

Oktober und November 1970: Für die BBC nimmt Ringo mit Cilla Black einige Songs im Duett auf, u.a. „Act Naturally", die im Fernsehen am 13. Februar 1971 ausgestrahlt werden.

11. November 1970: Ringos und Maureens drittes Kind, die Tochter Lee Parkin kommt wie ihre Brüder im Charlotte's Hospital zur Welt.

31. Dezember 1970: Ringo organisiert in Ronnie Scott's Jazz Club eine Silvesterparty, auf der musiziert wird. Ringo wechselt sich am Schlagzeug mit Charlie Watts ab. Georgie Fame, Eric Clapton, Bobby Keys oder Klaus Voormann sind auch dabei. Leider existieren keine Aufnahmen.

Januar und Februar 1971: Ringo probt für seine Rolle als Larry The Dwarf in Frank Zappas Film „200 Motels" in den Pinewood Studios in Buckinghamshire. Die Dreharbeiten beginnen dort am ersten Februar. Danach sind Winterferien angesagt: Er fliegt mit Maureen in die Schweiz.

23. Februar 1971: Ringos eidesstattliche Erklärung im Streit um die juristische Auflösung der Beatles wird im Gericht verlesen.

27. April 1971: Ringo dreht in Norwegen ein Begleit-Video zu „It Don't Come Easy". Er sitzt in einer Schneewüste am Klavier, singt, fährt Ski und lenkt einen Snow Cart.

Mai 1971: Ringo kennt den Möbel-Designer und bildenden Künstler Robin Cruikshank seit 1968, als er begann, für Apple das Inventar zu gestalten. Jetzt wird eine Skulptur von Ringo und Robin am Sloane Square in London ausgestellt. Weitere Objekte werden in den kommenden Jahren von ROR (Ringo Or Robin Limited) erstellt.

12. Mai 1971: Ringo und Maureen fliegen mit Paul und Linda nach St. Tropez zur Hochzeit von Mick und Bianca Jagger. Tags darauf segeln sie auf einer Yacht. Mit dabei sind George und Patti und Cilla Black.

27. Mai 1971: In Interviews bestätigt Ringo, dass er sich am Spaghetti-Western „Blindman" beteiligen wird und betont, wie wichtig es ihm ist, erstmals als Schauspieler ernsthaft zu arbeiten.

Juni 1971: B.B. King gastiert in London und nimmt hier das Album „B.B. King In London" auf. Es trommelt Ringo Starr. Den Bass spielt Klaus Voormann. Das weitere Star-Aufgebot ist beachtlich. Fünf Jahre später wird er diese Session als eine seiner besten bezeichnen. Die Aufnahmen zu „Blindman" beginnen. Zudem tritt Ringo mit Cilla vor skandinavischen Fernsehkameras auf.

September und Oktober 1971: Ringo verstärkt seine Design-Aktivitäten mit Robin Cruikshank und steuert ein Objekt zu Yokos Ausstellung im Museum Of Art in Syracuse, New York, bei. Am 9. Oktober feiert er mit John im Hotel Syracuse dessen 31. Geburtstag.

16. Dezember 1971: Der Film „200 Motels" feiert britische Premiere im Classic Cinema am Piccadilly Circus in London.

Besser Du, als jemand den wir nicht kennen

Frühjahr 1972: Ringo tritt in einem Sketch für Monty Python's Flying Circus auf. In Budapest nehmen Ringo und Maureen an Liz Taylors Geburtstagsparty teil und besuchen in London ein Konzert von

Jerry Lee Lewis. „Back Off Boogaloo“ stürmt die Charts. Die Filmarbeiten für „Born To Boogie“ schreiten voran.

Sommer 1972: Ringo steht für den Film „Son Of Dracula“ wieder ausschließlich vor der Kamera.

30. September 1972: Rory Storm wird zu Hause in Liverpool tot aufgefunden. Ebenso seine Mutter. Rory starb an den Folgen einer Bronchitis. Die Menge an Alkohol und Schlaftabletten, die er an dem Tag eingenommen hatte, wäre allein nicht tödlich gewesen. Der Tod der Mutter konnte nicht restlos geklärt werden. Es wird vermutet, dass sie sich das Leben mit Alkohol und Schlaftabletten nahm, nachdem sie Rorys Leichnam entdeckt hatte. Immer wieder wird hierzu Ringos pietätlos klingende Antwort auf die Frage zitiert, warum er nicht am Begräbnis teilgenommen habe: „I wasn't at his birth either“. Was witzig gemeint ist, kommt schräg rüber und wird ihm übel genommen. Ringo spricht heute noch mit Hochachtung von Rory, der mit seiner Band damals in Liverpool populärer als die Silver Beatles war.

Oktober 1972: Ringo befindet sich für Dreharbeiten an „That'll Be The day“ auf der Isle of Wight.

November 1972: Das Album „Tommy“ erscheint mit zwei von Ringo in der Rolle Onkel Ernies gesungenen Liedern: „Fiddle About“ und „Tommy's Holiday Camp“.

Dezember 1972: Ringo promotet seinen Film „Born To Boogie“. Der Höhepunkt findet im Oscar One Kino in der Brewer Street in London u.a. mit Marc Bolan und Elton John statt.

25. Dezember 1972: Saufkumpan Keith Moon ist immer für extravagante Aktionen gut. Diesmal überrascht er Ringo, Maureen und die Kinder, indem er als Nikolaus verkleidet mit einem von Rentieren gezogenen Schlitten in Tittenhurst Park vorfährt. Im Nachhinein muss meistens Ringo die teuren Späße berappen.

13. Januar 1973: Ringo und George sind im Publikum bei Eric Claptons Konzert im Rainbow Theatre in London.

13. März 1973: John, George und Klaus nehmen mit Ringo im Sound Recorders Studio in Los Angeles Johns Song „I'm The Greatest" gemeinsam auf. In den folgenden Wochen gehen Gerüchte über eine Wiedervereinigung der Beatles um, wobei Klaus anstelle von Paul spielen soll.

16. April 1973: Paul und Linda sind mit Ringo in den Abbey Road Studios um Pauls Song „Six O'Clock" aufzunehmen.

3. Juli 1973: Ringo besucht David Bowies letzte Performance als Ziggy Stardust im Hammersmith Odeon (heute Apollo) in London, die von Donn Alan Pennebaker gefilmt wird.

26. Juli 1973: Ringo gründet die Plattenfirma Wobble Music Ltd.

September 1973: Ringo und Maureen verlassen nach vier Jahren ihr Haus in Round Hill. Sie sind inzwischen seit zehn Jahren ein Paar und seit acht Jahren verheiratet. Ringo kauft von John Tittenhurst Park. Yoko und John lebten nur zwei Jahre in Tittenhurst. Sie zogen 1971 nach New York.

Winter 1973: Ringos Album „Ringo" stürmt samt seinen Singles „Photograph" und „You're Sixteen" die Charts. Im neuen Heim in Tittenhurst kommt es zu Irritationen. Nach einem gemütlichen Abendessen und einigen Flaschen eröffnet George seinem guten Freund, er habe sich in Maureen verliebt. Pattie, Maureen und Ringo hören erschrocken zu. Ringo sagt dann cool: „Besser du, als jemand den wir nicht kennen." Aus einem Flirt werden zwei. Die Affären über Kreuz – nichts Ungewöhnliches in jenen Jahren – werden die beiden Paare die nächsten Monate in Atem halten und führen langfristig zum Ende der beiden Ehen.

Das Roccabella-Hochhaus in Monte Carlo

März 1974: John mietet für sich und May eine Villa in Santa Monica, in der Ringo, Klaus, Keith Moon und Harry Nilsson ein- und ausgehen. Wenn nicht getrunken und gefeiert wird, sollte Harrys Album „Pussy Cats“ entstehen. Ringo erinnert sich, dass alle viel Spaß hatten und wenig gearbeitet wurde. Zudem beginnt er eine Affäre mit Chris O'Dell, die seit den 1960er Jahren in der Musikbranche arbeitet. 2010 veröffentlicht sie ihre Erinnerungen im 400-Seiten-Buch „Miss O'Dell: Hard Days and Long Nights with The Beatles, The Stones, Bob Dylan and Eric Clapton“. Sie wird gerne zitiert, wenn es um pikante Details im Liebesleben der prominenten Rockstars geht. Sie ist attraktiv und verführerisch und lässt kaum eine Chance zu einem Liebesabenteuer aus. Später kommen auch Paul und Stevie Wonder zu Besuch. Die letzte Jam Session mit John, Paul und Ringo findet statt. Eine Besonderheit stellt der letzte Song des Albums „Pussy Cats“ dar, eine Version von „Rock Around The Clock“, in der Ringo, Keith Moon und Jim Keltner Schlagzeug spielen. Auch die Version von Dylans „Subterranean Homesick Blues“ fällt durch fette Drums auf.

20. April 1974: Im Beverly Wilshire Hotel in Los Angeles findet ein Treffen der Fab Four statt. Die Verträge mit EMI laufen in Kürze ab. Ringo verliebt sich in diesem Frühling in Nancy Lee Andrews.

Juni 1974: Ringo hat einen neuen Finanzberater: Hilary Gerrard ist ein paar Jahre älter als Ringo, bleibt gerne im Hintergrund und wird zum engen Freund Ringos. Das Vertrauen hält bis heute an. Er berät Ringo mit Fingerspitzengefühl. Ringos Finanzen gelangen nie in Schieflage. Nicht jede Investition wird zum Erfolg. Aber die Bilanz lässt sich auch nach 45 Jahren sehen. Ringo gründet die Firma Reckongrade Ltd., die er bald darauf in Pyramid Records Ltd. umbenennt. Ring O'Records wird wenig später ein Unter-Label von Pyramid.

Winter 1974: Ringo veranstaltet mehrere Empfänge bei sich zu Hause in Tittenhurst Park. Eric Clapton und Pattie Harrison sind Dauergäste. Das Album „Goodnight Vienna“ erscheint und die Single-Auskopplung „Only You“ ist wieder ein Sentimental-Hit für Ringo. Nancy und Ringo verlieben sich in eine Wohnung in den Hügeln Hollywoods und ziehen bald danach dort ein. Nebst Keith Moon ist nun auch ein dritter Drummer Stammgast bei Ringo: Led Zeppelins Schlagzeuger John Bonham. Die Witze sind hochkarätig, die Gläser voll und die Sätze kurz.

Februar 1975: Ringo spielt den Papst im Film „Lisztomania“. Die Dreharbeiten finden in den Shepperton Studios in Middlesex statt.

April 1975: Ringo gründet das Label Ring O’Records. Der Moment scheint günstig. Seine Single „No No Song“ erreicht Platz drei der US-Charts.

7. Juli 1975: Ringo feiert seinen 35. Geburtstag im Beverly Wilshire Hotel. Keith Moon hat als Überraschung ein Flugzeug gebucht, das „Happy Birthday“ in den Himmel malt. Bezahlen wird dafür dann wieder Ringo.

Juli 1975: In London wird die Ehe zwischen Ringo und Maureen geschieden. Ringo verpflichtet sich zu großzügigen Zahlungen für Maureen und die Kinder. Rückblickend sagt Ringo, die drei Kinder seien bei der Nachricht ausgerastet, aber sie hätten es wenig später akzeptiert und seien damit klar gekommen – schneller als er. Hilary Gerrard rät Ringo, seinen Hauptwohnsitz nach Monte Carlo zu verlegen, um dem britischen Steuersystem zu entgehen, das fast 90 Prozent der Einnahmen von Vielverdienern kassiert. Ringo setzt den Plan sofort um und kauft sich eine Wohnung im Roccabella-Hochhaus. Es bot und bietet vielen Prominenten Unterschlupf, u. a. Shirley Bassey, Boris Becker oder Karl Lagerfeld und den Formel Eins-Rennfahrern Lewis Hamilton oder Nico Rosberg.

Dezember 1975: „Blast From The Past“ erscheint, das letzte Album Ringos beim Label Apple und die erste Kompilation. Ringo verlässt für einige Tage sein Steuer-Paradies in Monte Carlo, um am 14. Dezember beim Konzert von Queen im Odeon Hammersmith dabei zu sein.

Ognir Rrats

25. Januar 1976: Ringo tritt an der Seite Bob Dylans (nicht weiß geschminkt) im Rahmen der Rolling Thunder Revue beim Benefiz-Konzert für den zu Unrecht inhaftierten Boxer Rubin „Hurricane" Carter im Houston Astrodome in Texas auf. Außerdem mit von der Partie sind u.a. Scarlet Rivera, Isaac Hayes, Stevie Wonder, Carlos Santana, Stephen Stills und Mick Ronson. Tags darauf enden nach langen Verhandlungen die vertraglichen Verpflichtungen der Beatles gegenüber EMI, worauf Ringo für die USA bei Atlantic unterschreibt und für Europa bei Polydor International.

9. Mai 1976: Ringo und George schauen sich das Konzert von Paul in Toronto an.

Sommer 1976: Ringo nimmt „Rotogravure" auf. Am 30. Juli lehnt der High Court in London Ringos und Georges Versuch ab, die Veröffentlichung von „The Beatles Tapes" zu verhindern. Sie basieren auf den Gesprächen der Fab Four mit dem Journalisten David Wigg, der im Auftrag der BBC die Gespräche von 1968 bis 1973 führte. Im Dezember 1968 äußert sich Ringo zu den Beatles, dass sie immer verbunden bleiben werden. „Ich bin der Faulste von den Vieren." Ringo kritisiert scharf das Steuersystem: „Uns war nicht klar, wie viel wir ausgaben. Um 10.000 auszugeben, musst du 120.000 verdienen." 1970 lacht Ringo: „Nein, die Beatles werden nicht mehr live auftreten. Sollen wir mit High-Heels auf die Bühne gehen, oder was?" Zur Reinkarnation befragt sagt Ringo im Dezember 1973: *I'd like to come back as one of our cats: they have a great time! But it's not possible: I'll be back here as a human, struggling again, trying to remember what I forgot last time.* Als Steuerflüchtling muss er inzwischen Interviews ausschließlich im Ausland geben.

Im August heiratet Harry Nilsson zum dritten Mal. Sein Trauzeuge ist Ringo. Una O'Keeffe bekommt sechs Kinder von Harry und bleibt seine große Liebe bis zu seinem Tod 1994.

29. September 1976: Ringo wird in Kopenhagen von Dutzenden Journalisten interviewt. Eine 20-minütige Dokumentation zeigt ihn später im Poncho mit dickem Schal auf einem Fahrrad – eines der seltenen Gespräche mit einem radelnden Rockstar. Unerlaubterweise fahren Ringo und der Journalist durch eine Fußgängerzone. Ringo gibt gutmütig Auskunft: Er liebt Country und er liebt Pop, aber er hat Probleme mit Jazz. Und ihm gefällt der Trend in den Metropolen weg vom Verkehrslärm hin zu Fußgängerzonen. Als er in einem Schaufenster seine Platte entdeckt, juchzt er vor Freude. Ringo als Tourist „acting naturally", irgendwo zwischen Superstar und Privatperson. Freimütig erzählt er von seiner Liebe zu Nancy und von ihrer spontanen Verlobung. Später nimmt er auf einer Aussichtsplattform die Kamera selbst in die Hand, filmt die Umgebung, die Gitterstäbe, die Entourage, die anderen TV-Leute. Er dreht die Situation um, macht sich zum Reporter und die Journalisten zu den Befragten. Schließlich filmt er Nancy, auch sie im Poncho. Ohne Kamera rennt er dann plötzlich davon und versteckt sich nach einer Umrundung des Turms unter Nancys Poncho. Am Ende der Dokumentation beweist Ringo auch seine Qualitäten als Billardspieler.

25. November 1976: Ringo spielt beim Abschiedskonzert von The Band im Winterland Ballroom in San Francisco bei der Zugabe mit. Er trommelt am Schlagzeug über Levon Helm mehr Halbtakte und schwungvoller als das Band-Mitglied. Die beiden ergänzen sich bestens, weshalb 1989 Levon Helm im ersten Line-up von Ringos All-Starr Band dabei sein wird. Martin Scorsese, der mit seiner Crew das Ereignis filmt („The Last Waltz"), setzt Ringo mehrfach zentral ins Bild bei dessen Auftritt für „I Shall Be Released".

Frühjahr 1977: Ringo, Nancy, Hilary Gerrard und eine Freundin Nancys machen Urlaub im mexikanischen Bundesstaat Yucatán.

Beim Rückflug in die Hauptstadt Merida gerät die einmotorige Maschine mit den vier Passagieren in einen Sturm. Das kleine Flugzeug streift Baumwipfel und droht abzustürzen. Alle bis auf den Piloten und Ringo geraten in Panik. Ringo sagt: „Keine Sorge. Meine Zeit ist nicht gekommen. Wir werden alle gut ankommen."

August 1977: Ringo und Keith Moon reduzieren den Alkoholkonsum in Malibou Beach bei den Dreharbeiten für den Dokumentarfilm über die Who „The Kids Are Alright". Ringo spricht auch für den Trailer: „Hello children, you know who I am. I know who you are and we all know who the Who *were*... ‚The Kids Are Alright' with 3000 broken guitars".

Nancy macht eine interessante Bemerkung zum Kommunikationsverhalten Ringos und auch anderer Schlagzeuger: Drummers unter sich sprächen oft in Bruchstücken; sie müssten die Sätze nicht vervollständigen, um sich verständlich zu machen. „Ringo und Keith konnten sich zwei oder drei Worte sagen und sofort war da ein intuitives Verständnis", so Nancy.

Februar 1978: Die Dreharbeiten für die TV-Komödie „Ringo" beginnen in Hollywood. George Harrison führt als Erzähler durch den Film, in dem Ringo eine Doppelrolle spielt: Einerseits ist er Ringo Starr, andererseits sein erfolgloser, Brille tragender Doppelgänger mit dem Palindrom-Namen Ognir Rrats. Am 26. Juli wird „Ringo" in den USA ausgestrahlt. Man sieht ihn mehrfach solo am Schlagzeug in komischen Situationen. Inoffizieller Höhepunkt im Making-of-Material ist eine Szene, in der Ringo als Ognir ein tolles Auto bewundert und der Besitzer, ein stämmiger Rocker lässig auf ihn zugeht und sagt: „Ignor, du ...", worauf der verzweifelte Regisseur ihn unterbricht und ruft: „Er heißt Ognir!"

Sommer 1978: Ringo nimmt in Kopenhagen mit Russ Ballard als Produzenten fünf Songs auf, die offiziell nicht veröffentlicht werden: Beim Intro von „She's So In Love" moduliert Ringo seine Stimme auf eine helle und weiche Weise, wie sie davor und danach selten zu hören ist. Zudem nimmt Ringo „On The Rebound", „One Way Love Affair" und „As Far As We Can Go" auf. Letzteres Lied, eine melancholische Komposition von Russ Ballard, nimmt Ringo später für sein Album „Old Wave" (1983) neu auf.

Ringo verlässt die Wohnung in Los Angeles mit schönem Ausblick in Haslam Terrace, um in ein Haus in Laurel Canyon zu ziehen, das früher Natalie Wood gehörte. Sein neuer Nachbar im Woodrow Wilson Drive ist Frank Zappa. Im September stirbt Keith Moon, einer von Ringos engsten Freunden und Patenonkel von Zak. Doch Ringos Party geht nach kurzer Trauer und ohne dem Begräbnis beizuwohnen weiter.

Alter ist eine Frage der Einstellung

April 1979: Ringo führt in Monte Carlo einen ebenso riskanten Lebenswandel wie in Los Angeles. Im Casino lässt er viel Geld liegen, er wechselt oft die Freundinnen und trinkt viel. Eine Rempelei unter Alkoholeinfluss in einem Nobelrestaurant führt fast zu Problemen mit den Behörden Monacos. Am 28. April wird er in Monte Carlo wegen einer Bauchfellentzündung notoperiert und entgeht nur knapp dem Tod. Ein Teil des Darms wird entfernt. Ringo nimmt seine Lebensmittelallergie dadurch noch ernster. Er verträgt keine scharf gewürzten Gerichte. Zugleich scherzt er: „Knoblauch killt mich, ich ziehe Cognac vor".

Die Lebensfreude nach der Operation ist umso größer. Da es mit Nancy immer wieder Ärger gibt, wird Ringo von der Regenbogenpresse genau beobachtet. Sie sichtet Ringo u. a. mit den meist künstlerisch tätigen Schönheiten Lynsey De Paul, Shelley Duvall, Chris O'Dell, Debralee Scott und Viviane Ventura. Eine gut von ihr selbst dokumentierte Affäre findet 1979 mit der 19-jährigen Boxer-Tochter Stephanie La Motta statt. London, Wien, Griechenland und Los Angeles sind die Stationen einer kurzen und heftigen Liebe. Ringo bietet dem Mädchen das Paradies auf Erden und Stephanie kann nicht widerstehen. La Motta plant danach eine Filmdokumentation über ihre wilden Wochen mit Ringo, aber dazu kommt es nicht. Sie hat dann noch Affären mit Julian Lennon, Donny Osmond und anderen Rockstars. Sie erkrankt früh an Multipler Sklerose, was Ringos Engagement zur Bekämpfung des Leidens erklärt.

Mai 1979: John kümmert sich besonders um Ringo, nachdem er das schwache Album „Bad Boy" zur Kenntnis nehmen musste. Er schickt ihm am 9. Mai eine Postkarte nach Los Angeles, die Ringo später in seinem Buch „Postcards from the Boys" veröffentlicht. John schreibt: „Blondies ‚Heart Of Glass' is the type of stuff y'all should do – great and simple". Ringo kommentiert 2004: „Nach ‚Goodnight Vienna' ging es abwärts. Mir war das alles ziemlich egal. Ich wollte mir einfach nur die Kante geben." Am 19. Mai feiert Eric Clapton seine Hochzeit mit Georges Ex-Frau Pattie Boyd in seiner im italienischen Stil erbauten Villa in Ewhurst: Mit von der Partie bei einer Jam Session sind Ringo, George, Paul, Mick Jagger, Ginger Baker und Skiffle-Legende Lonnie Donegan.

Zehn Tage später besucht Ringo in New York Yoko und John im Dakota Building. Anfang November ist er wieder bei ihnen und John schenkt ihm den Song „Life Begins At 40". John hat ihn im Country-Stil als kleines Dankeschön für Yoko gesungen, aber geschrieben hat er ihn extra für Ringo, der ja auch bald 40 werden wird. Es ist jedoch bis heute nur bei der Demo-Version Johns geblieben. Mit leichten Veränderungen könnte Ringo die Idee wieder aufgreifen: „Yeah life begins at eighty, age is just a state of mind ..." Aber vor vierzig Jahren sang er ihn aus Pietätsgründen nicht. Sie bleiben bestehen. Ringo wird das Lied nie aufnehmen. Allzu tragisch sind Johns Textzeilen verbunden mit dem fast gleichzeitigen Attentat.

Sommer 1979: Im Juni spielt Ringo in der TV Show „Midnight Special" mit Ron Wood. Im September ist er im Rahmen der Wohltätigkeitsshow „The Jerry Lewis Muscular Dystrophy Telethon" der Schlagzeuger bei einer Jam Session u.a. mit Kiki Dee, Bill Wyman und Todd Rundgren.

28. November 1979: Ringos Villa in Los Angeles fällt den Flammen zum Opfer. Unter anderen ist Hilary Gerrard im Haus. Offenbar geht das Feuer von einem offenen Kamin im ersten Stockwerk aus. Beatles-Memorabilia werden zerstört. Ringo mietet daraufhin ein Haus über dem Sunset Boulevard im Miller Drive.

22. Januar 1980: Paul wird in Japan wegen Drogenbesitzes ins Gefängnis gebracht. Ringo kommentiert lakonisch aus der Ferne: „Das ist das Risiko, das man eingeht, wenn man mit Drogen zu tun hat. Er hatte einfach Pech."

17. Februar 1980: Ringo reist nach Mexiko, wo in den Churubuscu Studios die Dreharbeiten zu „Caveman" beginnen, in deren Verlauf er sich in Barbara Bach verliebt. Ringo sieht seine künftige große Liebe allerdings schon beim Checkin in Los Angeles am LAX Airport. „Ich habe mich dort schon auf der Stelle in sie verliebt. Sie hat mich dann zwei Monate lang gefoltert, „before I finally broke her down!"

Mai 1980: Die Beziehung zwischen Ringo und Barbara ist Thema in den Medien. Die beiden verletzen sich leicht bei einem Autounfall in London. „Der Mercedes hat uns das Leben gerettet", erinnert sich Ringo.

Zwei Menschen vereint

Juni 1980: Ringo teilt der Presse mit, dass Barbara und er bald heiraten werden.

Juli 1980: Ringo und Barbara sind mit Paul und Linda im idyllischen Berre-les-Alpes an der Côte d'Azur, wo sich das Aufnahmestudio Super Bear befindet, in dem Queen 1978 „Jazz" und Pink Floyd 1979 „The Wall" aufgenommen haben. Paul wird dort 1982 „Tug Of War" aufnehmen.

Am 28. Juli treten Ringo (mit langem Bart) und Barbara in der TV Show von John Davidson auf, um den Film „Caveman" zu bewerben.

Auch bei diesem Interview geht Ringo sofort in die Offensive und fotografiert als Erstes den Gastgeber mit einer Polaroid-Kamera und macht dann ein Selfie von sich und Davidson und den anderen Gästen. Kaum auf dem Sofa, versucht er sich die Karteikarten des Journalisten zu schnappen, wodurch dieser aus dem Konzept gerät. Ringos Antworten sind kurz angebunden und oft absurd und dann kehrt er den Spieß um und stellt zur Belustigung des Publikums Davidson Fragen. Davidson meint: „Ringo, this will obviously not be a regular interview with you". Wenig später reißt Ringo ihm die Karten tatsächlich aus der Hand. Es gibt nur wenige Interviews mit Ringo, in denen er ruhig und ausführlich erzählt.

8. Dezember 1980: John wird von dem geistig verwirrten Mark Chapman erschossen. Ringo ist der erste der Beatles-Freunde, der Yoko im Dakota Building besucht. Yoko bittet Barbara und ihn, sich um den fünfjährigen Sean zu kümmern. Trotz mancher Differenzen im Lauf der Jahrzehnte verbindet Yoko und Ringo eine enge Freundschaft, geprägt von denselben Werten. Ringo und Barbara sind danach auch mehrfach auf Island, um mit Yoko und Sean der Erleuchtung des Peace-Towers beizuwohnen.

16. Februar 1981: Nach Auflösung der Wings spielt Ringo neben Steve Gadd Schlagzeug und George Martin Piano bei den definitiven Aufnahmen zu Pauls Song „Take It Away", der 1982 als Single erscheint. Das Drum-Intro ist markant und fehlt auf früheren Takes.

31. März 1981: Mit gestutztem Bart und ohne Sonnenbrille berichtet Ringo noch sichtlich betroffen in „Barbara Walters Special" von den Ereignissen rund um das Attentat auf John. Ringo hat Tränen in den Augen und bittet die Journalistin mit den Fragen zu John aufzuhören. Der Kontrast zum Interview, das er sieben Monate zuvor John Davidson gegeben hat, könnte größer nicht sein. Ringo berichtet, wie er zu Yoko sagte, er wisse, wie sie sich fühle. Und Yoko antwortete, nein, das wisse er nicht, egal wie nahe er ihm gewesen sei, das könne man mit ihrer Nähe nicht vergleichen. Die aufrichtige Weise, wie

Yoko das sagte, und die Tatsache, dass es tatsächlich so war, machte Ringo zusätzlich zur tiefen Trauer in dem Moment sehr zu schaffen. „They were happy. They were two people in one." Davor schon hatte die Journalistin Barbara Walters Ringo und Barbara in ihrer gemieteten Villa in Los Angeles besucht. Geschickt greift Walters das Thema Alkohol und Drogen auf. Die kurz davor noch so heitere und verliebte Barbara hört mit angstvoll versteinerter Miene zu, wie Ringo das Problem ausführlich leugnet und sich lustig darüber macht. Aber auch das ist ein Puzzlesteinchen zum bis heute währenden Eheglück. Ringo und Barbara sind inzwischen auch „two people in one".

27. April 1981: Ringo und Barbara heiraten. Die Fotos von Terry O'Neill zeigen u. a. die entspannten und glücklichen drei Paare Ringo mit Barbara, George mit Olivia und Paul mit Linda. Ringos Trauzeuge ist sein guter Freund und kluger Finanzberater Hilary Gerrard.

Mai 1981 bis Januar 1982: Ringo und Barbara stürzen sich in Arbeit. Es finden sehr viele Interviews in den USA und in Großbritannien zur Promotion des Films „Caveman" und dann zum neuen Album „Stop And Smell The Roses" statt. Zudem drehen die beiden Videos zu den Single-Auskopplungen und drehen mit Paul und Linda den Elf-Minuten-Film „The Cooler" zu den neuen Songs.

Frühjahr 1982: Es finden Partys statt, u. a. zu Liz Taylors fünfzigstem Geburtstag im Londoner Club Legends. Ringo muss die Presse beruhigen, seine Ehe mit Barbara sei völlig intakt. Joe Walsh soll das nächste Album „Old Wave" produzieren und bereitet sich in den Startling Studios in Tittenhurst Park vor. Bis zum Sommer reisen Ringo und Barbara mehrfach in die USA und zurück.

Herbst 1982: Ringo und Barbara treten im Australischen Fernsehen in der Parkinson Show auf. Barbara schaut wieder sehr besorgt ihrem Gatten hinterher auf seinem Weg zum Schlagzeug. Beim Spielen von „Honey Don't" mit Sänger Glenn Shorrock fällt Ringo zweimal ein Stick aus der Hand.

Niemand singt das so wie Ringo

1983: In London finden Treffen mit Paul und George statt. Zudem ist die Verbindung zu Cilla nach wie vor eng. Bei einem Auftritt in der TV-Show „Cilla – A Celebration" berichtet Ringo, dass er Cillas Platten zu Hause bei Elvis entdeckt habe. Die Freundschaft bleibt bis zu Cillas Tod mit 72 Jahren 2015 bestehen. Ringo und Barbara sind damit beschäftigt, in vielen Talk-Shows ihre Auftritte als Ehepaar in der hochkarätig besetzten TV-Serie „Princess Daisy" (u.a. mit Claudia Cardinale und Stacy Keach) nach dem gleichnamigen Roman von Judith Krantz zu kommentieren.

1984: In den USA trommelt Ringo bei zwei Open-Air-Konzerten der Beach Boys, die ihn bei den Zugaben auf die Bühne holen, „Beatlemania" ins Publikum rufen und es mit „Back In The USSR" in Fahrt bringen. Die Kinder-TV-Serie „Thomas The Tank Engine And Friends" wird in den USA ausgestrahlt. In Interviews erklärt Barbara, wie gut Ringo mit Kindern umgehen kann. Ringo selbst bestätigt das und weist darauf hin, dass damit seine Popularität auch bei künftigen Generationen gesichert ist. Auch Yoko wusste von Ringos Talent, weshalb sie ihn 1980 nach dem Attentat gleich zu Sean schickte. Im November findet in London die Premiere des Films „Give My Regards To Broad Street", den Paul initiiert hatte. Ringo und Barbara spielen Nebenrollen. Zu den schönsten Szenen gehören die Studio-Aufnahmen, in denen Paul (er schrieb das Drehbuch und spielt die Hauptrolle) mit Linda und Ringo mit Barbara in den teilweise neuen Kompositionen Pauls glücklich vereint sind. Auch hier zeigt sich wieder, wie Paul den Drums dominante Rollen zuschreibt. George Martin ist mit von der Partie. Komischer Höhepunkt: Ringo wartet ungeduldig auf seinen Einsatz. Als es losgehen soll, zischt Paul: „Besen". Ringo legt die Sticks weg und macht sich umständlich auf die Suche in Kisten und Schubladen. Derweil singt Paul „Yesterday" als Beginn eines Medleys. Der Film kann heute auch als Dokumentation des damaligen technischen Standards in Tonstudios gesehen werden.

Ringo eröffnet die TV-Show „Saturday Night Live" (Cold Opening). Gespielt wird eine Auktion von Beatles-Memorabilia, in der beispielsweise eine Zahnbürste, die Paul benutzt hat, für eine hohe Summe verkauft wird. Schließlich wird Ringo senkrecht auf einer Schubkarre hereingerollt. Aber der Auktionator muss mit dem Einstandspreis immer tiefer gehen. Alle Anpreisungsversuche helfen nichts. Niemand will Ringo kaufen. Das ist ein weiteres Beispiel, wie sich Ringo über sich selbst lustig macht.

22. Januar 1985: Zak Starkey, Ringos erstgeborener Sohn, heiratet Sarah Menikides, ohne seinen Eltern Bescheid zu geben. Aber schon zwei Tage später veranstalten Ringo und Barbara eine Hochzeitsparty in Tittenhurst Park.

März 1985: Ringo spielt beim Charity-Musik-Film „Willie And The Poor Boys“ mit, den Bill Wyman ins Rollen gebracht hat. Kurz davor hatte er die gleichnamige Band gegründet, die nur ein Album veröffentlichte, das zugleich der Soundtrack ist. Die Einnahmen kommen dem Verein „Action for Research into Multiple Sclerosis“ zugute. Das Star-Aufgebot ist beachtlich: Charlie Watts, Jimmy Page, Chris Rea, Paul Rodgers u.v.a. Ringo trommelt nicht, hat aber einen Auftritt als Hausmeister. Am Ende dreht er das Licht im Konzertsaal aus und sagt: „That band will go far with a little practice“ und fügt einen Satz hinzu, der nicht im Drehbuch steht, aber im Video zu sehen ist: „But not far enough for Mr. Hargreaves.“ Der Regisseur lässt den unverständlichen Satz stehen, weil Ringo ihm erklärt: Mr. Hargreaves – der erste Nachname von Georges Vater – wurde von den Beatles eine imaginäre Person genannt, die mit der Leistung der Fab Four nie zufrieden war und als Sündenbock herhalten musste, wenn etwas schief lief.

7. September 1985: Ringo wird zum ersten Mal Großvater. Zaks und Sarahs Tochter Tatia Jayne wird geboren.

25. September 1985: Ringo und Barbara besuchen die Vernissage der Foto-Ausstellung „Legends“ von Terry O’Neill in der Hamilton’s Gallery in London. Ringo und Terry, damals selbst ein Jazz-Drummer und zwei Jahre älter als Ringo, kennen sich seit 1963, als man Terry in die Abbey Road Studios schickt. Dort arbeite gerade eine neue Band. Bemerkenswert ist das Foto, das Terry bei diesem Anlass in einem Hinterhof der Studios von den vier Beatles mit ihren Instrumenten macht. Ringo steht zuhinterst mit Drumsticks in der Rechten. In der Linken hält er sein Ride-Becken samt Ständer in die Höhe wie einen Regenschirm. Ringo und Terry bleiben bis zu dessen Tod 2019 befreundet.

21. Oktober 1985: Ringo und George spielen bei den Aufnahmen zur TV-Show „Blue Suede Shoes" in den Limehouse Studios in London. Carl Perkins ist Frontmann und Gastgeber dieses Rockabilly-Specials, das zu den Highlights seiner Karriere gehört. Es treten zudem auf: Rosanne Cash, Eric Clapton und Dave Edmunds. Ringo ist der erste Ehrengast und singt am Schlagzeug „Honey Don't". Die Band reduziert bei den Proben phasenweise stark ihr Spiel, so dass Ringos Stimme und sein Trommeln in den Vordergrund gerückt werden. „Nobody sings that like Ringo", sagt Perkins am Ende und Ringo bestätigt trocken: „Yes". Danach singen Ringo und Perkins „Matchbox" teilweise im Duett und Eric spielt das Solo. Eine Kamera folgt danach Ringo, der zu Barbara, Olivia und George in die Zuschauerränge zurückkehrt. Es gibt keine Musik-Dokumentationen in jenen Jahren, die so eindrücklich die Stimmung bei den Vorbereitungen zu einer Show mit Ringo zeigen, denn die Kamera kehrt immer wieder zum hochkarätigen Publikum zurück. Und George hat wohl nie entspannter „Everybody's Trying To Be My Baby" performt. Sehenswert ist auch seine berühmte Beinarbeit. Die Show mündet dann mit Publikum in umjubelten Zugaben, die Carl die Tränen in die Augen treiben. Er stirbt 1998 im Alter von 65 Jahren. George, Jerry Lee Lewis, Johnny Cash mit June, Garth Brooks und viele andere gehen zum Begräbnis in Jackson, Tennessee. Aber Ringo war bei Carls Geburt auch nicht dabei. Ringo mag keine Begräbnisse. Er gedenkt seiner Freunde lieber im Stillen und später in seinen Songs.

Winter 1985: Ringo kümmert sich um seine Aktivitäten für und mit Kindern: Er nimmt neue Folgen für „Thomas The Tank Engine" auf,

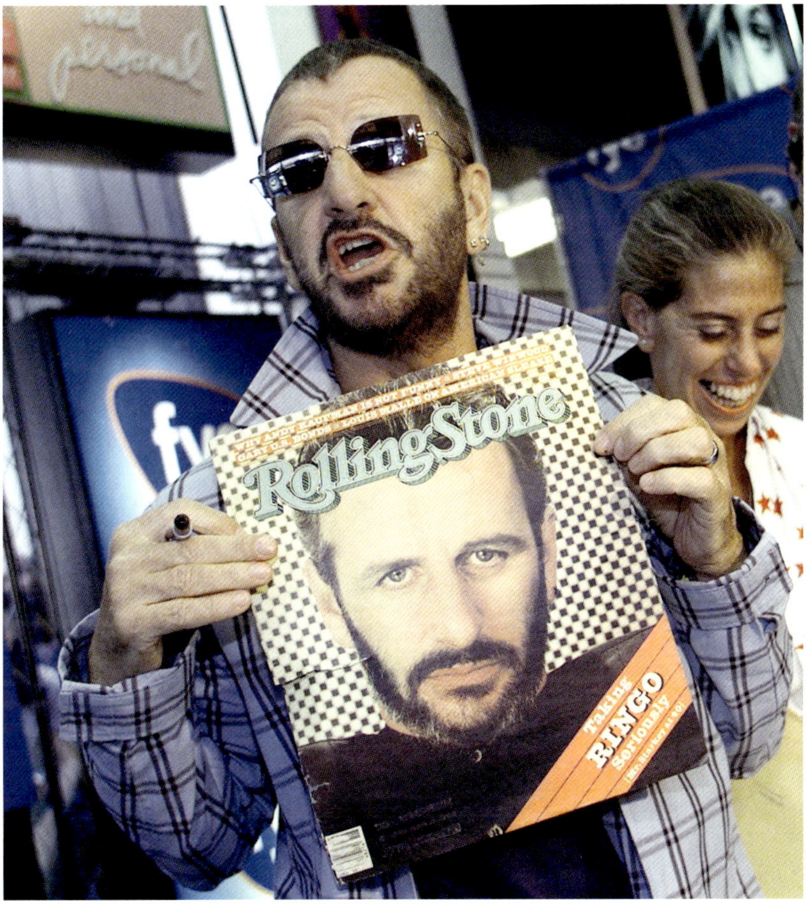

Mit den Beatles ist Ringo Starr immer wieder auf dem Cover des Rolling Stone. Manchmal ist er auch solo darauf: Hier freut er sich über eine Ausgabe von 1981.

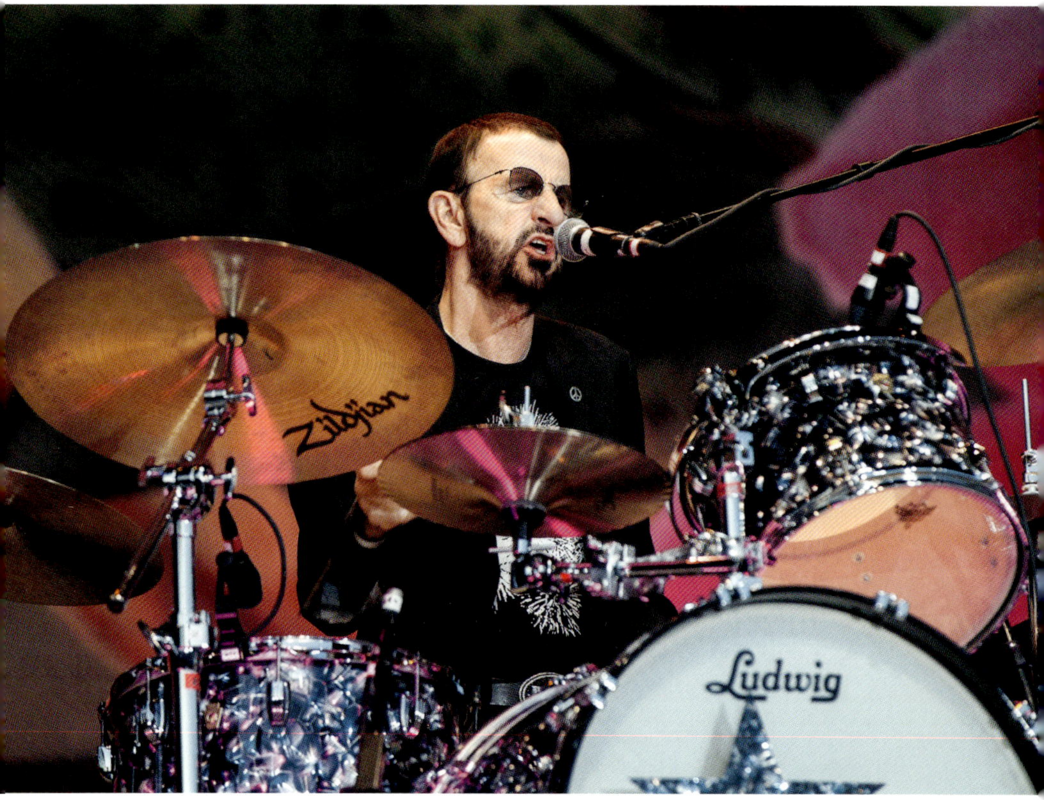

Starr Time forever: Ringo singt und trommelt gleichzeitig in Mailand am 3. Juli 2011, wie schon 50 Jahre zuvor bei Rory Storm & The Hurricanes.

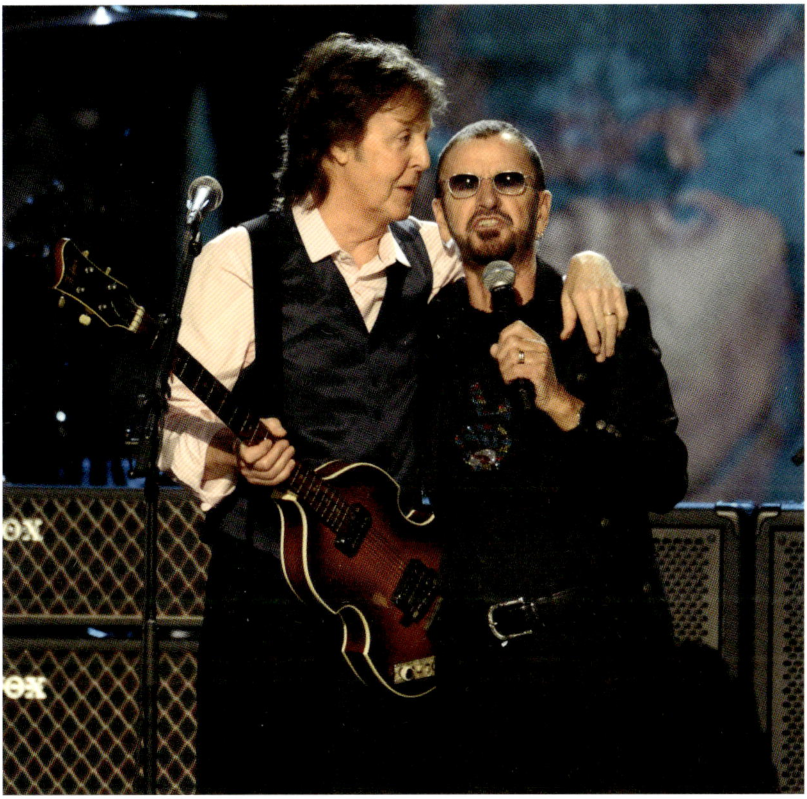

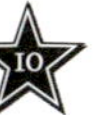

Eine Freundschaft, die nicht endet: Die beiden überlebenden Beatles Paul McCartney und Ringo Starr live am 27. Januar 2014 in Los Angeles.

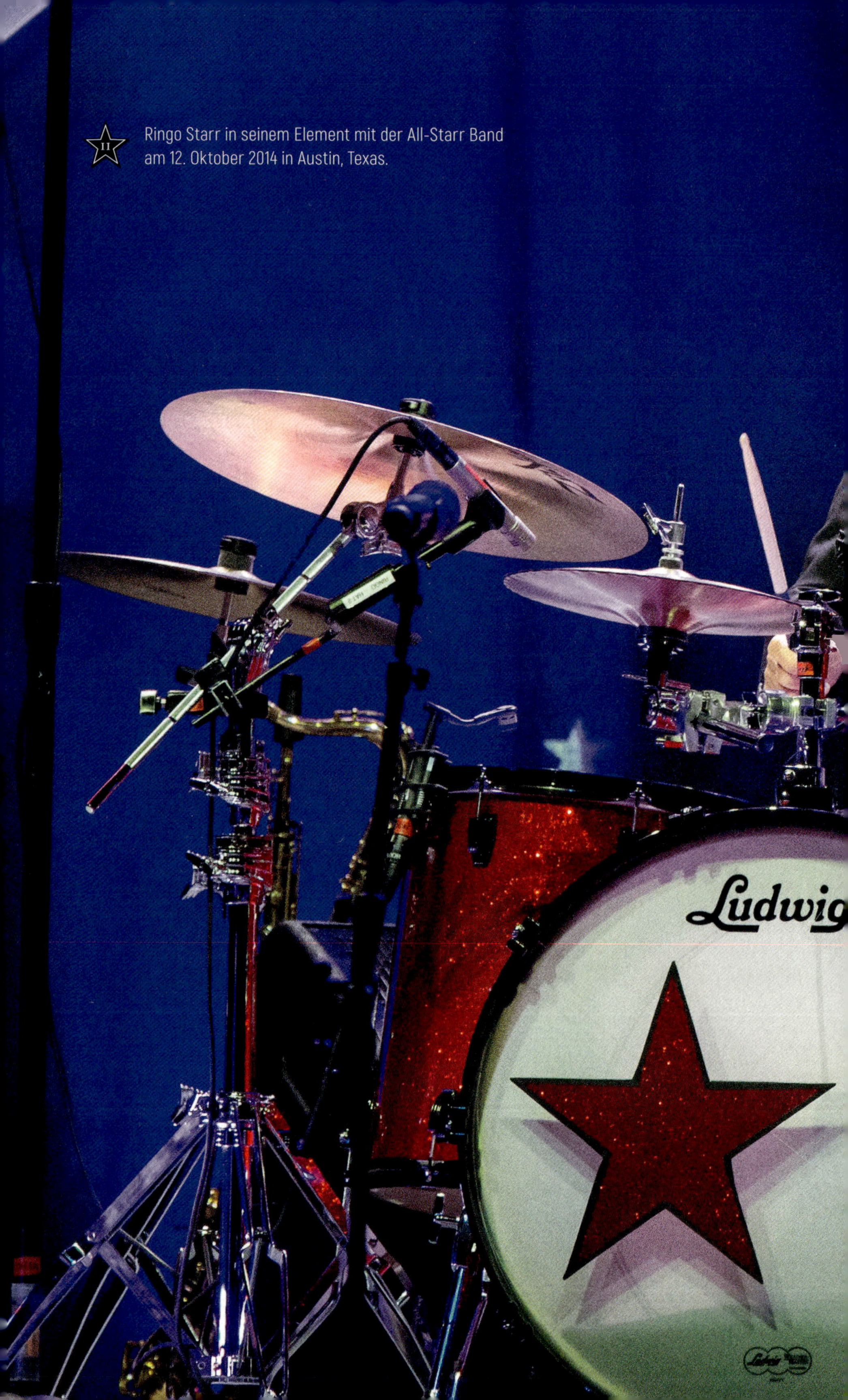

11 Ringo Starr in seinem Element mit der All-Starr Band am 12. Oktober 2014 in Austin, Texas.

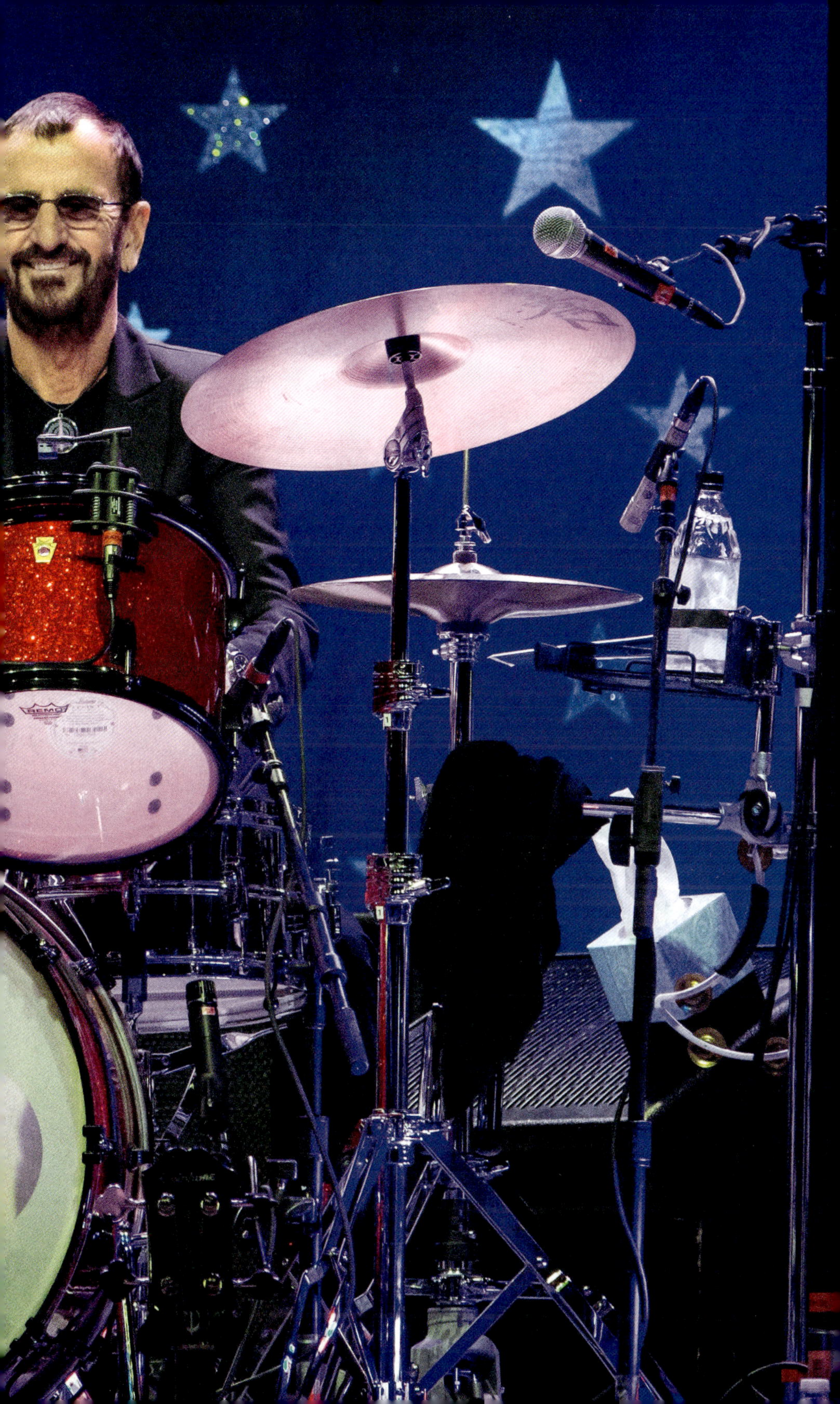

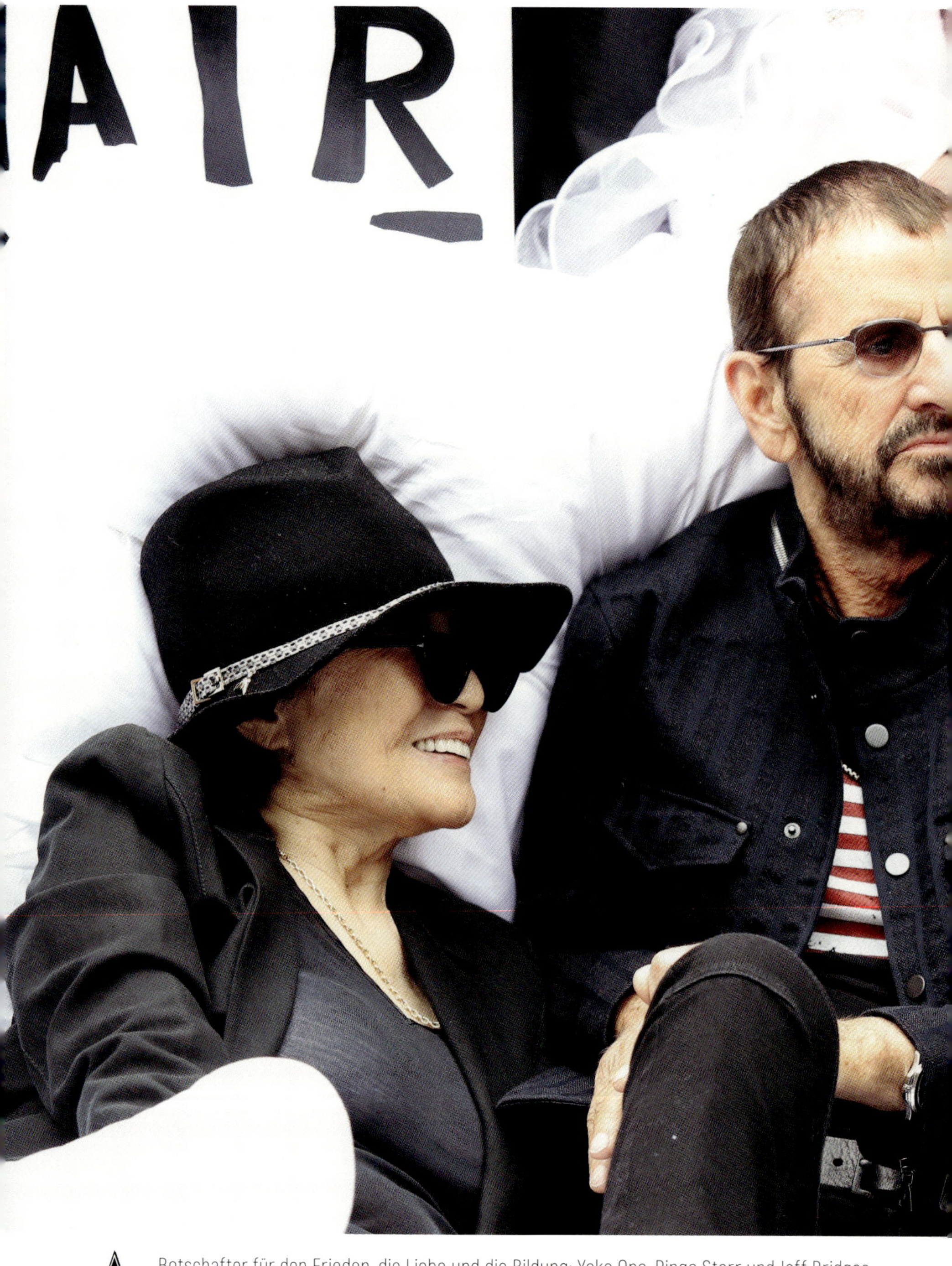

Botschafter für den Frieden, die Liebe und die Bildung: Yoko Ono, Ringo Starr und Jeff Bridges feiern am 13. September 2018 in New York City das jährlich stattfindende NYC Bed-In For Music Education.

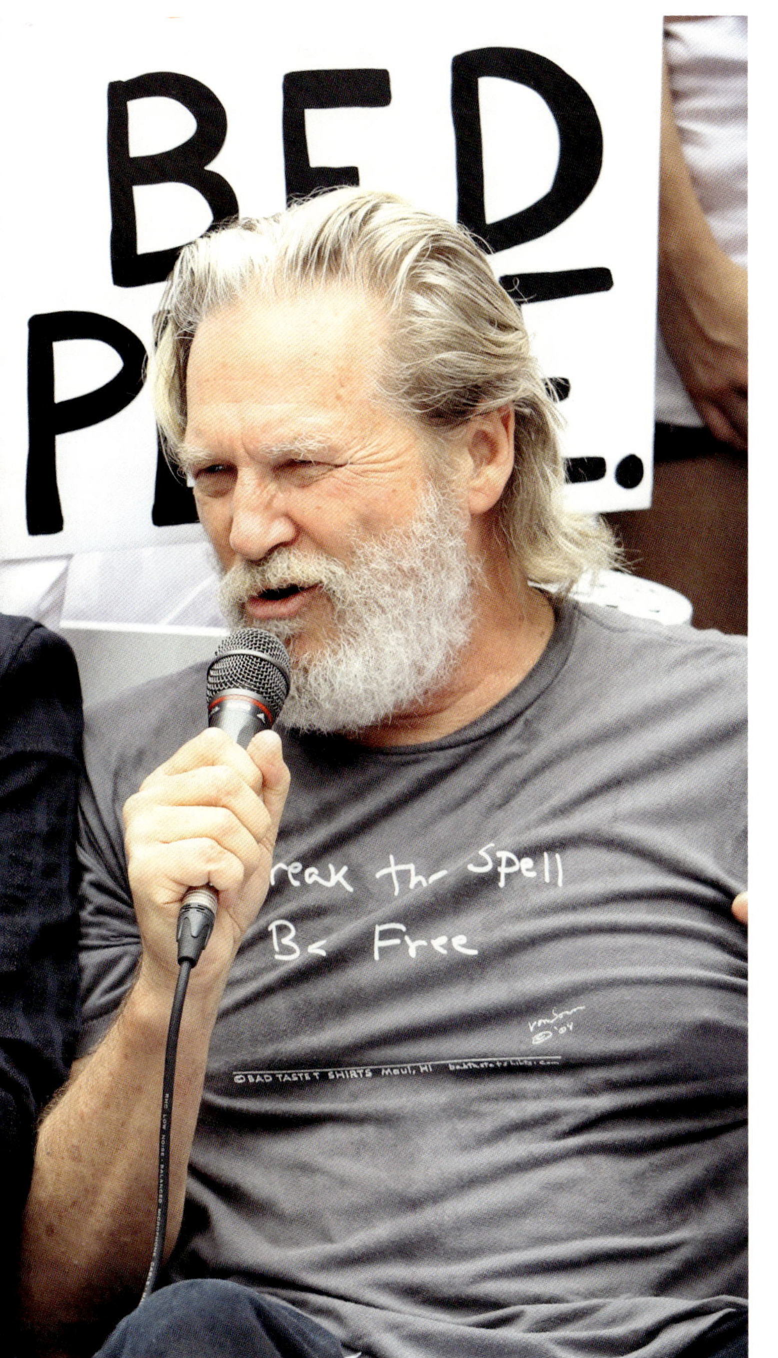
Be Free

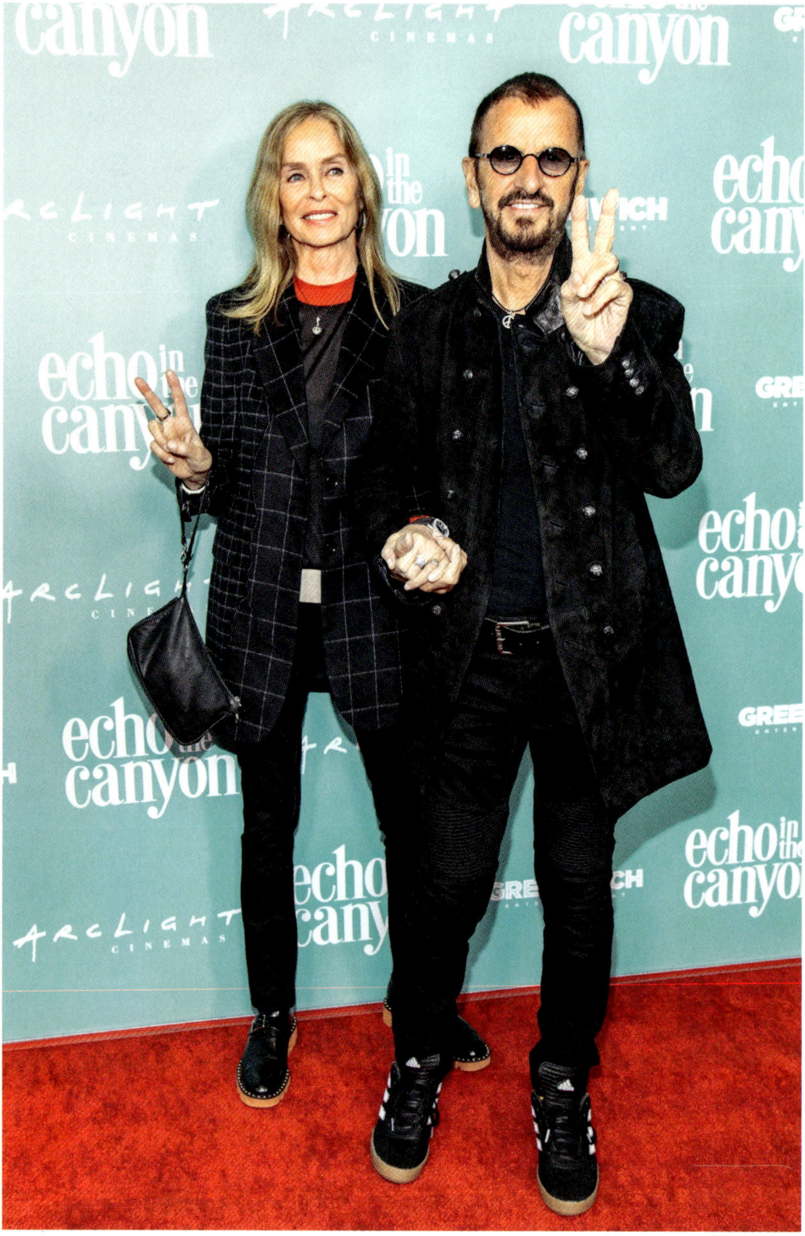

Ringo Starr, ein Brite, der sich gut im Laurel Canyon auskennt und Bob Dylans Sohn Jakob gerne Auskunft gibt: Barbara Bach und Ringo Starr bei der Premiere des Films „Echo In The Canyon" in Los Angeles am 23. Mai 2019.

macht Werbung für die bestehenden Folgen und tritt als mitfühlender Mr. Mock Turtle in der wohl verrücktesten Verkleidung in einem an verrückten Verkleidungen reichen Leben Ringos in der CBS-Verfilmung von „Alice im Wunderland“ auf. Man erkennt ihn nur an seiner Nase und an seiner Stimme. Und er spricht den Satz der Sätze: „There is too much sense in the world“, um dann mit Alice den „Nonsense“-Song zu singen und zu tanzen.

Ich war schon bei der Geburt nostalgisch

Herbst 1986: Ringo präsentiert in Atlanta, Georgia, das Restaurant „The London Brasserie“, dessen Mitbesitzer er ist. Nebst mehrerer Pressekonferenzen feiert Ringo vor 2000 geladenen Gästen die Eröffnung mit einem Konzert, bei dem auch Jerry Lee Lewis und Bill Wyman mit von der Partie sind. Wenig später erscheint Ringos Song „You Know It Makes Sense“ im Rahmen der Charity-Kampagne: „The Anti-Heroin Project – Live-In World“.

1987: Ringo ist in Memphis, Tennessee, um mit Produzenten-Legende Chips Moman ein neues Album aufzunehmen. Es könnte der lange versprochene Nachfolger von „Beaucoups Of Blues“ werden, aber das Album wird nie erscheinen.

Ringos Mutter Elsie stirbt mit 73 Jahren.

Ringos Höhepunkt live vor Publikum ist am 5. und 6. Juni sein Auftritt mit George bei der Prince’s Trust Gala 1987 in der Wembley Arena. Backstage schüttelt Prinzessin Diana Ringo und George die Hand. Ringo wirkt etwas verlegen, George schaut ihr prüfend hinterher. Neben Ringo trommelt Phil Collins zu „While My Guitar Gently Weeps“ und „Here Comes The Sun“. Mit von der Partie sind u.a. Eric, Elton John, Jeff Lynne, Dave Edmunds. Höhepunkt für Ringo: Er eilt zum Mikro und kommt fast zu spät für seinen Einsatz zu „With A Little Help From My Friends“ mit all den Stars an seiner Seite und im Rücken. Und zu Beginn singt er tatsächlich ziemlich „out of key“. Aber die vielen Freunde auf der übervollen Bühne helfen ihm. Eric spielt gegen Ende ein grandioses Solo in dieser extended live version.

Das Jahr vergeht wie die vorhergehenden mit Partys, Besuch von Polo-Spielen oder „Bond Girls“-Modeschauen und Interviews, in denen Ringo trotz Johns Tod Wiedervereinigungsgerüchte immer wieder dementieren muss. Die neuesten Spekulationen sprechen von den neuen Beatles bestehend aus Paul, George, Ringo und Julian Lennon. Das Album „Stay Awake“ erscheint mit neuen Interpretationen berühmter Songs aus Disney-Filmen. Mit dabei sind u. a. Sinéad O'Connor, Bonnie Raitt, Suzanne Vega, Bill Frisell, Eric Garth Hudson, Aaron Neville, Harry Nilsson, Sun Ra, James Taylor, Tom Waits, Los Lobos. Ringo singt sehr sanft das Lied „When You Wish Upon A Star“ aus dem Film „Pinocchio“, begleitet von Herb Alpert.

1988: Der musikalische Höhepunkt vor Publikum findet am 20. Januar im Waldorf Astoria Hotel in New York statt. Die Beatles werden in die Rock And Roll Hall of Fame aufgenommen und Mick Jagger würdigt sie. Auf der überfüllten Bühne singen Ringo am Schlagzeug und George an der Gitarre „I Saw Her Standing There“. Mit von der Partie sind u. a. Mick, Bob Dylan, Bruce Springsteen, Billy Joel, Jeff Beck, Lionel Richie, Brian Wilson, John Fogerty, Dave Edmunds, Joe Walsh. Yoko und Sean im Hintergrund amüsieren sich und klatschen im Rhythmus.

Ringo und George treten im März in der britischen TV-Show „Aspel & Co“ auf. Zuerst beweist George solo seine Qualitäten als Redner und beschreibt sich beispielsweise als „more normal than normal people“. George hatte im Winter einen Welt-Hit mit „Got My Mind Set On You“ aus seinem Album „Cloud Nine“. Die dritte Auskopplung, das nostalgische „When We Was Fab“ mit Ringo am Schlagzeug ist noch in etlichen Top Ten. Auftritt Ringo mit einem lauten „good evening“ ins Publikum, das fröhlich antwortet. Der britische Moderator Michael Aspel lobt den Anzug und Ringo erwidert einfach nur, „I hate gardening“, weil George zuvor von seiner Grünanlage berichtet hatte, womit Ringo sofort die Lacher auf seiner Seite hat und Aspel in die Defensive drängt. Der fragt, ob er auch ein nostalgischer

Typ sei. Ringo bejaht: „I think I was nostalgic at birth". Und so geht es Schlag auf Schlag weiter. Ringo improvisiert und jeder Satz sitzt. Und wenn er mal länger am Stück spricht, dann erreicht er ein enormes Tempo, beispielsweise bei der Wiedervereinigungsfrage. Er will noch einmal alle Namen aufzählen und vergisst seinen: „What's my name?", fragt er George und rast weiter, nicht ahnend, dass er damit einmal mehr den Titel seines 20. Soloalbums vorwegnimmt, das 31 Jahre später erscheinen wird. Gegen Ende alter Beatles-Geschichten fragt Aspel: „Wenn das alles nicht gewesen wäre, was wäre aus euch geworden?" Ringo: „Ich wäre ein Schlagzeuger". Das Publikum kugelt sich. Ringo fragt: „Was ist daran so lustig?"

Wenig später verkauft Ringo das Tittenhurst-Anwesen mit großem Gewinn an den Scheich von Abu Dhabi. Im Oktober werden die Alkoholprobleme übermächtig. Ringo und Barbara weisen sich selbst in eine Entzugsklinik in Tucson, Arizona, ein.

Barbaras Fischgesicht

1989: Wer die Ungeduld und die Wut der „Fridays for Future"- und der „Extinction Rebellion"-Bewegungen nicht versteht, braucht nicht bis zur Erstpublikation des Club of Rome (1972) zurückzublicken. In einer Vorwegnahme der „Artists for Future"-Bewegung finden sich am 5. März 1989 in den Sarm West Studios in London Künstler ein, um gemeinsam das Lied „Spirit Of The Forest" zu singen. Darin befinden sich die Zeilen: „Up from the canopy I can see (Debbie Harry) / Flames of extinction coming for me (Sam Brown) / Hanging in the balance there lies our fate (Little Steven) / Turn around, turn around, before it's too late (Kate Bush)". Im Chor singen dann alle: „They'll never break the spirit of the forest / They'll never cut the heart from the tree of life".

Das Video zeigt, wie dringlich schon damals der Versuch war, die Regenwälder zu schützen. Ringo singt die Zeile: „Thousands of acres up in smoke every day". Im Studio sind damals zudem Joni Mitchell, Olivia Newton-John, Bonnie Raitt, Kim Wilde, Gilberto Gil, David

Gilmour, Richie Havens, Iggy Pop, Chris Rea, Little Steven und Brian Wilson.

Ringos Verzicht auf Alkohol zeigt Wirkung. Seiner gelungenen Teilnahme an Tom Pettys Video für „I Won't Back Down" mit George Harrison, Jeff Lynne, Mike Campbell und mit unverkennbar fettem Ringo Drum-Sound ist eine Vorwegnahme für seinen 1990er Auftritt mit „I Call Your Name": Ringo sitzt am Schlagzeug, singt und wird begleitet von Tom Petty, Jeff Lynne und Joe Walsh. Ringo wird einen Song lang zu Ringo Wilbury.

Die Rumfliegerei nimmt nicht ab: Im März ist Ringo zu Gast bei Elton Johns rauschender Geburtstagsparty im *Bois de Boulogne* in Paris. Am 27. März nimmt Ringo mit dem Pionier des Bakersfield Sounds, Buck Owens, in den Abbey Road Studios eine neue Version des Songs „Act Naturally" auf, den Owens 1963, zwei Jahre vor den Beatles, als erster aufgenommen hatte. Die neue Version mit Ringo und Buck im Duett wird im selben Jahr für einen Grammy nominiert. Das begleitende Video zeigt die beiden in komischen Wild-West-Szenen. Ringo vermasselt die Aufnahmen mehrfach, was Teil des Drehbuchs ist. Bemerkenswert: Im Saloon spuckt er den Whiskey aus. He's just acting naturally. Ringo und Buck rangeln und konkurrieren, wer von den beiden nun der große Star werden könnte.

Am 20. Mai überreicht Ringo Tanita Tikaram in Monte Carlo bei den World Music Awards ihre Trophäe mit den Worten: „Meine Kinder sind jetzt sehr stolz auf mich". Im Juni spielt Ringo bei einem Konzert Bob Dylans in Frankreich Schlagzeug bei „Highway 61 Revisited" und „Like A Rolling Stone".

Die Haare straff nach hinten gekämmt und zum Pferdeschwanz gebunden präsentiert sich Ringo im Juni in der TV-Show „Late Night with David Letterman". Ringo wirkt aufgeräumt und frisch und die Sendung beginnt gleich mit einem Backstage-Gag: Ringo unterhält sich mit einem alten Bekannten, der sich nicht traut, zu gestehen, dass er der Schlagzeuger in Lettermans Begleitband ist. Stattdessen erzählt er, dass er im Gefängnis war. Tänzelnd betritt Ringo die Szene. Es sind die leichtfüßigen Moves, die ihm vor Publikum heute noch die liebsten sind. Ja, er sei eine lebende Legende. Ja, er gehe jetzt mit Band auf Tour. Es sei das erste Mal seit 1966. Dann zeigt er ins Publikum: „Bevor Sie geboren wurden". Zum Tour-Auftakt absolviert Ringo noch viele weitere wichtige Pressetermine. Im Juli geht es los. Ringo spielt mit seiner ersten All-Starr Band vor ausverkauften Häusern mit durchschnittlich etwa 10.000 Zuschauern. Die Tour wird auch medial ein großer Erfolg. Zahlreiche TV-Mitschnitte dokumentieren die Spielfreude der All-Star Band.

„Drummer sind friedliche Menschen, jetzt mal abgesehen von Keith Moon oder John Bonham", lacht Ringo im Interview 1989. Bis heute ist er davon überzeugt, dass Schlagzeuger ihre Aggressionen beim Spielen loswerden. Daher lautet sein Wahlspruch: „Buy drums, not guns!"

1990: Ringos All-Starr Band tritt nicht nur in den USA auf, sondern im Juni auch in Paris. Viele weitere Stationen in Europa werden folgen. Ringo und Barbara geben Interviews, in denen sie auch auf ihre Alkoholabhängigkeit zurückblicken. Den offensiven Umgang, der nichts verbirgt, sondern im Gegenteil die Probleme offenlegt, führen die beiden die kommenden Jahre so weiter. Dies ist auch ein Element, das die beiden zusammenschweißt. Und der Humor: Bei Ringo ist er in der Öffentlichkeit omnipräsent, Barbara zeigt ihn eher selten. Aber wenn sie zum Beispiel mal ihr „Fishface" macht, ahnt man, was sie privat noch so vollführen kann und wie witzig sie ist.

Im Sommer erscheint ein Charity-Album zugunsten von Waisenkindern in Rumänien: „Nobody's Child: Romanian Angel Appeal" mit Beiträgen u. a. von Stevie Wonder, The Traveling Wilburys, Paul Simon oder Eric Clapton. Ringo Starr ist mit einer ganz neuen und frischen Live-Aufnahme von „With A Little Help From My Friends" vertreten, die er mit seiner All-Starr Band aufgenommen hat.

Die Ära Broccoli

1991: Zu seinem 51. Geburtstag gönnt sich Ringo eine neue Villa in Beverly Hills. Ringo widmet fast das ganze Jahr den Arbeiten zu seinem neuen Album „Time Takes Time“, das im Frühsommer 1992 erscheint und von der Kritik hochgelobt wird. Im September nimmt er wie nebenbei den lieblich-naiven Song „You'll Never Know“ für den James Belushi-Film „Curly Sue“ auf. Damit taucht Ringo auch bei The Simpsons auf. Max Weinberg, Drummer in Bruce Springsteens E Street Band, veröffentlicht das Buch „The Big Beat“, in dem er sich mit vielen Schlagzeugern unterhält. Ringo Starr gehört natürlich dazu, wird von Weinberg tief verehrt.

1992: Ringo geht mit neuer All-Starr Band und mit dem Album „Time Takes Time“ auf Tour und ist fest entschlossen, damit sein großes Comeback zu feiern. Die Konzertreise dauert das ganze Jahr und ist eng getaktet. Abend für Abend steht Ringo am Mikro und trommelt über seinen All-Starrs thronend. Er meditiert jeden Morgen, ernährt sich gesund und treibt Sport, Gewohnheiten, die er bis heute nicht mehr ändern wird. Er gibt so viele Interviews wie selten zuvor und die Medien feiern ihn. Die All-Starr Band tritt im Sommer auch mehrfach in Deutschland auf. Am 13. Juli sehe ich Ringo live in Montreux im Rahmen des Jazz Festivals. Das Konzert wird mitgeschnitten und erscheint als einziges dieser großen Tour im September offiziell auf CD: „Ringo Starr And His All-Starr Band Live From Montreux“. Die Tour führt Ringo weiter durch ganz Europa und zurück in die USA. Das Vorhaben allerdings gelingt nur teilweise.

Ringo ist wieder präsent auf der internationalen Showbusiness-Bühne. Aber bei den Absatzzahlen seines Albums und den Verkäufen der drei Single-Auskopplungen hatte sich Ringo deutlich mehr erwartet. Die Chartplatzierungen sind bescheiden. Die ganz großen Zeiten für den Ex-Beatle sind vorbei, trotz hoher musikalischer Qualität. Nur mit den anderen Dreien wird er 2019 dank der Neuerscheinung zum fünfzigjährigen Jubiläum von „Abbey Road“ wieder auf Platz Eins in den USA und in Großbritannien landen.

Die 1989 gegründete All-Starr Band besteht in wechselnden Formationen bis heute. Zwei Dinge haben sich für Ringo nicht verändert: Das Lampenfieber befällt ihn immer noch vor jedem Konzert und er bekämpft es immer noch mit einem Sprint auf die Bühne. Das andere Ritual: Ringo isst jeweils eineinhalb Stunden vor dem Gig eine Ofenkartoffel mit etwas Gemüse und trinkt dazu einen Smoothie. Das beruhigt ihn.

1993: Ringo tritt wieder bei David Letterman auf. Die beidhändige Peace-Geste auf Kopfhöhe in Richtung Publikum, auch mehrfach wiederholt, hat sich Ringo auf der Tour angewöhnt, setzt sie nun auch in der Late Night Show ein und wird sie bis heute exzessiv ausüben. Sie wird zu seinem Markenzeichen. Sie hat etwas Beschwörendes und zugleich Segnendes. Vade retro, möglicher Attentäter, seid Willkommen, ihr Brüder und Schwestern, die ihr den Frieden liebt. Sie sendet die Botschaft der Liebe aus, hält aber zugleich die Jünger auf Distanz. Seit Johns Tod brauchen „The Threetles" Bodyguards. Und fünf Jahre später, im Dezember 1999 werden George und Olivia von einem geistig verwirrten Fan attackiert. Olivia wird nur leicht verletzt, George aber schwer. Georges frühen Krebstod führt Sohn Dhani später in einem Interview auf Georges geschwächte Widerstandskräfte wegen des Attentats zurück.

Ringo und Paul treten im April beim Charity-Konzert „Earth Day For Environment" in der Hollywood Bowl auf. Wenig später trommelt Ringo für Don Was bei Willie Nelsons Farm Aid Benefit in Iowa. Mit dabei in der kurzfristig von Don Was zusammengestellten Supergroup sind u.a. Willie, Neil Young, Bryan Adams und Bruce Hornsby.

1994: Das Jahr wird von drei Todesfällen überschattet. Aber es ist immer die Musik, die Ringo wieder Mut macht. Max Weinberg, der Schlagzeuger in Bruce Springsteens E Street Band, veröffentlicht drei CDs: „Let There Be Drums". Aus rechtlichen Gründen taucht Ringo nicht in den 60er Jahren mit den Beatles auf, sondern in den 80er Jahren. Weinberg setzt Ringo ein weiteres Denkmal und wird Ringos Fähigkeiten noch mehrfach loben und auch mit Ringo spielen.

Am 15. Januar stirbt Harry Nilsson, einer von Ringos besten Freunden mit nur 52 an einem Herzinfarkt. Allerdings hat Harrys übermäßiger Alkoholkonsum zum frühen Tod beigetragen. Ringo bringt es nicht über sich, zum Begräbnis zu gehen. Aber Barbara ist da und auch George und Jeff Lynne, Jim Keltner, Van Dyke Parks und viele andere. Wenig später nimmt Ringo an der Anti-Alkohol-Kampagne RAADD teil: Recording Artists Against Drunk Driving. Der Signature-Song der Aktion kommt von den Beatles: „Drive My Car". RAADD ist heute noch aktiv. Alle Neuigkeiten findet man unter www.radd.org.

Ringos Freund Joe Walsh ist auf dem Höhepunkt seiner Alkoholabhängigkeit. Er gibt vor laufenden Kameras verschiedenen TV-Stationen sturzbetrunken Interviews. Schließlich wagt er – auch dank Ringo – den Schritt zu den Anonymen Alkoholikern. Seither ist auch er trocken und Joe und Ringo verbindet eine weitere Ebene: der Sieg über die Sucht.

Ringo bleibt auf Hochtouren, aber ohne Rauschmittel. In Monte Carlo präsentiert er wieder die World Music Awards, in London isst er mit Paul in einem vegetarischen Restaurant und die Medien berichten darüber. Die Ära Broccoli beginnt.

Yoko hatte den Fab Three vier Demo-Aufnahmen John's gegeben und erklärt: *It was all settled before then, I just used that occasion to hand over the tapes personally to Paul. I did not break up the Beatles, but I was there at the time, you know? Now I'm in a position where I could bring them back together and I would not want to hinder that. It was kind of a situation given to me by fate.*

Ringo, George und Paul machen sich mit Jeff Lynne an die Arbeiten zur virtuellen Wiedervereinigung der Beatles. „Free As A Bird" erscheint 1995 auf „Anthology 1" und wird als Single ein weltweiter Top Ten-Erfolg. Mentale Brücke für The Threetles im Studio: John ist im Urlaub und wir müssen seine Songs ohne ihn vollenden. Es ist Ringo, der diese Legitimation erklärt: *At the beginning it was very hard, knowing that we were going in there to do this track with him. It was pretty emotional. He wasn't there. I loved John. We had to imagine he'd just gone for a cup of tea, that he's gone on holiday but he's still here. That's the only way I could get through it.*

Die anderen drei Songs sind „Real Love", „Now And Then" und „Grow Old With Me". Nur „Real Love" wird noch realisiert mit fast ebensolchem Erfolg. Die Soundqualität der anderen beiden Lieder wird für zu schlecht erachtet. In einem Gespräch 2019 erinnert sich Ringo nicht mehr daran, letzteres Lied schon in den 1990er Jahren gehört zu haben. Yoko verwirklicht allerdings mit George Martin 1998 eine Orchesterfassung. Ringo realisiert „Grow Old With Me" erst mit Hilfe des Lennon/Ono-Produzenten Jack Douglas auf seinem 2019er Album „What's My Name" und sagt gegen Ende des Liedes: „God bless you, John". Paul spielt Bass und singt im Hintergrund. Jack Douglas fügt ein Streicherarrangement hinzu, das an George erinnert. Wieder sind die Fab Four virtuell vereint. Die Initialzündung für Ringo bestand im Grußwort Johns, das auf dem Tape zu hören ist: Dieser Song sei doch ideal für Ringo.

Im August stirbt Ringos geliebter Stiefvater Harry Graves mit 87 Jahren. Da ist sie wieder, die 87. Und im Dezember stirbt Ringos erste Frau Maureen mit nur 48 Jahren an den Folgen ihrer Krebserkrankung, insbesondere an den Folgen einer Knochenmarkstransplantation. Sohn Zak hatte sich mehrfach zur Verfügung gestellt und alles zur Heilung seiner Mutter versucht. Ringo war in den letzten Tagen bei Maureen und bei seinen Kindern. Paul widmet Maureen den Song „Little Willow" aus seinem Album „Flaming Pie", das 1997 erscheint. Bei „Beautiful Night" trommelt sich Ringo in der Coda wie in alten Tagen in Trance und singt mit.

Klatscht bitte trotzdem

1995: Im Februar sind Ringo, Paul und George in Pauls Studio in Sussex in der Hogg Hill Mill und nehmen Johns „Real Love" auf. Das Anthology-Projekt beansprucht sie noch das ganze Frühjahr. Im Juni startet Ringo eine Japan-Tour mit seiner All-Starr Band, um sie im Sommer in den USA fortzusetzen. Bei einem Auftritt in Holmdel, New Jersey, betritt bei den Zugaben Max Weinberg die Bühne, um für Ringo Schlagzeug zu spielen. Das Publikum beginnt das dunkle und langgezogene „Bruce" zu rufen, in der Hoffnung, dass in Springsteens Heimat und bei Anwesenheit des E Street Band-Drummers der Boss nicht weit weg sein kann. Einmal mehr beweist Ringo seinen souveränen Humor und ruft mit dem Publikum mit: „Bruuuuce! Oh, come on, come out Bruce!" Dabei streckt er den Arm aus und zeigt auf den Bühnenrand. Die Fans sind begeistert, aber da ist kein Bruce. Die Enttäuschung hält nicht lange an, sondern schwappt sogleich in Begeisterung über bei „With A Little Help From My Friends" und Ringo, der wie ein Hampelmann immer wieder hochspringt.

Ringos Konzerte sind meist ausverkauft. Das Publikum weiß, es bekommt Beatlemania-Nostalgie, gewürzt mit vielen von den All-Starrs dargereichten Specials und natürlich Ringos guter Laune und seinen flotten Sprüche. „You're Sixteen" kündigt er mit den Worten an: „I'd like to do a number now for all the young girls in the audience – what's that? About ten young girls?"

Das Music Theatre Warwick auf Rhode Island ist bekannt für seine Drehbühne in der Mitte, die rundum umgeben ist von Sitzrängen. Ringo tritt dort erstmals im Juli auf und ist erstaunt: Er fühle sich sehr bei sich und präsent, denn er ist ständig in Bewegung und sieht ständig neue Gesichter, sagt Ringo. Vor den Zugaben bleiben die All-Starrs auf der zentralen Bühne und Ringo erklärt: „What now usually happens, you see, is we run off and you all get excited cause you want us back and we run back. But of course, we can't run off here. We're captured. So if you don't mind, please just make the noise anyway."

Ringo, immer zu Scherzen aufgelegt, muss Krisen überstehen. Tochter Lee wird mehrfach wegen eines Hirntumors operiert. Ringo und Zak sind oft bei ihr in verschiedenen Kliniken in den USA und in Großbritannien.

Ich habe den Humor benutzt, um echten Emotionen auszuweichen

1996 und 1997: Ringo spielt bei einigen Songs für Pauls Album „Flaming Pie" und steht bei mehreren Charity-Events auf der Bühne. Dann stellt er die vierte Formation seiner All-Starr Band zusammen, geht mit ihr schon wieder auf eine ausgedehnte US-Tour und gibt zwischendurch entsprechend viele Interviews. Im Sommer 1997 nimmt er mit seiner Band The Roundheads Songs für das Album „Vertical Man" auf. Paul ist manchmal mit von der Partie. Zu viert – Ringo, Barbara, Paul, Linda – besuchen sie die Modenschau in Paris, bei der Pauls Tochter Stella ihre neuen Modelle vorführt. Herbst und Winter stehen im Zeichen der Aufnahmen für „Vertical Man". Stars besuchen Ringo im Studio und leisten ihren Beitrag, u.a. Alanis Morissette, Ozzy Osbourne, Steven Tyler (von Aerosmith) und Brian Wilson.

1998 und 1999: Ringo und Barbara engagieren sich verstärkt bei Charity-Veranstaltungen, deren Einkünfte Aids-Stiftungen und der Anti-Krebs-Forschung zu Gute kommen. Beide haben in ihrem Verwandten- und Bekanntenkreis viele schlimme Krebsschicksale erleiden müssen. Am 17. April 1998 stirbt Linda McCartney an Krebs. Ringo und Barbara gehen zur Trauerfeier in London, die in der anglikanischen Kirche St Martin-in-the-Fields am Trafalgar Square abgehalten wird. Im Sommer 1998 ist Ringo mit Werbung für „Vertical Man" beschäftigt und startet in Helsinki erneut eine Tour, diesmal durch Europa, die Ringo Ende August 1998 bis nach Moskau führt. Er ist der erste der Ex-Beatles, der in Russland auftritt. Wenig später wird Ringo in die Modern Drummer Hall of Fame aufgenommen.

Am 7. September 1998 stirbt der Beatles-Vertraute und frühere Apple-Pressesprecher Derek Taylor. Er litt an Lungenkrebs. 1999 tourt Ringo wieder durch die USA. Gefeiert wird das zehnjährige Bestehen der All-Starr Band. Am 27. Juni tritt Ringo im Rahmen des Kosovo-Charity-„Michael Jackson And Friends"-Konzerts im Münchner Olympiastadion auf. Er singt „With A Little Help From My Friends". Das ZDF überträgt live. Thomas Gottschalk moderiert und Michael Jackson ist als Haupt-Act danach groß in Form.

Das Jahrzehnt endet für Ringo mit Licht und Schatten: Das Q Magazine wählt ihn auf Platz 26 der größten Stars des 20. Jahrhunderts mit der Begründung, er sei wohl der beste Drummer der Welt, vielleicht auch nur wegen seiner Fähigkeit, sein Schlagzeug wie ein Lead-Instrument zu behandeln, ohne Soli zu spielen. Der Schatten besteht in der Nichtbeachtung des Weihnachtsalbums „I Wanna Be Santa Claus“, das sich entsprechend schlecht verkauft. Das Label Mercury investiert nicht in Werbung. Bescheiden hatte Ringo einige Monate davor die Scheibe ironisch mit den Worten ankündigt: „It'll be very Christmassy, lots of bells, ding, ding, ding.“ Das Gegengeil ist der Fall: Es ist möglicherweise das originellste Weihnachtsalbum, das je ein Rockstar veröffentlicht hat.

Vor Beginn des neuen Jahrtausends kauft Ringo das luxuriöse Rydinghurst-Anwesen in der Nähe von Cranleigh in Südengland. Circa 800.000 Quadratmeter Parklandschaft gehören dazu sowie ein Reitschule und ein eigener Hubschrauberlandeplatz. Zudem besitzt er in Westlondon eine Wohnung.

2000 bis 2010: Ringo-Rastlos startet im Frühling vor seinem sechzigsten Geburtstag wieder eine US-Tournee. Eines Abends muss er wegen einer Erkältung absagen – eine absolute Ausnahme. Manchmal kommt es zu besonders nostalgischen Konzerten, beispielsweise im Juni 2000, als er im Red Rocks Amphitheater in Morrison, Colorado, auftritt. Zuletzt war er 1964 mit den Beatles dort. Zu seinem Geburtstag im Juli sagt Ringo: „I don't mind the other birthdays, but this one really gets up my nose“. Am 29. November 2001 stirbt George. Ringo besucht ihn sechs Wochen davor. Er verabschiedet sich vom schwerstkranken und bettlägerigen George und erklärt, dass er zu seiner Tochter Lee müsse, die auch in der Klinik ist. „Soll ich dich begleiten“, fragt George. Humor verbindet die Fab Four bis zuletzt. Paul ist an Georges Seite bis kurz vor seinem Tod.

Im November 2002 singt Ringo beim „Concert for George Harrison“ zum ersten Todestag in der Royal Albert Hall in London „Photograph“ und „Honey Don't“. Im März 2003 erklärt er in vielen Interviews die Hintergründe zum selbstgeschriebenen Song „Never Without You“. Er ist in Gedenken an George entstanden und enthält sowohl musikalisch als auch im Text kunstvoll verwobene Anspielungen an George. Der Song gehört zu den besten Ringos im neuen Jahrtausend. Eric Clapton spielt die Slide-Gitarren-Soli wie George sie gespielt hätte. Traumwandlerisch begibt sich Ringo auf eine Reise zu George und den Beatles. *And your song will play on without you / And this world won't forget about you / Every part of you was in your song / Now we will carry on... Never without you.*

Im selben Jahr denkt er in einem Interview über seine Schlagfertigkeit nach. Er sei mit flotten Sprüchen immer rasch zur Stelle gewesen. Das sei sein Charakter, aber er müsse aufpassen, dass er davon nicht abhängig werde. Humor sei auch eine Art, den Dingen auszuweichen: „I used humor to not deal with true emotions."

Peace rocks and love rolls

Im Juni 2008 kündigt Ringo per Videobotschaft erstmalig eine Friedensaktion an, die sich Yoko nicht schöner hätte ausdenken können: Ringo fordert alle auf, am 7. Juli, an seinem Geburtstag, innezuhalten. Egal, wo sie gerade auf der Welt sind, egal, womit sie gerade beschäftigt sind, mittags um zwölf Uhr Ortszeit sollen sie das Friedenszeichen machen und „peace and love" sagen. Ringo hält sich selbst daran und die Aktion „The Annual Peace & Love Birthday" wächst seither von Jahr zu Jahr jeweils am 7. Juli. Oft wird sie von Konzerten begleitet und natürlich singt Ringo dann auch Yokos und Johns „Give Peace A Chance".

Im Oktober 2008 gibt Ringo bekannt, dass er nicht mehr Gegenstände für seine Fans signieren wird. Man solle ihm nichts mehr schicken. Es lande im Abfall. Zu oft seien die Sachen (signierte Schallplatten-Cover, Instrumente usw.) wenig später auf eBay aufgetaucht und für viel Geld versteigert worden. Das wolle er nicht fördern. Er beschränke sich fortan auf das Signieren von Gegenständen, die dann zu Wohltätigkeitszwecken versteigert werden. Viele Rockstars folgen Ringos Beispiel.

Joe Walsh heiratet im Dezember 2008 Barbara Bachs Schwester Marjorie.

„A Star for Starr" lauten die Schlagzeilen im Februar 2010. Ringo bekommt seinen Stern auf dem Hollywood Walk of Fame.

2011 bis 2019: Ringo feiert seinen dreißigsten Hochzeitstag mit Barbara. Die Stimmen, die für Ringo den Sir-Titel fordern, werden lauter. Ringo bemerkt dazu nur, dass es sein Leben in keiner Weise verändern würde, egal ob Sir oder nicht. Um sich die Zeit auf Tour zwischen den Konzerten zu vertreiben, beginnt Ringo zu malen, was später zu einigen Verkaufsausstellungen führt. Nach 13 Jahren tourt Ringo erstmals wieder durch Europa und gibt fünf Konzerte in Deutschland. Seinen 72. Geburtstag feiert er mit einem Konzert im Ryman Auditorium in Nashville, das aufgezeichnet wird und später als DVD erscheint. Der ganze Saal singt ihm ein Geburtstagsständchen und die All-Starr Band ist besonders konzentriert und gut gelaunt. Vor „With A Little Help From My Friends" verspricht Ringo, dass alle im Publikum den Song kennen werden. Falls doch nicht, seien sie im falschen Konzert und warteten wohl auf Crosby, Stills & Nash.

Ringo führt die Aktivitäten von John und Yoko für den Weltfrieden fort. Er unterstützt die „Non Violence Foundation", die sich an Jugendliche richtet. Ziel: Kampfmesser und Schusswaffen sollen aus Schulhöfen und aus dem Alltag der Teenager verschwinden. Musik soll anstelle von Gewalt treten. Ringo ist längst nicht mehr der Revolverheld. Seine Entwicklung vom Wild-West-Fan zum Friedensaktivisten seit seiner Kindheit bis heute ist beachtlich. Inzwischen lässt er die Revolverläufe von Skulpturen verknoten. Der Name Ringo ist Synonym für Liebe und Frieden. Ringo als Pistolero, das ist Vergangenheit. Mit Barbara gründet er die Lotus Foundation, die sich für viele verschiedene karitative Zwecke einsetzt. Zudem unterstützt Ringo die David Lynch Foundation und viele weitere Charity-Initiativen. Es finden Ausstellungen mit seinen Gemälden und mit Erinnerungsstücken statt, die beim Aufräumen der elterlichen Wohnung aufgetaucht waren. 2013 erhält Ringo die höchste französische Kulturauszeichnung, den Titel „Commandeur de l'Ordre des Arts et des Lettres".

2014 bedient Ringo in Kooperation mit dem Modedesigner John Varvatos den Hashtag #peacerocks. Es entstehen witzige Videos und Ringo sagt: „Peace rocks and love rolls". Mit Paul tritt er bei den Grammy Awards auf. 2015 wird Ringo als letzter Solo-Beatle in die Rock'n'Roll Hall of Fame aufgenommen, als Bandmitglied war er schon dabei. Wenig später verkauft er mit großem Gewinn sein Rydinghurst-Anwesen, die Wohnung in London behält er. Das Leben in Kalifornien gefällt Ringo und Barbara je länger desto besser. Aber er vergisst die Heimat nicht und dasselbe gilt umgekehrt. Im März 2018 wird Ringo im Londoner Buckingham Palace von Prinz William zum Ritter geschlagen. Seither darf er sich „Sir“ nennen. Ringo unterstützt weiterhin den John Lennon Educational Tour Bus, 2019 gemeinsam mit Jeff Bridges und natürlich mit Yoko.

Ringos Leben ist auch in den 2010er Jahren angefüllt mit Tourneen, neuen Alben, PR- und Charity-Aktivitäten und Ehrungen. Er fotografiert weiterhin und ist besonders auf Twitter und Instagram sehr aktiv und sendet kontinuierlich Videobotschaften an seine Fans. Er äußert sich selten zu politischen Fragen, aber im Sommer 2019 macht er eine Pro-Brexit Bemerkung, die ihm viele Fans übelnehmen. Paul und insbesondere Bob Geldof, mit dem sich Ringo oft austauscht, sind erklärte Brexit-Gegner. Auf Detail-Diskussionen lässt sich Ringo nicht ein, lenkt die Aufmerksamkeit lieber auf seine Musik und das Friedensthema. Am 19. November 2019 enthüllt er in Beverly Hills im Gardens Park, unweit vom Rathaus, seine „Peace and Love“-Skulptur, die mannshohe Hand, die seiner eigenen nachgebildet ist, silbrig glänzend aus gebürstetem und rostfreiem Stahl, die Finger zum Friedenszeichen gespreizt. „Ich mache das Zeichen schon so lange. Jetzt ist es auch ein Gegenstand, der hoffentlich alle, die ihn sehen, zu mehr Frieden und Liebe animiert.“

Das Privatleben mit seinen drei Kindern und den vielen Enkelkindern und mit Barbaras großer Familie klammert Ringo in Pressegesprächen seit Jahrzehnten aus, so dass die Medien über ihn als Musiker berichten, sehr selten aber als Privatmann oder auf indiskrete Weise. Ringo hat aus Fehlern gelernt und ist im Umgang mit der Öffentlichkeit einer der versiertesten Rockstars.

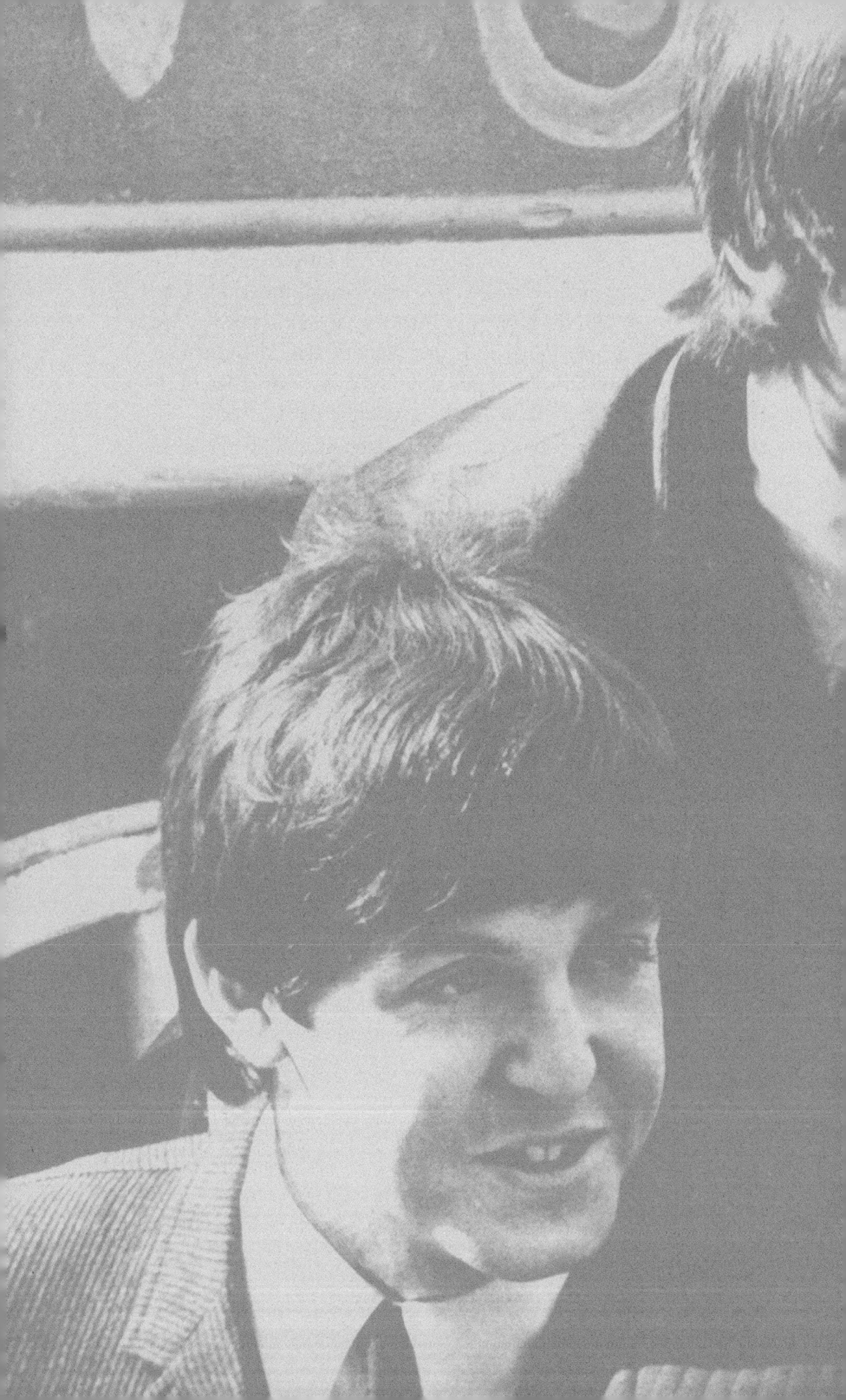

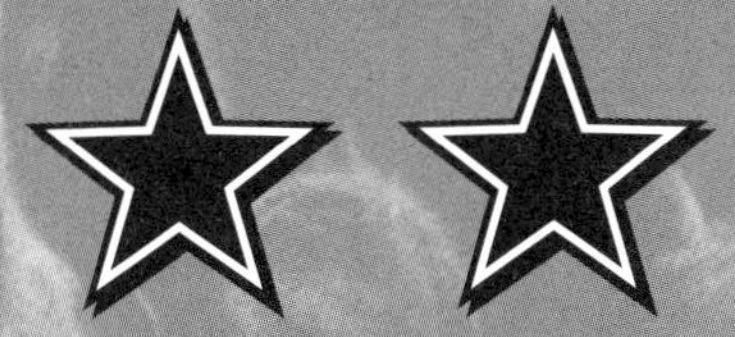

TEIL ZWEI

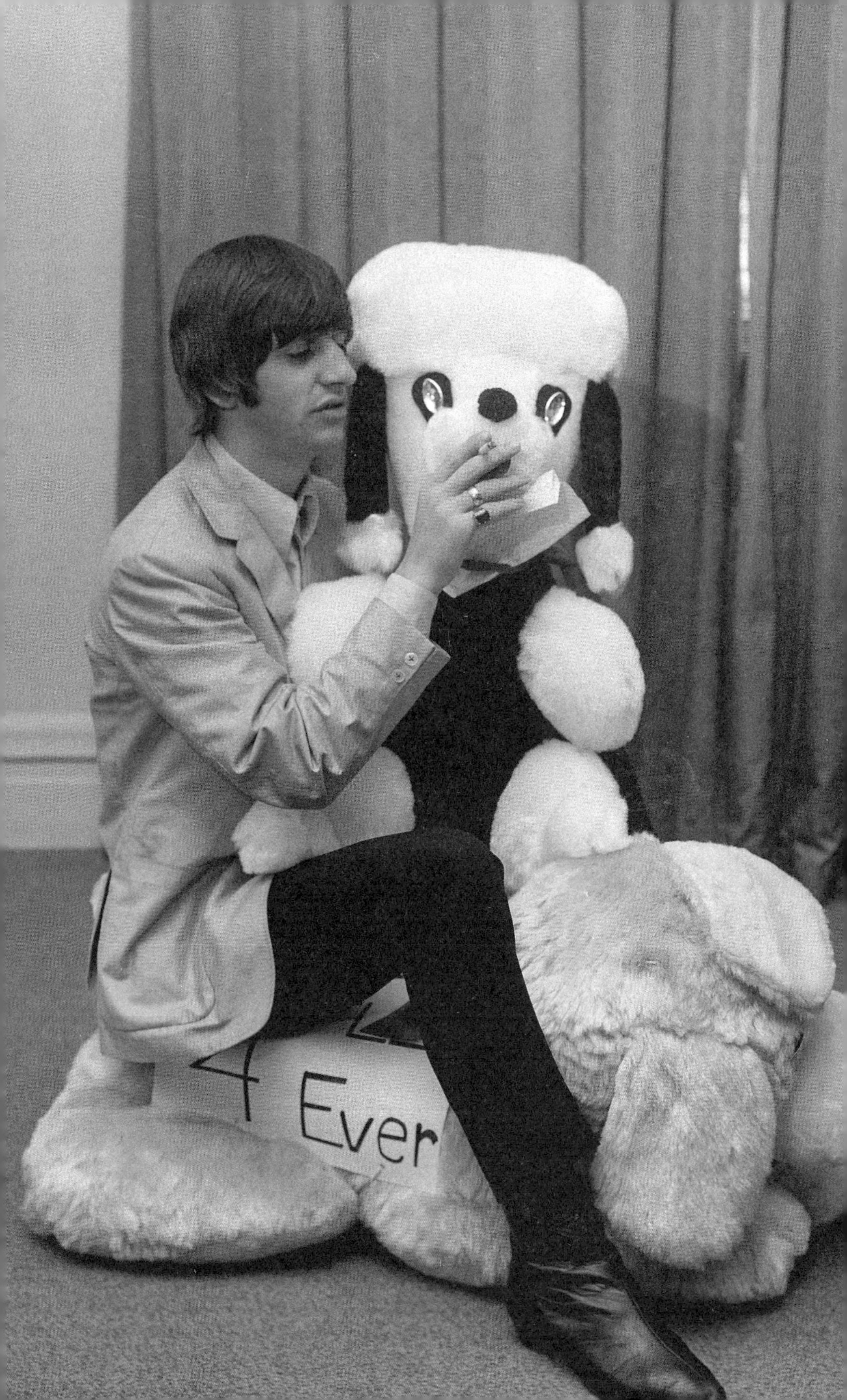
4 Ever

WENDEPUNKTE VON DEN ANFÄNGEN BIS 1969

Ringo Starr befindet sich als Teenager mit Tuberkulose von 1953 bis 1955 in der Klinik Heswall Children's Hospital. Sie liegt im Grünen etwa 60 Kilometer westlich von Liverpool auf der fast rechteckig geformten Halbinsel Wirral, die sich zwischen den Flüssen Mersey und Dee befindet. Die Krankenschwestern bieten nur einen rudimentären Ersatzunterricht. Zu den Aktivitäten gehört das Musizieren. Hier entdeckt Ringo seine Vorliebe für Schlaginstrumente. Er trommelt mit allem, was ihm in die Finger kommt. Es macht ihm Spaß, jede geeignete Unterlage als Schlagfläche zu benutzen. Kaum aus der Klinik entlassen, sieht er live einen Auftritt Johnny Rays im Liverpooler Empire. Ray bricht auf seiner Tour durch Großbritannien Zuschauerrekorde. Sein aktueller Welt-Hit: „Yes Tonight, Josephine" lässt ahnen, was sich musikalisch in den kommenden Jahren ereignen könnte. Ritchie sieht Johnny Ray, wie er aus seinem Fenster im Adelphi Hotel den Fans zuwinkt und Autogrammkarten mit seinem Konterfei in die begeisterte Menge wirft. Ringo erinnert sich: „Ich dachte, das ist der richtige Job für mich."

Trommeln im Krankenhaus, in der Fabrik und in Clubs

Ab 1957 wird das Hobby für Ritchie immer wichtiger. Er arbeitet vier Jahre lang als Schlosserlehrling in einer Fabrik in Liverpool und spielt während der Mittagspausen für die Arbeiter in der Kantine Skiffle-Songs. Ringo ist für den Rhythmus zuständig. Er schlägt auf alles, was in Reichweite ist: Stuhllehnen, Tischkanten, Keksdo-

Ringo in einer Hotel-Suite in New York im September 1964. Fans schicken ihm Plüschtiere in der Hoffnung, dass er sie behalten und mit auf Reisen nehmen wird.

sen, seine Oberschenkel. Holzscheite und Stifte eignen sich als Schägel. Zu Hause bastelt er sich aus verschieden großen Blechbehältern ein Schlagzeug-Imitat. Die Sehnsucht nach einem echten Drum Kit wächst, liegt aber außerhalb seines Budgets.

Mit von der Partie in der Fabrik sind Roy Trafford, Harold Jones, Bob Hardy und Eddie Myles, letzterer mit einer richtigen Gitarre. Lonnie Donegan hat mit „Rock Island Line“, „Lost John“, „Cumberland Gap“, „Gamblin’ Man“ oder „Tom Dooley“ eine Reihe von Hits. Er ist das Vorbild für viele britische Talente, u.a. John Lennon, Eric Clapton oder Pete Townshend. Ritchie ist so angetan von dem fröhlichen Upbeat-Sound, dass er mit 17 Jahren überlegt, in die USA auszuwandern, um näher an der US-amerikanischen Blues- und Country-Musik zu sein. Texas ist sein Ziel, weil dort Lightnin’ Hopkins lebt. Mit Bob Hardy geht Ritchie sogar aufs US-Konsulat in Liverpool und besorgt sich die Einreise-Formulare. Die beiden überlegen sich auch, wo sie dort arbeiten könnten. Aber am Ende ist doch alles zu aufwändig und sie geben die Pläne auf.

Zu Weihnachten 1957 schenkt Harry seinem Ziehsohn ein gebrauchtes Schlagzeug mit allem Drum und Dran. Ritchie ist mächtig stolz und wird Harry immer dankbar dafür sein. Ritchie wird nie eine Lektion nehmen, er bringt sich alles selber bei. Beatles-Historiker glauben, dass er es vielleicht kurzfristig in der Nachbarschaft bei einem Musiklehrer versucht hat, aber Ringo verneint. Im Keller der Fabrik üben ab Februar 1957 Ritchie, Roy Trafford und Eddie Myles einige Songs ein. Sie nennen sich The Eddie Myles Band. Ritchie und Roy besuchen den Cavern Club in der Mathew Street. Sie wissen, dass sie noch viel üben müssen. Die Band wächst aber und hat unter dem Namen The Eddie Clayton Skiffle Group im Labour Club an der Peel Street einen ihrer ersten Auftritte. Ritchie sorgt für den Rhythmus. Offenbar überzeugen die Jungs das Publikum, denn es folgen einige weitere Gigs in Liverpool. Erster Höhepunkt ist ihr Auftritt im Cavern Ende Juli 1957. Ritchie wischt mit dem Besen über die Snare Drum, um eine Dampflok für einen der vielen Skiffle-Railroad-Folksongs zu imitieren.

Im Sommer 1958 borgt sich Ritchie Geld bei der Verwandtschaft und kauft sich in Hessy’s Music Center in Liverpool, das auch von

John, Paul und George besucht wird, ein Ajax Drum Kit. Er stottert den Kredit brav ab. Es lohnt sich: Das Schlagzeug gibt der ganzen Band ein professionelleres Erscheinungsbild. Ritchie und seine Freunde frisieren sich als Teddy Boys und kleiden sich entsprechend. Mit seiner grauen Strähne im Haar und dem unermüdlich präzisen Stil fällt Ringo auf. Inzwischen spielt er so oft er kann. Er tritt auch bei allen möglichen anderen Bands in Liverpool auf. Man kennt sich. Wenn jemand verhindert ist oder einfach nicht auftaucht – Ritchie ist zur Stelle. Er lernt einige Mädchen kennen, die ihm besonders gut gefallen. Als Musiker fällt ihm das leichter. Und Ritchie tanzt leidenschaftlich gern. Er mag Patricia Davis, deren beste Freundin Priscilla White ist, die spätere Cilla Black. Die beiden haben – wie Maureen „Mo" Cox einige Jahre später – eine Schwäche fürs Frisieren und dürfen ihre Künste an Ritchies Mutter Elsie testen. Sie lässt die beiden Mädchen geduldig gewähren. Ritchie verliebt sich in Geraldine „Gerry" McGovern. Sie ist vier Jahre lang seine große Liebe.

Ritchie lässt sich einen Bart wachsen. Er schaut gut aus hinter seinem Schlagzeug und macht sich allmählich einen Namen. Er kann sich sein erstes Auto leisten, einen Standard Vanguard. Damit kann er endlich problemlos sein Schlagzeug von Gig zu Gig fahren. Bislang musste er mit dem Bus wenigstens die Snare Drum, Becken und Sticks mitnehmen und dann vor Ort hoffen, dass er mit den vorhandenen Bestandteilen etwas zusammensetzen konnte. Oder er suchte Mitfahrgelegenheiten. Der Transport des gesamten Schlagzeugs im Bus war eine Qual.

Das Musizieren macht immer mehr Spaß und die Vorstellung, hauptberuflich als Drummer zu arbeiten, nimmt Konturen an. Als Eddie Myles heiratet und die Band auseinanderfällt, spielt Ritchie bei The Darktown Skiffle Group. Ein Drummer mit Equipment ist in jenen Jahren immer gefragt. Schließlich werden Rory Storm & The Hurricanes auf Ritchie aufmerksam und bitten ihn, vorzuspielen. Die Chemie stimmt. Ritchie schmeißt seinen Job in der Schulmöbelfabrik hin und wird Berufsmusiker. Dies ist nicht nur ein Wendepunkt, eher ein Wendekreis, den Ritchie von den ersten Bongos in der Klinik mit 13 Jahren bis zur Namensänderung zu Ringo bei seiner ersten

Rock'n'Roll Band mit 19 Jahren vollzieht. Der Kindheits- und Teenagername Ritchie wird aber nie ganz verschwinden. John schreibt manchmal Richie oder Rich. Barbara Bach schreibt heute noch Ritchie. Richy war er nur für seine Eltern und in seiner frühen Kindheit.

Der Wechsel von Rory Storm zu den Beatles

Die Entscheidung Ringos, Rory zu verlassen und Drummer bei den Beatles zu werden, ist die folgenreichste seines Lebens. Fortan ist Ringo ein Beatle oder ein Ex-Beatle. Sein Leben lässt sich davon nicht mehr trennen. Die Entscheidung ist kein Kurzschluss. Sie bahnt sich lange an. Die Rockmusiker Liverpools kennen einander. George schreibt 1960 von Hamburg aus einen Brief nach Hause, er fände den Drummer bei Rory so gut. Stuart Sutcliffe bringt Ringo auf der Reeperbahn ein paar Brocken Deutsch bei. Wenn Pete Best im Kaiserkeller nicht da ist, setzt sich Ringo bei Jam Sessions ans Schlagzeug der Beatles.

Zurück in Liverpool stellt Ringo fest, dass sich die Beatles besser entwickeln als die Hurricanes. Sie bekommen manchmal die besseren Auftrittsmöglichkeiten und probieren Neues aus, was Ringo bei Rory vermisst. Als 1961 Tony Sheridan, der sich seit 1960 in Hamburg aufhält, Ringo ein lukratives Angebot macht, sagt er zu und verlässt im Dezember Liverpool. Sheridans Spielweise stellt sich jedoch als zu sprunghaft heraus. Ringo findet, dass Tony auch privat zu impulsiv ist und so kehrt er Mitte Januar zurück in seine Heimatstadt, wo er mit offenen Armen von Rory empfangen wird. Der Zeitplan bei Rory ist eng getaktet, aber manchmal meldet sich Brian Epstein und bittet ihn, Pete Best zu ersetzen. Ringo macht das gerne und John, Paul und George spüren, dass es mit Ringo besser rockt als mit Pete. Schließlich sind Rory Storm & The Hurricanes 1962 zum dritten Mal bei Butlin's in den Sommerferiencamps.

Pete Best war entscheidende zwei Jahre lang von 1960 bis 1962 der treue Drummer der Beatles. Er spielte nicht schlechter Schlagzeug als Ringo, aber anders. Er sah sehr gut aus, hatte sehr viele Fans in Liverpool und betätigte auf markante Weise vor allem die Bass Drum. Die Zeitschrift Mersey Beat sprach von Pete Bests „Atom Beat“, den Pete kreiert hatte und von anderen Bands in Liverpool kopiert wurde. Pete pushte damit John, Paul und George und manchmal setzten sich die drei während eines Songs vorne an den Bühnenrand, damit die Mädchen Pete besser sehen konnten. Wann und warum genau John, Paul und George entschieden, Pete rauszuwerfen und Ringo reinzuholen, ist umstritten. Jedenfalls passte Pete nicht so gut zu den drei anderen, wie die es sich wünschten. Äußerlich war das an der Frisur erkennbar. Hatten sich John, Paul und George den Pilzkopf zugelegt, so blieb Pete bei seinem Teddy-Look. Diesbezüglich war Pete stur. Das mochte auch Brian Epstein nicht, der sich seinen Plan für vier adrette und uniformierte Jungs schon ausgedacht hatte. Dazu gehörte, dass sie sich am Ende eines Konzerts höflich verneigten und dass sie die gleiche Frisur trugen.

Auch der Anteil George Martins am Rausschmiss Petes und wie die Aktion genau durchgeführt wurde, steht nicht fest. Klar ist, dass George Martin mit Petes Spiel unzufrieden war. Aber das war er dann wenig später auch mit Ringos Spiel. Und klar ist, dass Brian Epstein der Überbringer der schlechten Nachricht für Pete war. Der konnte es nicht fassen. Er wartet bis heute auf eine Aussprache mit Paul und Ringo und ist sich ganz sicher, dass sie noch stattfinden wird.

Als Ringo davon erfährt, weiß er, dass die Beatles einen Plattenvertrag in der Tasche haben. Ringo mag die drei. Er ist der älteste und kommt aus dem härtesten Viertel der Stadt. Er hat seine „Starr-Times“ und mindestens ebenso viel Erfahrung wie die Beatles. Und sie bieten ihm mehr Geld als Rory. Er ist noch bei Butlin's und sagt sofort zu, spielt allerdings noch einige Tage mit Rory, bis dieser Ersatz gefunden hat. Ringo ist im Gegensatz zu Pete anpassungsfähig. Er geht sofort zum Friseur: Bart ab, Pilz drauf. Im Moment schaut es aus wie einer der üblichen Wechsel. Die sind in Liverpools Bands an der Tagesordnung. Die Tragweite für den Glückspilzkopf Ringo zeigt sich erst in den kommenden Monaten.

Die Beatlemania beginnt

Ringo wohnt Anfang 1963 immer noch zu Hause bei Elsie und Harry in Admiral Grove. Allerdings ist er viel unterwegs. Die Mutter hält Ritchies Kinderzimmer sauber und aufgeräumt. Die Beatles sind schon seit einiger Zeit prominent in Liverpool, doch jetzt werden sie in ganz Großbritannien bekannt. Elsie macht sich Sorgen. Einerseits hat sie Mühe, ihren Sohn loszulassen. Ringo bezeichnet sie nach ihrem Tod 1987 als besitzergreifend, was wohl auch mit seinen Krankheiten in der Kindheit zusammenhänge. Aber Ritchie kommt Elsie entgegen, wo er nur kann. Als sie eines Morgens seinen Nachttisch übersät mit Banknoten findet, verspricht er Besserung. Brian Epstein richtet seinen Jungs Bankkonten ein. Mehr Mühe hat Elsie mit den Liebesbekundungen der Fans: Sie schreiben „We love you Ringo" auf die Haustür und die Fenster und stellen Geschenke vor die Tür. Immer öfter versuchen Fans einen Blick auf den berühmter werdenden Sohn ihrer Stadt zu erhaschen und lungern in Admiral Grove herum. Die Reihenhäuschen sind niedrig und schmal, aber die Straße ist verhältnismäßig breit. Schwarz-Weiß-Aufnahmen zeigen, wie Hunderte Ringo-Fans 1963 Admiral Grove belagern.

Für Ringo wird es immer komplizierter, in Liverpool zu leben. Er richtet seine Rückkehr von Konzerten so ein, dass er möglichst unbemerkt nachts ins Haus kann. Tagsüber muss Elsie unzählige Male versichern, dass ihr Sohn nicht zu Hause ist. Und oft stimmt es ja. Die Fans betteln, ob Elsie ihnen nicht etwas schenken könne. Im Verlauf der Jahre verteilt Elsie sämtliche Kleider Ritchies an die Teenager Liverpools.

Als die Beatlemania Ende 1963 einsetzt, werden die Zustände unerträglich, denn es sind längst nicht mehr nur Fans aus Liverpool, die ihren Ringo sehen wollen. Begeisterte Mädchen aus dem ganzen Land reisen an. Auch die Presse will Elsie und Harry interviewen. Die beiden wissen nicht recht, wie sie damit umgehen sollen. Sie machen sich Sorgen um ihren Ritchie. In den Zeitungen und Zeitschriften wird so viel über ihn geschrieben. Das ist oft ein anderer Ritchie, der in Interviews Dinge sagt, die falsch sind. So leugnet Ringo beispielsweise, Maureen „Mo" Cox zu kennen und in sie verliebt zu sein. Dabei wissen die Insider in Liverpool, dass die beiden verlobt sind. Aber auf Anweisung Brian Epsteins sollen die Pilzköpfe für alle Mädchenherzen frei verfügbar sein. Ringo macht das zu schaffen: Er lügt nicht gerne, schon gar nicht im Zusammenhang mit seiner großen neuen Liebe. Der wachsende Berühmtheitsgrad bringt weitere Probleme mit sich.

Freda Kelly sieht viele Gigs der Beatles im Cavern. Brian Epstein fragt sie dort, ob sie seine Sekretärin werden wolle. Freda bekommt ihr Büro in Brians NEMS-Plattenladen und ist seit Anfang 1962 bis weit über das Ende der Fab Four hinaus die Leiterin des offiziellen Beatles- Fanclubs in Liverpool. Sie ist Chefredakteurin des Fanmagazins und verantwortlich für die Beantwortung der Fanpost. Zu Beginn versuchen John, Paul, George und Ringo die Briefe selbst zu beantworten. Aber nach der Single „Please Please Me" ist nicht mehr daran zu denken. Briefe und Geschenke der Fans landen auch bei Elsie in Admiral Grove. Sie weiß nicht, was sie damit machen soll. Schließlich geht Ringo ratlos mit einem Fanpost-Beutel, darunter Bettelbriefe, zu Fredas Büro. Als Freda den Beutel und Ringos Verzweiflung sieht, muss sie lachen, denn die anderen drei bekommen bereits ein Vielfaches an Post und haben längst alles an Freda delegiert. Sie entwickelt ein System, wer was beantwortet. Freda, Ringo, Elsie und Harry treffen sich in Admiral Grove und klären das weitere Vorgehen. Freda zeigt Elsie, wie sie mit den Anfragen umgehen kann. Nach einer Weile kommt Ritchies Mutter gut damit klar und ist eine große Hilfe für „Good Ol' Freda", wie die Beatles sie auf ihrer 1963er-Weihnachtsplatte nennen. Eine sehenswerte gleichnamige TV-Dokumentation schildert die Beatlemania aus Sicht der Fanbeauftragten Freda. Darin berichtet sie auch, wie eng ihre Freundschaft zu Elsie wurde und wie viel die beiden bei der Bearbeitung der Post gelacht haben.

Mehr zu schaffen machen Ringo die Folgeerscheinungen seines neuen Promi-Status im Familienumkreis und sogar bei seinen engsten Verwandten. Ringo stellt fest, dass man ihn nun anders behandelt. Manche reagieren aggressiv auf Ringos Erfolg. Sie wollen damit zeigen, dass Ringos Karriere sie nicht beeindruckt. Andere reagieren unterwürfig. Dritte wiederum fangen an zu schleimen, in der Hoffnung, etwas vom Kuchen abzubekommen. Die Natürlichkeit von früher ist weg und Ringo kommt nicht damit klar. Er kann nicht einfach aufstehen und fordern: Behandelt mich doch so wie früher. Ringo ist immer noch derselbe Ringo, aber nicht für sie. Nur zu Elsie und Harry bleibt die Beziehung ungetrübt bestehen. Auf neue Entwicklungen werden neue Verhaltensweisen gesucht, aber das Grundvertrauen wird bis an das Lebensende von Elsie und Harry durch nichts erschüttert. Barbara Bach, die seit 1980 vierzig Jahre lang Ringos große Liebe ist, trennt ihren Mann, so wie Elsie es tat, von Anfang an in zwei Bereiche: Hier Barbaras Ehemann, der Geliebte, Ritchie privat und intim, mit seinen Schwächen und Unsicherheiten, mit seinem Humor und seiner Lebensfreude. Dort Ringo der Große, Ringo der Star, der nur manchmal durchkommt. Mit dem verhandelt Barbara die Dinge separat. Das klappt so gut, dass im Rockstar-Zirkus nur wenige so harmonische Beziehungen zu beobachten sind.

Die Nasen-Metapher

Im Spätsommer 1963 wird Ringo der Trubel in seiner Heimatstadt zu groß. Brian Epstein organisiert für all seine Jungs Zimmer im The President Hotel in der Guildford Street im Londoner Stadtteil Bloomsbury. Danach zieht Ringo in eine Wohnung in 57 Green Street nahe dem Hyde Park. Darin halten sich im Herbst 1963 auch schon John mit Cynthia und ihrem Baby Julian sowie Paul und George auf. Das ist der einzige gemeinsame Aufenthaltsort der Fab Four, aber nur für kurze Zeit. Ringo zieht mit George im Winter 1963 in das vornehme Viertel Knightsbridge. Im obersten Stock des Whaddon House residiert Brian. Ringo und George wohnen für über ein Jahr im zweiten Stock. George ist zwanzig Jahre alt und Ringo dreiundzwanzig. Zum ersten Mal sind sie richtig von zu Hause weg. Brian sorgt dafür, dass es ihnen an nichts fehlt. Und sie genießen die sturmfreie Bude und das aufregende Nachtleben in der Hauptstadt. Einer seiner Lieblingsclubs ist das Ad Lib, das aber im November 1966 schließt und schon ab 1965 durch The Scotch of St. James abgelöst wird, wo Jimi Hendrix kurz nach seiner Ankunft in England erstmals auftritt.

Die erste Flucht vor den unangenehmen Folgen der Beatlemania glückt und ist doch nur eine Etappe auf dem langen Weg zu immer entlegeneren Rückzugsorten, in denen ein Privatleben möglich ist. Die Beatlemania bringt aber weitere Probleme mit sich. Das Besondere bei den Beatles im Vergleich zu vielen Konkurrenz-Bands besteht darin, dass sich die Aufmerksamkeit auf alle vier Beatles richtet. So sind beispielsweise Gerry & The Pacemakers auch bei Brian Epstein unter Vertrag und haben mit „How Do You Do It?“ im April 1963 einen Nummer-Eins-Hit in den britischen Charts, aber niemand kennt deren Drummer. Ganz anders bei Ringo: Plötzlich sieht er sich mit Darstellungen seiner Person in den Medien konfrontiert, die ihm völlig fremd sind.

Eines der wichtigen Themen ist sein Gesichtsausdruck, der oft als melancholisch beschrieben wird. Womit ein Journalist anfängt, wird von vielen übernommen: Das gilt insbesondere für Ringos „Hundeblick“. Ringo liest und hört davon Hunderte Male und fragt sich, ob es stimmt und warum das so wichtig sein soll. Heftiger als Ringos Blick wird seine Nase diskutiert. Nicht nur die Regenbogenpresse fragt ihn, ob er sich nicht einer Schönheitsoperation unterziehen wolle, um sie zu verkleinern. Journalisten fragen Brian Epstein, ob Ringo auch Jude sein. Anlass ist auch hier seine Nase. Die Medien machen sich offen lustig darüber und wiederholen damit Stereotypen. Es sind vor allem weibliche Fans, die Ringo verteidigen und seine Nase attraktiv finden.

All das irritiert Ringo. Bis dahin hatte er sich nie Gedanken über seine Nase gemacht. Nun scheint es, als sei sie das Wichtigste an seiner Person. Es nervt ihn so sehr, immer wieder darüber zu lesen, dass er sich kurzfristig tatsächlich überlegt, sie operativ zu verkleinern. Aber dann lässt er es bleiben. Die Musik ist ihm viel wichtiger. Nach der ersten Diskussionswelle lässt das Interesse daran auch nach. Die Öffentlichkeit nimmt Ringo so, wie er ist und findet ihn liebenswert. Ringo macht seinen Frieden mit der Geschichte. Wenn er wieder – immer seltener – damit konfrontiert wird, dann geht ihm das „zum einem Nasenloch hoch und beim anderen wieder hinaus". Aus der Ohr-Metapher macht Ringo die Nasen-Metapher. Probleme löst Ringo mit Humor.

Ständig auf Achse

Trotz des Erfolges erinnert sich Ringo an alte Freunde: Er hilft Rory finanziell und sorgt dafür, dass Brian Epstein 1964 Rorys erste Single „America" produziert. Nach einem Jahr mit George im Whaddon House zieht Ringo mit Maureen in eine Wohnung am Montagu Square 34. Aber die beiden bleiben da nicht lange. Wegen ihres Babys Zak ziehen sie in das idyllische Sunny Heights in Weybridge, etwa eine Autostunde von London entfernt, aber ganz in der Nähe von John und Cynthia in ihrem ebenso idyllischen Kenwood. Die vier besuchen sich oft.

Ringo lebt zunächst glücklich in Sunny Heights mit Maureen und dem Baby, mit drei Hunden, einem Rolls Royce und drei weiteren Autos. Manchmal spaziert er in den ersten Wochen auf seinem weitläufigen Grundstück noch etwas unsicher umher und fragt sich, was er damit soll: „Aber man gewöhnt sich rasch daran", erklärt Ringo später. Bemerkenswert: Ringo lässt sich einen Billardtisch aus den USA einfliegen und sorgt für modernste Einrichtung. Das Dach ist voller Antennen. „Alles, was ich weiß, erfahre ich aus dem Fernsehen." Es gibt allerdings auch eine Bibliothek mit vielen Science-Fiction-Romanen und ledergebundenen Klassikern, zudem mehrere Fernseher, Stereo-Anlagen, Telefone, Tonbandgeräte, Fotoapparate und Filmkameras. Und es gäbe Möglichkeiten für ein Musikzimmer. Aber Ringo kommt kein Schlagzeug ins Haus: „Ich spiele nicht alleine. Ich übe nie. Ich spiele nur in der Band".

Ringos Herzstück in Sunny Heights ist die eigene Bar „The Flying Cow". Ein Schild mit einer geflügelten Kuh hängt am Eingang. Der Raum bietet etwa fünfzehn Gästen Platz. Ein Tresen, eine Bar, Stehtische. „Meine Mutter arbeitete in einer Bar. Es war schon immer mein Wunsch, eine Bar im Haus zu haben." Freunde sollen kommen, wann sie wollen, auch unangemeldet. Und Ringo kann in der fliegenden Kuh vorglühen. Wenn alle weg sind, gibt's noch einen Schlummertrunk.

Montagu Square behält Ringo als Basis in London und hat zwischendurch prominente Untermieter wie Paul, der die Wohnung 1966 mit dem Beat Generation-Autor William S. Burroughs und dessen Liebhaber und Techniker Ian Sommerville als Behelfsstudio nutzt. Später werden Jimi Hendrix und sein Manager Chas Chandler mit ihren Freundinnen, Cynthia und deren Mutter sowie auch John und Yoko Ringos Untermieter. Im Oktober 1969 findet die Polizei in der Wohnung geringe Mengen Cannabis. John erklärt, es müsse sich um versteckte Überbleibsel der Vormieter handeln. Es beginnt ein komplizierter Rechtsstreit, an dessen Ende Ringo im Februar 1969 den Pachtvertrag kündigt.

Elsie und Harry sind die letzten Eltern und Erzieher der Fab Four, die aus ihren Häusern und Wohnungen aufgrund des Drucks durch die Beatlemania ausziehen. Vor allem Elsie hatte sich lange und standhaft geweigert, ihr geliebtes Arbeiterviertel Dingle zu verlassen. 1964 tut sie es nur unter der Bedingung, dass sie problemlos ihre Freundinnen und Freunde in ihrem Viertel besuchen kann. Ringo kauft ihr einen schönen Bungalow in Woolton, im selben Stadtteil Liverpools, in dem John in der Menlove Avenue bis 1963 lebte.

Ein entscheidender Moment in Ringos Leben findet im August 1964 statt. Die Fab Four sind in Hollywood. Ringo liebt das milde Klima und die entspannte Atmosphäre in und um Beverly Hills. Die Beatles wohnen ausnahmsweise nicht in Luxus-Hotelsuiten, die sie kaum unbemerkt verlassen können, sondern in einer gemieteten Villa in Bel Air. Die Beatles feiern dort u.a. mit Joan Baez, Rita Hayworth, Jayne Mansfield, Jack Lemmon, Dean Martin oder Edward G. Robinson Partys. Ringo besucht mit Paul den ganz in der Nähe lebenden Burt Lancaster. In dessen Villa sieht Ringo in Burts privatem Heimkino den neuen Film mit Peter Sellers „A Shot In The Dark". Burts Haus übt nachhaltigen Eindruck auf Ringo aus: Es ist mit einem Hallenbad und einem Pool im Garten ausgestattet, und das Wohnzimmer hat eine große Glasfront. In nur wenigen Jahren wird

Ringo nach Hollywood zurückkehren. Er wird zwischen Großbritannien, Monte Carlo und Kalifornien pendeln, das immer mehr zu seiner neuen Heimat wird.

Die Beatles sind ständig auf Achse. Der Erfolg der US-Tour überwältigt sie. Rauschmittel gewinnen im Alltag und unterwegs an Bedeutung. Die Beatlemania steigert sich. Die Probleme nehmen zu: Ein Fan reißt Ringo so heftig an den Haaren, dass Ringo meint, skalpiert zu werden. Ein Mädchen reißt ihm im Pulk eine Halskette weg. Und seit einer leichthin gesagten Bemerkung Georges, er möge Jelly Beans (Geleebohnen, damals die englischen Gummibärchen), werden die Fab Four auf der Bühne kiloweise mit Süßigkeiten beworfen.

Der Drummer geht immer voran

Ende August 1964 verbringen die Beatles zwei Tage in New York im Delmonico Hotel in der Nähe des Central Parks. Sie erholen sich vom ersten Konzert im Forest Hills Stadium in Queens und warten auf das folgende. Auf ihrer US-Tour kommen wieder verstärkt Psychopharmaka zu Einsatz. Speed kennen die Jungs schon aus ihren Zeiten in Hamburg. Mit Alkohol, Black Bombers und Purple Hearts putschen sich die Musiker auf.

Niemand darf ohne Erlaubnis ihre Suite besuchen. Groupies verkleiden sich als Zimmermädchen, um zu ihren Stars vorzudringen. Bob Dylans Bewunderung für die Beatles ist groß und beruht auf Gegenseitigkeit. Ringo hat großen Respekt vor allem vor Dylans Songtexten. Dylan fährt von Woodstock nach New York und besucht die Beatles in ihrer Suite mit seinem Freund, dem Journalisten Al Aronowitz. Der kennt die Beatles schon von ihrer Tour im Februar und hat mehrere viel beachtete Artikel darüber geschrieben.

Als Brian Epstein den Gästen Getränke anbieten will, kann er Dylans Wunsch nach billigem Wein nicht erfüllen. Dylan begnügt sich mit dem teuren, lehnt Speed ab und schlägt stattdessen Cannabis vor. Er ist überrascht, dass die Beatles es noch nie geraucht haben. Ringo betont, es sei nicht Bob Dylan gewesen, der den Beatles das

Gras direkt gegeben habe. Aber ob nun Al oder Bob, sie sind alle in einem Raum, als Ringo zum ersten Mal Gras raucht. Er ist der erste der Fab Four, sozusagen der mutigste. Er raucht den Joint zunächst lässig wie eine Zigarette. Al und Bob erklären ihm, dass es aufs Inhalieren ankommt. Ringo tut, wie ihm geheißen und es dauert nicht lange, bis er zu kichern anfängt. Ringo kann nicht mehr aufhören. Inzwischen ziehen auch John, Paul und George am nächsten Joint. Ringos Lachen war schon immer ansteckend. Ringos Cannabis-Lachen ist noch ansteckender als das normale. Also lacht sogar Brian Epstein mit. Als Ringo mit dem Finger auf ihn zeigt, weil er Brians Lachen so lustig findet, herrscht in der Suite eine ausgelassene Fröhlichkeit, die den Grundstein für eine lebenslange Freundschaft zwischen den Fab Four und Bob legt. Ringo wird ihm immer wieder begegnen und mit ihm spielen, sei es live oder im Studio, u. a. beim Bangladesh-Konzert, in Memphis in den Three Alarm Studios oder bei den Aufnahmen zu Bobs Song „Heart Of Mine".

Bei der Beurteilung Ringos im Vergleich zu John, Paul und George, wird manchmal vernachlässigt, dass Ringo nicht nur der älteste ist, sondern auch derjenige, der als Kind und Jugendlicher durch die härteste Schule – nicht die staatliche – gegangen ist. Er kennt die Schläger-Banden Liverpools. Ringo war ein Teil davon. Die anderen drei hatten die Szene immer nur von außen betrachtet, kamen aus vergleichsweise wohlhabenden Stadtvierteln. Das macht sich bei einigen Ereignissen der Fab Four bemerkbar, auch etwa ein Jahr später, als sie LSD probieren. Sie seien alle zusammen gewesen, als Ringo als erster mit einer Pipette einige Tropfen auf ein Stück Würfelzucker geträufelt habe. Dann hätten John und George es ihm nachgemacht. Ringos Spruch dazu: *The drummers always go first.* Das gilt zumeist für die Musik und oft auch fürs Leben. In gewisser Weise ist Ringo der erfahrenste, mutigste und radikalste, was ihm auch die besondere Bewunderung Johns einbringt. Ringo, das Arbeiterkind ohne Schulausbildung, das Gang-Mitglied, der Rocker mit dem harten Beat.

Al Aranowitz beschreibt den Abend im Delmonico Hotel als Wendepunkt in der Geschichte der Rockmusik. „Dieses Treffen der Musik-Ikonen hat nicht nur den Lauf der Pop-Kultur verändert, sondern der gesamten Geschichte.“ Das ist möglicherweise etwas hochgegriffen, dennoch beginnt mit dem Kiffen und später mit LSD eine Phase der Rock-Historie, die von den Beatles maßgeblich geprägt wird.

Anfang September 1964 führen Alkohol und Aufputschmittel bei Ringo zu anhaltender Schlaflosigkeit. In Indianapolis verlässt er nachts das Hotel und trifft auf Soldaten in einem Militärfahrzeug. Die Trooper erkennen den Weltstar sofort und nehmen ihn mit auf eine nächtliche Stadtbesichtigung. Auf seinen Wunsch hin öffnen sie das Tor zur berühmten Rennstrecke. Sie fahren ihn zu angesagten Discos und Lokalen und fallen dabei Streifenpolizisten auf, die ihre Verfolgung aufnehmen: „Wir fuhren in eine Nebenstraße und schalteten das Licht aus, bis sie weg waren“, erinnert sich Ringo. Im Hotel macht man sich Sorgen. Er taucht erst kurz vor Konzertbeginn vollkommen übermüdet wieder auf.

Auf eigenen Beinen

Die Entscheidung der Beatles ab 1966 nicht mehr auf Tour zu gehen und nicht mehr live vor Publikum zu spielen, bedeutet für Ringo eine Zäsur, deren Auswirkungen er erst nach und nach begreift. Unterwegs sind Ringo, George, John und Paul wie vier Brüder. Ringo nennt sie oft „my three brothers“. Kein Wunder: Wochenlang sind die Fab Four zusammen. Sehr selten kann sich einer mal kurzfristig verabschieden und eine Extratour machen. Sie sind gefangen in ihren Hotelsuiten und müssen gemeinsam unzählige PR-Termine bewältigen. Erwartet wird immer das Quartett. Ringo gehört zwingend dazu. Ohne Drums kein Konzert. Und bei Interviews macht er sich mit seiner Schlagfertigkeit oft besser als die drei Freunde.

Mit dem Ende der Konzerttourneen und den neuen Entwicklungen der Studiotechnik ändert sich das. Ringo hat immer noch größte Mühe, Songs zu schreiben, ganz im Gegensatz zu den anderen drei. Vor allem George platzt schier vor Kreativität. John und Paul stellen erstaunt und mit Verzögerung fest, dass der kleine George sie als

Songschreiber eingeholt, wenn nicht gar überholt hat. Die drei sind im Studio gemeinsam beschäftigt, das Beste aus ihren Kompositionen herauszuholen. Es macht ihnen Spaß, mit den neuen Geräten herumzuexperimentieren. Die Ergebnisse – beginnend mit dem Album „Revolver" – sind berauschend. Die Situation verschärft sich bei der Arbeit am „White Album". Ringos Wartezeiten werden immer länger. In den sich dehnenden Pausen lernt er Schachspielen. Es wird kaum noch live im Studio gespielt. Stattdessen nimmt man sorgsam Tonspur für Tonspur auf, und das Schlagzeug kann ja dann noch am Ende eingefügt werden.

Ringo sagt frustriert: „I feel I'd like to stop being famous and get back to where I was in Liverpool." Auch die Umgebung rund um sein Haus Sunny Heights nervt ihn inzwischen: Anwälte und Bänker statt Künstler. Und die Renovierungsarbeiten waren teurer als das Haus selbst. Aber er erfreut sich an kleinen Dingen. Sein Rogers-Drum Kit wird zunächst mit dem „Swiv-O-Matic drum mount system" ausgestattet, das Beatles-Logo wird variiert und schließlich entscheidet er sich Ende 1968 für ein ganz neues, diesmal fünfteiliges Ludwig-Drum Set, Modell Hollywood samt „Speed King Pedals". Ringo kehrt damit zurück zu warmen Holz-Farben, gut zu sehen im „Let It Be"-Film. Das neue System wird ihn auch zu neuen Fills auf den Alben „Abbey Road" und „Let It Be" animieren. Und Ringo zieht schon 1968 Konsequenzen aus der problematischen Wohnsituation. Er verkauft Sunny Heights an Stephen Stills, mit dem er später noch oft zusammenarbeiten wird und kauft sich das Haus Round Hill im vornehmen Hampstead, in der Sackgasse Compton Avenue. Von dort aus dauert es nur wenige Minuten zum Apple-Gebäude, nicht mehr über eine Autostunde.

Ringo komponiert nicht, tüftelt nicht im Studio und hat somit mehr Zeit für sich und seine Familie. Er weiß, dass Maureen Frank Sinatra mag. Er will sie zum Geburtstag überraschen. Dieser nimmt tatsächlich exklusiv für Mo, ohne Ringo persönlich zu kennen, den Song „The Lady Is A Tramp" neu auf: „Maureen Is A Champ" mit den für Ringo etwas ärgerlichen Zeilen: *She married Ringo and she could have had Paul. That's why the lady is a champ.* Sinatra wird nur am Piano begleitet. Der Song wird in geringer Auflage auf Vinyl gepresst, möglicherweise als allererste Apple-Platte.

Ringo fotografiert und filmt privat und forciert seine Pläne als professioneller Schauspieler. Schließlich hat man ihn nach „A Hard Day's Night" mit Charlie Chaplin verglichen. Zur neuen Firma Apple trägt Ringo das klassische Werk eines Bekannten bei, John Taveners „The Whale". Ringo mag die kleine Sinfonie, die bereits uraufgeführt wurde und schlägt sie für Apple Records vor, wo sie dann 1970 auch erscheint. Später wird Tavener ein bedeutsamer Komponist der Moderne.

Als Ringo eines Tages während der Aufnahmen am „White Album" ins Studio kommt und feststellen muss, dass Paul in der Nacht davor Schlagzeug für „Back In The USSR" gespielt hat, platzt ihm der Kragen. Er kündigt im August 1968 den Freunden seinen Ausstieg an und fliegt mit seiner Familie zu Peter Sellers nach Sardinien. Dort komponiert er mit „Octopus's Garden" seinen zweiten Song für die Beatles. Der erste ist in der Pipeline, der Country-Song „Don't Pass Me By". Ringo stellt fest: In der Krise gelingen ihm Dinge, die er davor für undenkbar gehalten hätte. Paul entschuldigt sich und schreibt Ringo, er sei der beste Drummer der Welt. Als Ringo zurückkehrt, ist sein Schlagzeug mit Blumen dekoriert. Und Ringo trommelt auf den beiden letzten Beatles-Alben differenzierter als je zuvor. Bei allen Spannungen, die sich bei den Fab Four bemerkbar machen: Wenn sie spielen, sind sie wieder die besten Freunde, eine schöpferische Einheit. Sie bringen Meisterwerke der Rockmusik zustande. Sie kehren auch wegen Ringos Ausraster zurück zur Livemusik im Studio mit stark vermindertem Technikeinsatz. Dadurch entsteht wieder die Arbeitsatmosphäre, die Ringo liebt, auch weil er dann immer ad hoc gebraucht wird.

Als Ältester versucht er zuletzt den endgültigen Bruch der Beatles zu verhindern. „Mein Haus war das Versöhnungshaus. Sie kamen alle zu mir und wir besprachen die Lage und dann gingen wir wieder ins Studio", erinnert sich Ringo an die Zeiten nach Indien. Aber es wurde immer schwieriger. Ringo geht inzwischen von Tür zu Tür, von Beatle zu Beatle und fragt, warum ihn die drei anderen nicht mehr mögen. Der Angesprochene antwortet überrascht: „Ich dachte, ihr drei mögt mich nicht mehr". Als Paul sich letztlich weigert, den Erscheinungstermin seines ersten Soloalbums zugunsten der Fab Four zu verschieben, klingelt Ringo wieder bei ihm und wird unsanft weggeschickt. Die Tatsache, dass Paul das Ende mit seinem ersten Soloalbum schriftlich bekannt gibt, wirkt wie der Schluss eines Machtkampfs zwischen John und ihm. John rechnet noch fest mit dem nächsten Beatles-Album. Es wäre wohl eines der besten geworden. Ringo wäre der Retter gewesen. Stattdessen endet der Beatles-Traum und Ringo stürzt sich in Arbeit und geht einer ungewissen Zukunft entgegen. Er weiß, dass er jetzt mit aller Macht dem Beatles-Kosmos entkommen muss, um als Solo-Künstler auf eigenen Beinen zu stehen.

RINGOS DRUMS UND SONGS VON DEN ANFÄNGEN BIS 1969

Musik spielt schon in der Kindheit eine wichtige Rolle in Ringos Leben. Seine Großmutter mütterlicherseits, die nicht in Liverpools Stadtteil Dingle wohnt, aber einen guten Kontakt zu Ritchie pflegt, hat einen Freund namens Lester, der in Ritchies Anwesenheit Mundharmonika spielt. Ritchie ist etwa neun Jahre alt, als er zum ersten Mal den „singenden Cowboy" Gene Autry hört. Den Song zitiert Ringo immer wieder, wenn er nach seiner Kindheit gefragt wird. Es ist das wehmütige Lied „South Of The Border". Darin klagt Autry, dass er seine Geliebte in Mexiko verlassen hat, obwohl sie sich schon auf die Hochzeit freute. Bei den vielen Western-Balladen, die Ringo im Verlauf seiner Karriere singt, erstaunt es, dass er diesen ersten musikalischen Einfluss nie selbst interpretiert hat. Allerdings veröffentlicht Ringo 1999 das einzigartige Weihnachtsalbum „I Wanna Be Santa Claus". Darauf befindet sich eine Coverversion von Gene Autrys Nummer-Eins-Hit „Rudolph The Red-Nosed Reindeer" von 1949. Ringo bleibt seinen frühen musikalischen Einflüssen treu.

Silly Fills

Ritchie ist elf Jahre alt, als sich seine Mutter in Harry Graves verliebt. Die beiden werden ein Paar und Harry, ein musikalischer Mensch, gibt Ritchie viele Anregungen: Harry hört den Big Band-Sound aus den USA und liebt unter den Solistinnen insbesondere Sarah Vaughan. Einer seiner Lieblingssongs ist deren „That Old Black Magic".

Als Ringo mit den Beatles immer berühmter wird, befragen Journalisten seine Verwandten und Freunde. Demnach waren Trommeln in Ringos Kindheit geradezu omnipräsent. Eine Grundschullehrerin erinnert sich angeblich, wie Ringo leidenschaftlich gerne mit Klanghölzern und Spielzeugbongos den Takt geschlagen habe. Ein früher Schulfreund glaubt, dass Ringos erstes Instrument eine westafrikanische Trommel war, mit dem die beiden in den Bombenkratern Hasen erschreckten. Jemand glaubt, dass Ritchie im Fernsehen Gene Krupa sah und begeistert war. Und jemand anderes hat ihm angeblich die Platte „Bedtime For Drums", ein Instrumental von Alyn Ainsworth & His Orchestra, geschenkt, bei dem Besen weich über die Floor Toms streichen. Ringo selbst sagt mehrfach in verschiedenen Interviews, dass er das Trommeln so richtig erst als Teenager für sich entdeckt habe. Allerdings habe das Schlagzeug schon davor faszinierend auf ihn gewirkt. Als Zwölfjähriger habe er auf dem Schulweg sehnsuchtsvoll das Schaufenster eines Musikladens in der Park Road bewundert und sich nichts anderes als eine Trommel gewünscht, die dort ausgestellt, aber unbezahlbar war.

Ritchie spielt Ende der 1950er Jahre die populären Skiffle-Songs. Der Rock'n'Roll beginnt jedoch die Skiffle-Musik zu verdrängen. Wer es sich in Liverpool leisten kann, kauft nun elektrische Gitarren und Verstärker. Ritchie beobachtet den Wechsel der Modeströmungen. Immer mehr Bands spielen Songs von Chuck Berry und viele weitere Hits aus den USA. Zum Repertoire bei Rory Storm gehören „Roll Over Beethoven", „Whole Lotta Shakin' Goin' On" oder „Boys" von den Shirelles. Dieser Song wird Ritchie sein ganzes weiteres Leben begleiten. Er singt ihn heute noch live, manchmal am Schlagzeug sitzend, manchmal als Bandleader und Frontmann.

Ritchie versteht sich gut mit Rory, dazu trägt die Leidenschaft beider Liverpooler für Western bei. Zu Beginn nannte Rory seine Band noch Al Caldwell's Texans. Sein Gitarrist John Byrne wurde in Johnny Guitar umgetauft. Rorys exzentrischer Sinn für Mode und seine extravagante Bühnenschau beeindrucken Ritchie. Er entwickelt einen eigenen Spleen und steckt sich immer mehr Fingerringe an, die ihm Elsie besorgt. Ritchie erhält den Spitznamen „Rings". Doch Rory und Ritchie entscheiden sich schließlich für „Ringo" als Künstlernamen. Damit werden die Fingerringe ebenso berücksichtigt wie die Leidenschaft für Western und den Outlaw Johnny Ringo. Starr ergibt sich als Abkürzung von Starkey. Darin enthalten sind der Stern also Logo, den Ringo erst später kultivieren wird und das englische „Star", die Berühmtheit. Mannigfaltige Bild- und Wortspiele sind vorgezeichnet.

Rory bewundert Ringos energischen Stil an den Drums: Ringo schüttelt den Kopf im Takt und haut die Sticks mit Wucht auf die Felle. Ringo ist von Anfang an mehr als ein Time-Keeper und Rhythmusknecht. Er fühlt sich selbst als Hurricane, der übers Publikum stürmt. Und das spüren auch seine Band-Kollegen in ihren Rücken. Dabei fällt Ringos unorthodoxe Art gleich zweifach auf. Sein Verzicht auf Schlagzeugunterricht wirkt sich schon jetzt positiv aus.

Einerseits hält Ringo die Schlagzeugstöcke anders als die meisten anderen Drummer. Als Linkshänder umspannt er den linken Schlägel ganz mit der Hand, wobei der Zeigefinger ausgestreckt auf dem Schlägel liegt. Das verleiht seinem Spiel Kontrolle und Kraft. Den rechten Schlägel umfasst Ringo hingegen ohne ausgestreckten Zeigefinger. Ringo variiert aber die Haltung und steigert sein hartes Trommeln, indem er manchmal die beiden Daumen ausgestreckt über die Schlägel legt. Damit praktiziert er ein auffallend energiegeladenes und mitreißendes Spiel. Ringo verwendet nie den traditionellen Griff, der ursprünglich von Militärtrommlern praktiziert wurde. Dabei hängt die Marschtrommel leicht schief, die Schlagfläche ist geneigt von links oben nach rechts unten. Die rechte Hand hält den Schlägel umfasst, um kräftig schlagen zu können. Die linke Hand, also meist die schwache, ist nach oben gewendet. Sie hält den Stick locker mit Daumen und Zeigefinger. Der Ringfinger stützt von unten. Damit lässt sich vergleichsweise wenig Druck ausüben, aber differenziert spielen. Für Anfänger fühlt es sich unnatürlich an, den Stick so zu halten, weshalb Autodidakten selten diesen Griff anwenden.

Andererseits spielt Ringo auf Drum Kits, die für Rechtshänder konzipiert sind. Wenn er also die konventionelle Runde macht von der Snare Drum zum Top Tom und dem Middle Tom bis zum Floor

Tom, dann geht das nur mit Verzögerung, da seine Führungshand die Linke ist. Deshalb dreht Ringo seine Runde manchmal andersherum, was eine ungewöhnliche Tonabfolge erzeugt und zu Ringos „Silly Fills" führt, die in die Musikgeschichte eingehen werden. Wechselt er in eher konventioneller Reihenfolge die Trommeln, dann führt das zu Verzögerungen, weil seine Führungshand nicht so schnell zur Stelle ist.

Musikkritiker wehren sich gegen die Bezeichnung „Silly Fills". Seine Fills seien alles andere als „silly". Es seien gute Fills. Jedenfalls beeindruckt Ringos Stil bewusst oder unbewusst schon damals auch die Zuschauer. Rory und Ringo wissen um diese Wirkung und beschließen 1960, bei jedem Konzert eine „Starr-Time" einzuführen, in der Ringo mindestens zwei Lieder am Schlagzeug sitzend singt: „Alley Oop!", den aktuellen Nummer-Eins-Hit in den USA von den Hollywood Argyles (samt Songschreiber Dallas Frazier) und oftmals auch den Evergreen „Boys". Auf seine neue Bass Drum klebt Ringo die Buchstaben „R S". Das könnten seine Initialen, aber auch die von Rory sein.

Ringo ist der Motor

Die Band beginnt ihre Gigs meist mit Lonnie Donegans „Cumberland Gap", einem Folksong, den Woody Guthrie schon in den 1940er Jahren aufgenommen hatte, aber dank Lonnie 1957 zu einem Nummer-Eins-Hit in Großbritannien wurde. Das Repertoire ist gemischt: Die Skiffle-Tracks werden weniger, die Rock-Songs mehr. Das führt zu Scherereien im Cavern, wo nur Jazz und Skiffle erwünscht sind. Als Rory 1960 trotzdem Rock'n'Roll spielt, werden er und seine Leute hinausgeworfen. Andernorts ist die neue Musik umso beliebter: Im Mai treten sie im Liverpool Stadium im Vorprogramm von Gene Vincent auf. Unmittelbar danach beschließt Ringo, dass sein altes Ajax-Set ausgedient hat. Er leistet sich ein neues Schlagzeug, ein vierteiliges von Premier im Mahagoni-Look. Ringo mag Holz und Holzimitate. Beim Kauf von Drum Kits wird er sich auch später eher von der Optik und der Anordnung der Trommeln leiten lassen als vom Klang. Den beeinflussen er selbst und später auch seine Tontechniker.

Egal in welcher Band, Ringo ist damals live ein grandioser Schlagzeuger mit enormer Ausdauer. Das zeigt sich auch auf der Aufnahme der Beatles im Dezember 1962. John, Paul, George und Ringo treten in Hamburg im Star-Club auf. Ein tragbares Tonbandgerät zeichnet mit Erlaubnis Johns einige Abende auf. Die Bänder wechseln mehrfach die Besitzer. Sie werden Mitte der 1960er Jahre Ringo für einen moderaten Preis angeboten, doch der lehnt ab. Schließlich landen sie Anfang der 1970er Jahre bei einer Lizenzfirma in New York, die ihrerseits darüber Musikjournalisten informiert. Manche sind begeistert und schreiben über diesen Fund, worauf hohe Summen in die Restaurierung investiert werden, denn der Klang ist denkbar schlecht.

Diverse Schallplattenfirmen veröffentlichen seit 1977 die über 40 Lieder in verschiedenen Zusammenstellungen. Das werden keine großen Erfolge, aber immer mehr Beatles-Hörer wollen wissen, wie die Fab Four am Anfang ihrer Karriere klangen. Ein immer größeres Publikum stellt fest, dass man dank dieser Aufnahmen viel über den Werdegang der Beatles erfahren kann. Tatsächlich sind diese Aufnahmen die Basis, um die wilden Beatles zu verstehen, wie sie von 1958 bis 1962 ein rasch wachsendes Publikum begeisterten. Die Aufnahmen zeigen die Energie und die Spielfreude der späteren Fab Four. Daher ist es schwer verständlich, warum die Beatles mehrfach juristisch versuchen, die Veröffentlichung zu stoppen. Das ist vergleichbar mit Ringos Verbot, seine Memphis-Aufnahmen zu publizieren. Schließlich können Paul, George und Ringo 1998 doch noch ein Verbot der weiteren Veröffentlichung der Star-Club-Aufnahmen durchsetzen. Zu spät. Zum Glück.

„Live! at the Star-Club in Hamburg, Germany; 1962" zeigt, wie temperamentvoll die junge Band spielt. Ringo setzt auffallend oft die Becken ein. Bei „Everybody's Trying To Be My Baby" spielen die Beatles eine Coda, in der Ringos Schlagzeugspiel dominiert. Er beendet den Song mit drei Wirbeln. Die US-Plattenfirma Pickwick bearbeitet die bestehenden Bänder mit Equalizern weiter, wodurch insbesondere beim Stück „I'm Gonna Sit Right Down And Cry Over You" Ringos propulsives Drumming deutlich wird. Er treibt seine Freunde an und zündet mit furiosen Fills Feuerwerke. Bei „Sweet Little Sixteen" veranstaltet Ringo Wirbelstürme, wie man sie von ihm nur selten auf Studioproduktionen hören wird. Ringo ist der Motor bei den Klassikern von Chuck Berry. Dazu passend schont John seine Stimmbänder nicht. Auch bei „Little Queenie" sorgen Ringos Drums dafür, dass auf der Tanzfläche kein Halten ist.

Hart draufschlagen

Live vor Publikum kennt Ringo keine Scheu. Als er aber drei Monate vor dem aufgezeichneten Konzert in Hamburg, nämlich im September 1962 erstmals in einem Studio trommeln soll, ist er verunsichert. Produzent George Martin und seine Assistenten in den EMI Studios bemerken das. Martin hat es gewöhnlich mit routinierten Musikern zu tun. Sein feines Easy Listening-Gehör stellt vor allem beim Song „Love Me Do", der die erste Single werden soll („My Bonnie" mit Tony Sheridan von 1961 nicht mitgerechnet), unsaubere Schlagzeug-Passagen und Tempi-Änderungen fest. Beim nächsten Termin sitzt ein erfahrener Studiomusiker am Schlagzeug. Ringo ist durcheinander. Er denkt, dass er nicht gut genug ist und zweifelt an seiner Entscheidung, Rory verlassen zu haben. In den kommenden Jahren wird sich George Martin mehrfach bei Ringo dafür entschuldigen, dass er für „Love Me Do" und „P.S. I Love You" den 2015 mit 85 Jahren verstorbenen Andy White ans Schlagzeug ließ.

Auch John, Paul und George sind irritiert. Gerade haben sie Pete Best gefeuert und jetzt darf Ringo nicht ran? Sie werden sich sehr dafür engagieren, dass ihr Wunsch-Schlagzeuger künftig nicht nur live, sondern auch bei allen Plattenaufnahmen in Bestform mit von der Partie ist.

Die Editionsgeschichte von „Love Me Do" ist komplex, insbesondere was die Unterschiede nach Ländern und Singles beziehungsweise Albumveröffentlichungen betrifft. Fest steht, von den Beatles gibt es den Song in drei Fassungen mit drei verschiedenen Schlagzeugern: Die erste vom Juni 1962 mit Pete („The Beatles Anthology 1“), die zweite vom 4. September 1962 mit Ringo („Past Masters Vol. 1“) und die dritte vom 11. September mit Andy White auf dem ersten Beatles-Studioalbum „Please Please Me“. Daher kann sich das Publikum seine eigene Meinung über die Besonderheiten und Qualitäten von Ringos Technik machen. Zudem nimmt Ringo den Song später mehrfach neu auf, u.a. 1998 für das Album „Vertical Man“, und er spielt ihn auch live. Er geht humorvoll mit der Situation von damals um, so kündigt er den Song bei manchen Konzerten mit den Worten an: „The very first record that I didn't drum on“. Ringo übertrommelt die Enttäuschung von 1962 immer und immer wieder.

Bei den Studio-Aufnahmen zum Debüt-Album „Please Please Me“ am 11. Februar 1963 sitzt Ringo am Schlagzeug. An nur einem Tag wird fast das komplette Album in den Abbey Road Studios aufgenommen. Tontechniker Geoff Emerick erinnert sich an die späteren Sessions, die sich über Tage und Wochen dehnten: „Ringo war wie eine Maschine. Er trommelte stundenlang. Danach verließ er das Studio total kaputt und vollkommen erledigt. Es hat mich immer beeindruckt, wie er am nächsten Tag wieder im Studio aufgetaucht ist, frisch und bereit für den nächsten Schlagzeug-Marathon.“

Der 11. Februar ist ein guter Tag für Ringo: Fortan wird ihn kein Fremder mehr bei Beatles-Aufnahmen im Studio ersetzen. Allein Paul wagt es hin und wieder. Aber er ist ja kein Fremder und wenn er am Schlagzeug sitzt, fehlt den Aufnahmen das besondere Etwas. Gut zu hören ist das bei „Back In The USSR“ und „The Ballad Of John And Yoko“. Der Rhythmus wirkt schleppend und die Fills sind einfältig. Kein Wunder, dass Ringo sich ärgert. Hier wird nicht nur an seiner Ehre als Drummer gekratzt wie 1962, sondern das Resultat ist musikalisch schwächer. Schließlich geht es den Fab Four und George Martin immer um die bestmögliche Qualität der Aufnahmen. Ringo ist das Original. Keiner spielt wie er. Als Ringo bei den späteren Soloalben Johns nicht immer dabei sein kann, sagt Lennon zu seinen Studio-Drummern: „Mach es wie Ringo, ohne Firlefanz“. Und weil bei „The Ballad Of John And Yoko“ am 14. April 1969 nur John und Paul musizieren, sagt John zu Paul, der am Schlagzeug sitzt: „Go a bit faster, Ringo“, und Paul antwortet: „Okay, George“.

Die Single „Please Please Me“, die schon im September 1962 aufgenommen wurde, wird im Februar 1963 der erste Nummer-Eins-Hit der Beatles in Großbritannien. Der Mersey Beat der Pilzköpfe erobert das Land. Dass Ringos Beitrag dazu beträchtlich ist, zeigt sein dynamisches Spiel beispielsweise zwischen den „come on“-Crescendos. Ringo heizt die erotische Stimmung des Liedes an, spielt variantenreich und mit vollem Körpereinsatz. Auf dem gleichnamigen Album, das in Großbritannien kurz nach den Aufnahmen der weiteren Songs im März 1963 erscheint, singt er „Boys“. Womit er schon bei Rory Storm & The Hurricanes das Publikum begeisterte, wird jetzt auf Vinyl gepresst. Der Song ist in den Abbey Road Studios mit nur einem Take im Kasten. Kein Wunder: Ringo kennt ihn aus den „Starr-Times“ in- und auswendig. Cool kündigt er Harrisons Solo an: „All right George“.

Es ist Ringos erste Gesangsaufnahme und repräsentativ für das, was Tony Barrow im Werbetext auf der Rückseite der Erstveröffentlichung schreibt: „Their music is wild, pungent, hard-hitting …“. Das zeigt sich beispielsweise auch am Ende von „There's A Place“ mit variantenreichen Einsätzen Ringos, die klar machen, dass es diesen Platz wirklich gibt. Und natürlich in „Twist And Shout“, wo Ringo alles aus seinem bescheidenen vierteiligen Premier Kit herausholt. Auf jeden Anlaut haut er zum Schluss des Songs mit voller Kraft drauf: „Shake it, shake it, shake it …“.

Ringo komponiert in dieser Zeit „Don't Pass Me By“. Er versucht das Lied den Freunden zu erklären, aber sie lehnen es ab. Das entmutigt ihn. Ringo ist verletzlich, das bestätigen beide Ehefrauen Maureen und Barbara und einige Geliebte. Er traut sich jahrelang nicht mehr, ernsthaft an neuen Songs zu arbeiten. Erst 1968 holen die Beatles „Don't Pass Me By“ aus der Schublade und verwirklichen ihn auf dem „White Album“.

Filmaufnahmen der Beatles von 1964 in den USA zeigen einen entfesselt trommelnden Ringo. Noch im Jahr davor in der Heimat wirkt er bei TV-Aufnahmen vergleichsweise zahm. Je nach Bühnenkonstruktion schwankt das Drum Kit in den USA bedenklich. Ringos Shows begeistern die Zuschauer in Nordamerika. Der Verkauf von Schlagzeugen – insbesondere der Marke Ludwig – zieht in den USA plötzlich auf nie dagewesene Weise an. Und auch Ringos „match grip“, die Art, wie er die Drum Sticks mit der ganzen Hand umfasst, um kraftvoller schlagen zu können, findet rasch viele Nachahmer.

Ringo ist mit den Aufnahmebedingungen in den Abbey Road Studios schon 1962 nicht sehr zufrieden. Er kritisiert, dass seine Bass Drum nicht gut rüberkommt. Je ein Mikro steht vor jedem Gitarrenverstärker, zwei Mikros schweben über Ringo, eines vor der Basstrommel und eines für den Gesang. Aber Ringo hört seine Basstrommel kaum. Die Tontechniker experimentieren fortan. Zu Beginn haben sie nur wenige Mikros zur Verfügung, aber die Ausrüstung wird mit den Jahren raffinierter. Es hilft nichts. Ringo ist erst im neuen Jahrtausend so richtig zufrieden dank der neu remasterten Alben. „Jetzt hört man, was ich gespielt habe“, freut sich Ringo. Es lag demnach weniger am Studio-Equipment, mehr an der Bedienung und den technischen Möglichkeiten des Mischpults.

A real raver

Als Ringo bei den Beatles anfängt, entfernt er den „R S“-Schriftzug und schreibt eigenhändig und direkt „Ringo Starr“ aufs Fell. Dieses Erscheinungsbild hat bis Ende 1962 Bestand. Aber dann stehen einige wichtige TV-Auftritte an und Brian Epstein meldet Bedenken an. Das Publikum könne meinen, Ringo sei der Boss, die Beatles seien seine Band, die da spielt. Es gehe doch darum, den Namen der Band auf der Bass Drum zu sehen. Daraufhin beauftragt Brian einen Graphiker in Liverpool, ein Beatles-Logo für Ringos Bass Drum zu entwerfen. Paul hatte sich schon daran versucht. Seine Skizzen sind im Buch seines Bruders Mike („The Macs“) abgebildet. Tex O’Hara entwickelt die Idee weiter. Das große B wird wie ein Beetle, ein Käfer, geformt und erhält oben zwei Fühler. Realisiert wird die nicht sehr professionell wirkende Zeichnung auf einem rechteckigen Stück Stoff, das auf die Bass Drum gespannt wird.

Rory Storm & The Hurricanes verkraften Ringos Abgang nur schlecht. Drummer-Kollege Gibson Kemp ersetzt ihn, aber nur für kurze Zeit. Gemeinsam mit Klaus Voormann spielt er Mitte der 1960er Jahre in der Band „The Eyes“, und unter der Obhut Brian Epsteins treten sie zusammen mit Paddy Chambers als „Paddy, Klaus & Gibson“ auf. Kemp heiratet später Astrid Kirchherr, die erste Fotografin der Beatles und Verlobte Stuart Sutcliffes.

Im März 1963 nehmen die Beatles ihre dritte Single „From Me To You“ auf. Sie erscheint in Großbritannien schon im April. Die Schnelligkeit, mit der die Lieder von der ersten Idee über die Produktion bis zur Auslieferung des Vinyls vonstattengeht, überrascht und wird später von John noch übertroffen, u.a. mit „Instant Karma“. Bemerkenswert sind die vielen Fills Ringos und seine Art, mit der Rechten über die geschlossene, rechts stehende Hi-Hat zu streichen, statt zu schlagen, als wäre sie aus Butter. Die Geste wird später zu einem viel imitierten Markenzeichen Ringos und fällt nicht nur optisch auf, sondern erzeugt auch einen besonderen und langgestreckten Klang. Noch ausgeprägter als auf „From Me To You“ sind auf der B-Seite die beiden langen Fills am Ende der Aufnahme von „Thank You Girl“.

Hier zeichnet sich schon ab, was mit den Jahren stetig an Bedeutung gewinnen wird: Ringo ist kein technisch überragender Drummer. Er kann es nicht mit den großen Jazz-Schlagzeugern wie Gene Krupa oder Buddy Rich in Punkto Schnelligkeit und Virtuosität aufnehmen. Dieses manchmal übermotivierte Jazz-Trommeln ist seine Sache nicht. Er hat auch Mühe, dieselben Muster, sobald sie etwas komplizierter sind, auf exakt die gleiche Weise zu wiederholen. Stattdessen bringt Ringo Intuition mit, sein manchmal überbordendes Gefühl für die Songs.

Es sind vor allem John und Paul, die glauben, ihm immer mal wieder Anweisungen geben zu müssen. Aber das findet meistens im Rahmen der Erläuterung der eigenen Kompositionen statt, die die anderen ja zum ersten Mal hören. Nicht selten sind sie auch in den Köpfen von Lennon und McCartney noch nicht fertig. Ringo erweist sich als wahrer Künstler im Aneignen dieser Hinweise. Er kombiniert die Melodien mit völlig unerwarteten Rhythmen. Sie ergeben sich meist aus Ringos Individualität. Seine Stimmung im Studio ist nicht selten maßgeblich für die späteren Taktfolgen auf den berühmtesten Aufnahmen der Rockmusik.

Ende April 1963 wird es Zeit, das Premier-Schlagzeug durch ein Neues zu ersetzen. Ringo geht mit Brian Epstein zu Drum City in der Shaftesbury Avenue in London. Ringo wünscht sich Abwechslung nach der langen Holz-Phase. Ihm schwebt etwas Schwarzes vor. Aber von der damals dominierenden Marke Trixon ist nichts vorrätig. Auf dem Schreibtisch des Besitzers sieht er Farbmuster. Eines gefällt ihm auf Anhieb: „Oyster black pearl finish“ heißt die schwarz-weiß glänzende Optik. Die Muster stammen nicht von Trixon, sondern von Ludwig.

Die Söhne eines deutschen Einwanderers, William und Theobald Ludwig, gründeten 1909 in Chicago die Firma Ludwig & Ludwig. Sie erfanden das Bass Drum-Pedal nach heutigem Standard und ihre Produktion vervielfachte sich bis Mitte der 1920er Jahre. In der Wirtschaftskrise mussten sie die Firma verkaufen, holten sich aber in den 1950er Jahren die Namensrechte zurück und kurbelten die Produktion höchster Qualität wieder an. Drum City hat deshalb 1963 einige Modelle von Ludwig vorrätig, auch wenn sie sich noch nicht gut verkaufen.

Ringo ist mit dem Klang zufrieden und beharrt auf der Farbe, obwohl Drum City ihm eigentlich ein Trixon-Modell verkaufen will. Der Deal wird vor Ort beschlossen. Er ist von großer Tragweite nicht nur für das Erscheinungsbild und den Sound der Beatles in den kommenden Jahren, sondern auch für die Firma Ludwig, die dadurch zum führenden Hersteller von Schlagzeugen weltweit avancieren wird. Ringo und Brian geben gleich an Ort und Stelle einen neuen Schriftzug in Auftrag. Das Käfer-„B“ mit den Antennen wirkt doch sehr amateurhaft. Und auf dem Bass Drum-Fell steht nur Ludwig. Das soll so bleiben, erklärt der Drum City-Chef Ivor Arbiter seiner Kundschaft. Er vertritt Ludwig in Großbritannien und will, dass die Firma bekannter wird. Ringo und Brian akzeptieren das, wünschen aber den Band-Namen in deutlich größeren Lettern darunter. Arbiter ist einverstanden. Sein Büro ist um die Ecke in der Gerrard

Street. Dort beauftragt er den Designer Eddie Stokes. Er entwirft einige Schriftzüge. Brian und Ringo entscheiden sich für das mit dem markanten, nach unten abfallenden T. Eddie malt es direkt auf das Fell. Es ist das in Kürze weltberühmt werdende offizielle Logo der Beatles mit dem überdimensionierten B und dem überdimensionierten und abgesenkten T, das bis heute Bestand hat. Als Lohn hat Ivor Arbiter fünf Pfund extra bekommen und sein Ludwig-Kit verkauft. Der Gedanke, die Graphik schützen zu lassen, kommt ihm erst später. Aber hätten er oder Eddie Stokes eher daran gedacht, wäre Brian wohl mit seinem Veto dazwischen gegangen. Ringo Starr wird bald zum berühmtesten Schlagzeuger der Firma Ludwig.

Am 1. Juli 1963 nehmen die Beatles ihre vierte Single „She Loves You" auf. Es wird die erfolgreichste Single der Beatles aller Zeiten und die bestverkaufte Single in den 1960er Jahren in Großbritannien. Ringo trägt dazu mit seinem rollenden Intro auf den Tomtoms wesentlich bei – wieder nach dem Motto „the drummer goes first". Danach streicht er kiloweise Butter von der Hi-Hat. Zwei Monate später nehmen sie „I Wanna Be Your Man" auf und weitere Songs für ihr zweites Album „With The Beatles". Ringo bekommt somit wieder einen Titel als Leadsänger – diesmal via Overdub-Technik mit eigener Zweitstimme. Geplant war „Little Child" für Ringo, aber dann wollte John es doch selbst singen.

Wie „Boys" singt Ringo dieses Beatles-Lied über die Jahrzehnte hinweg live. Der Song wird aus vielen Gründen rasch sehr populär. John und Paul überlassen „I Wanna Be Your Man" den Rolling Stones, die damit zum ersten Mal in die britischen Top Twenty kommen. Bob Dylan nimmt augenzwinkernd eine Version des Songs unter dem Titel „I Wanna Be Your Lover" auf, und Bo Diddley freut sich über seinen Beat bei den Beatles und den Stones und bedankt sich im Song „London Stomp" bei John und Paul. Verschiedenste Musiker covern den Song – von Count Basie bis Iggy Pop. Einmal mehr bleibt die bekannteste Version die von Ringo.

Mit seinem Gespür für gute Leute lockt Brian Epstein den Journalisten Tony Barrow 1962 weg von Decca zu EMI. Das geht nicht ohne Tricks, aber sie lohnen sich. Tony Barrow ist bis 1968 Pressesprecher der Beatles. Seine Umschlagtexte sind unübertroffen. Er setzt von Anfang an sprachlich die Akzente für die nachfolgende Rezeption der Beatles. Er ist es auch, der den Begriff „Fab Four" als erster verwendet. Zu Ringos zweitem Gesangspart bei den Beatles schreibt er: „Observing the tremendous audience response that Ringo has been getting whenever he sings ‚*Boys*', John and Paul put their heads together to pen a special new number for their fierce-voiced drumming man. The result is a real raver entitled ‚I Wanna Be Your Man'."

Ringos Malapropismen

Im Februar 1964 erobern die Beatles die USA. Ein Journalist fragt Ringo: „Was halten Sie von Beethoven?" Ringo: „Ich liebe ihn. Besonders seine Gedichte." Später schreibt er auch gerne „Beathoven". Ringo freut sich besonders über den Erfolg in Amerika. Dort kennt man seine Vorgeschichte nicht und hat den Namen Pete Best nie gehört. Er wird von Anfang an als vollwertiges Mitglied angesehen. Hier ist er der einzige Drummer der Beatles. Mehr noch: Die Aufzählung durch Journalisten und Fans der vier Namen beginnt in den USA oft mit Ringo. Das hängt auch damit zusammen, dass der Name des Westernhelden Ringo ein uramerikanischer ist.

Ringo setzt manchmal Schlusspunkte, wie viele seiner Rock-Drummer-Kollegen. Aber Ringo setzt sozusagen auch Anfangspunkte: Sein trockener Doppelschlag kommt dann nicht am Ende des Songs, sondern als Auftakt ganz am Anfang. So beispielsweise in „Anytime At All", das Anfang Juni 1964 aufgenommen wird. Das Lied endet in der logischen Umkehrung ganz sanft mit einem Gitarrenakkord vollkommen ohne Ringo. Während derselben Session, kurz vor Ringos Kollaps aufgrund einer Rachenentzündung, nehmen die Beatles „Matchbox" mit Ringo als Leadsänger auf.

Der Song von Carl Perkins aus dem Jahr 1957 spielt eine wichtige Rolle für Ringo. Er singt ihn schon während der „Starr-Times" mit Rory. Dasselbe tut Pete Best mit den Beatles. Und schon 1960 auf einem Demo-Tape in Hamburg singt John mit schneidend harter Stim-

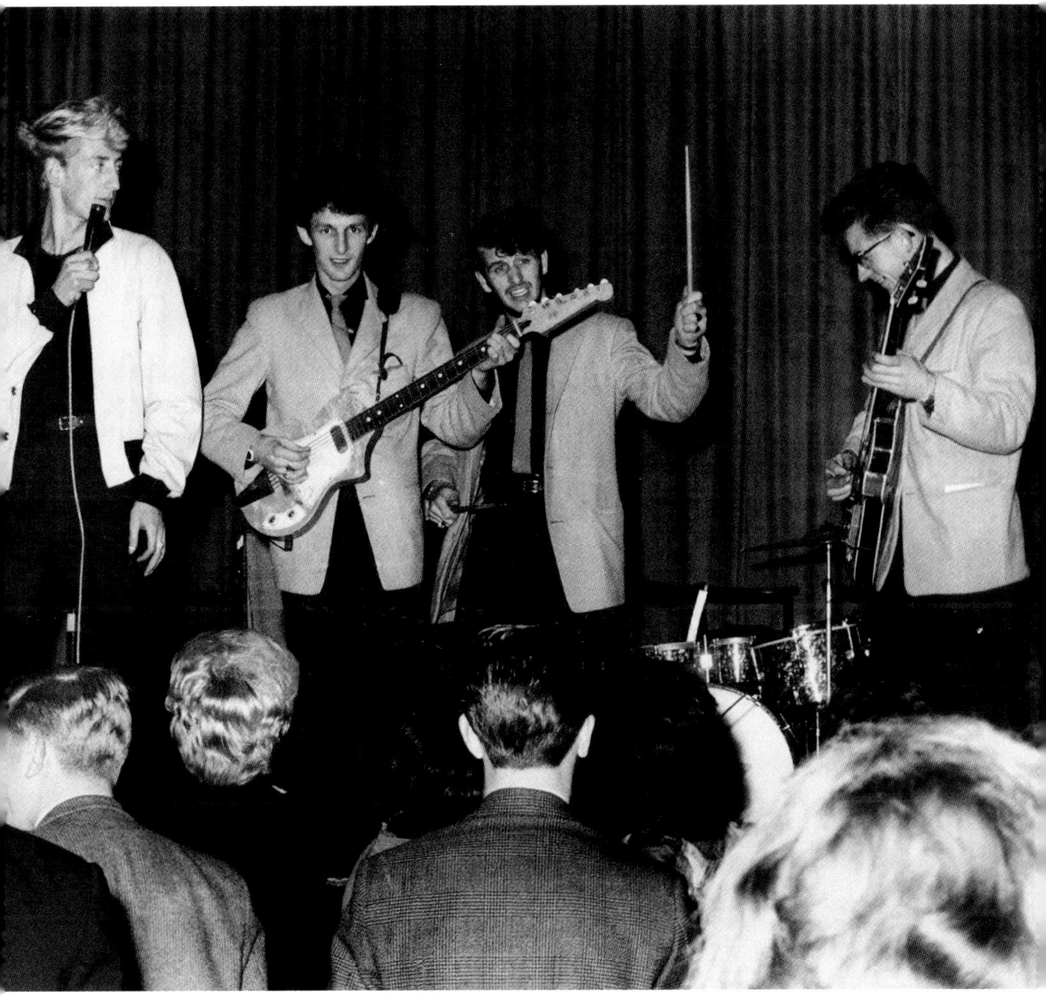

Rory Storm (links) gab seinem Schlagzeuger 1960 Gelegenheit für die Starr Times. Damals hieß Ringo noch Ritchie und später Rings wegen der vielen Fingerringe. Er sang trommelnd „Alley Oop“, „Matchbox“, „Watch Your Step“ und andere Rock'n'Roll Songs.

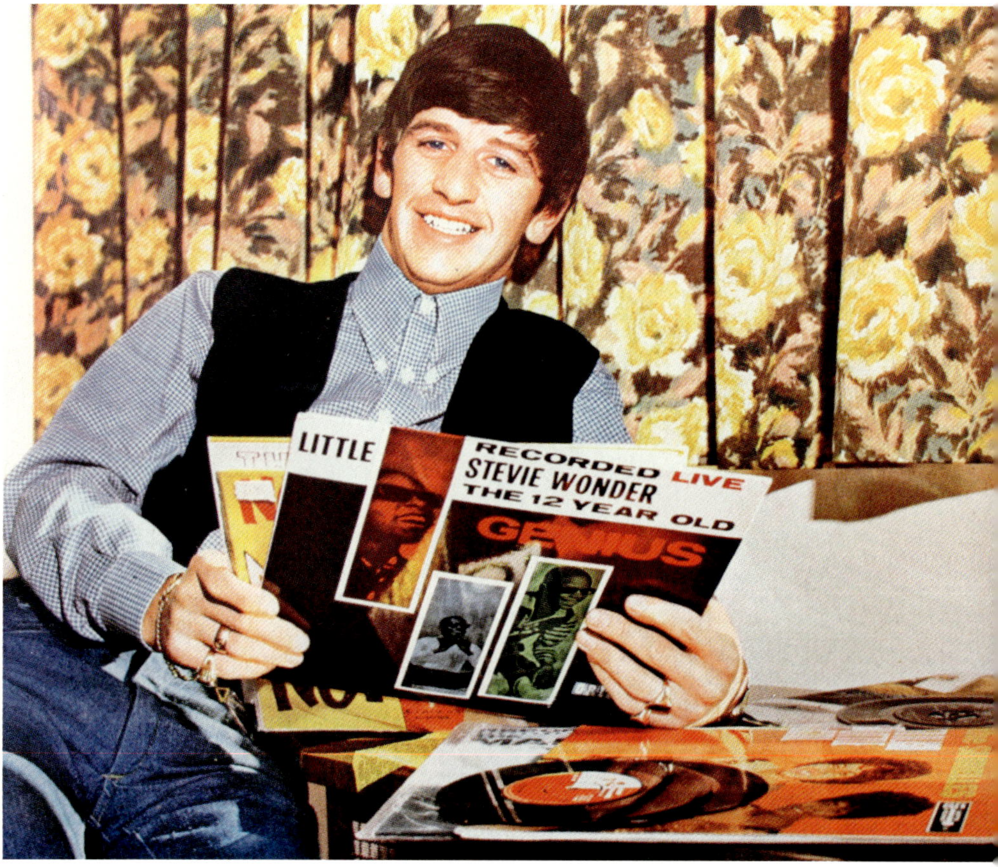

Ringo Starr 1963 mit einigen seiner Lieblingsplatten, darunter das Live-Album von Stevie Wonder „The 12 Year Old Genius".

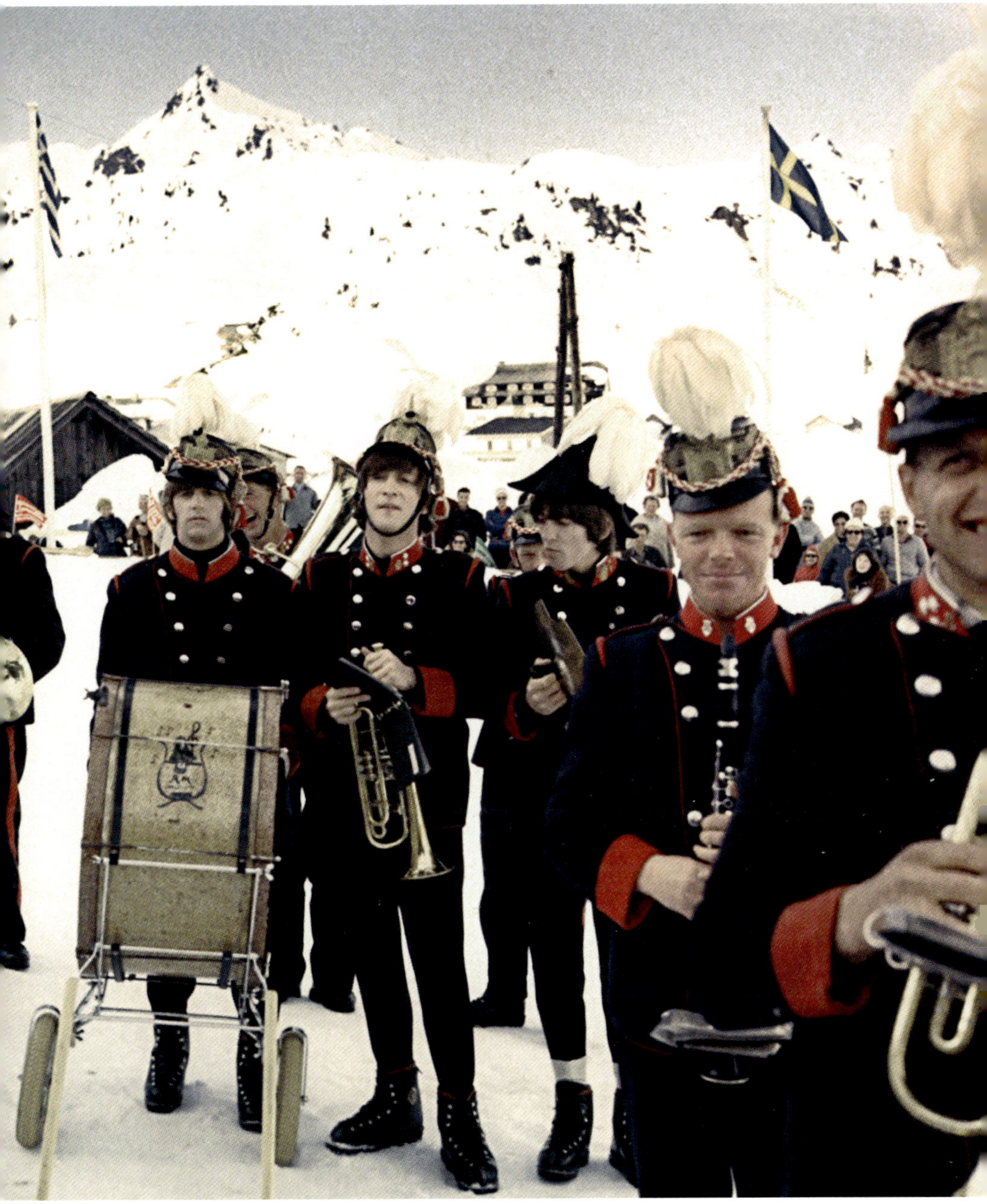

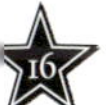

Ringo Starr mit Marschtrommel auf Rädern: Hier spielt Ringo mit der Radstädter Blaskapelle im März 1965 im österreichischen Obertauern, anlässlich der Dreharbeiten zum zweiten Beatles-Film „Help!". Neben ihm amüsieren sich John Lennon und George Harrison.

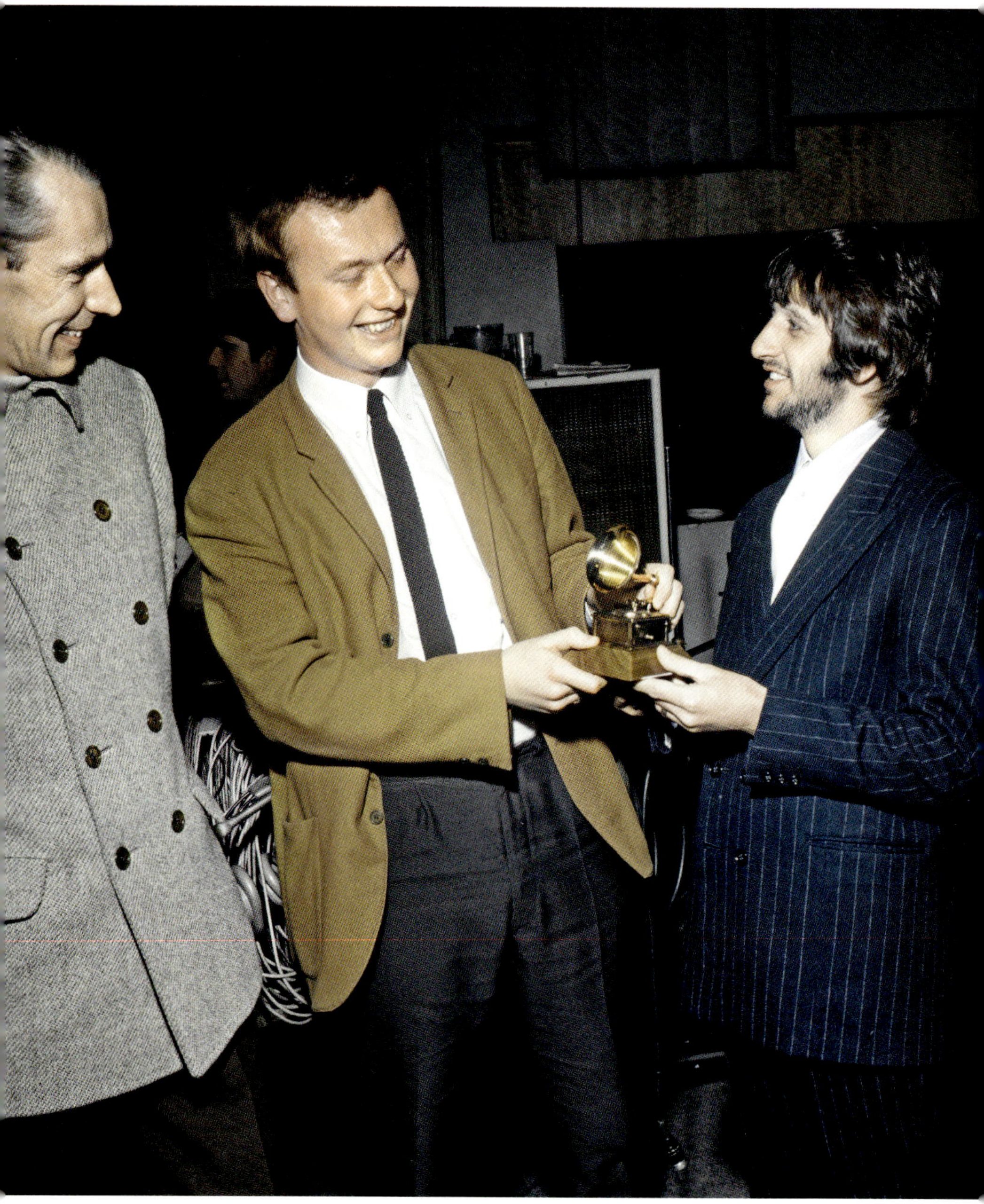

Tontechniker Geoff Emerick (Mitte) erhält 1968 einen Grammy für seine Arbeit bei den Aufnahmen zum Beatles-Album „Sgt. Pepper". Ringo weiß seine Ideen zu schätzen. George Martin (links) freut sich mit den beiden.

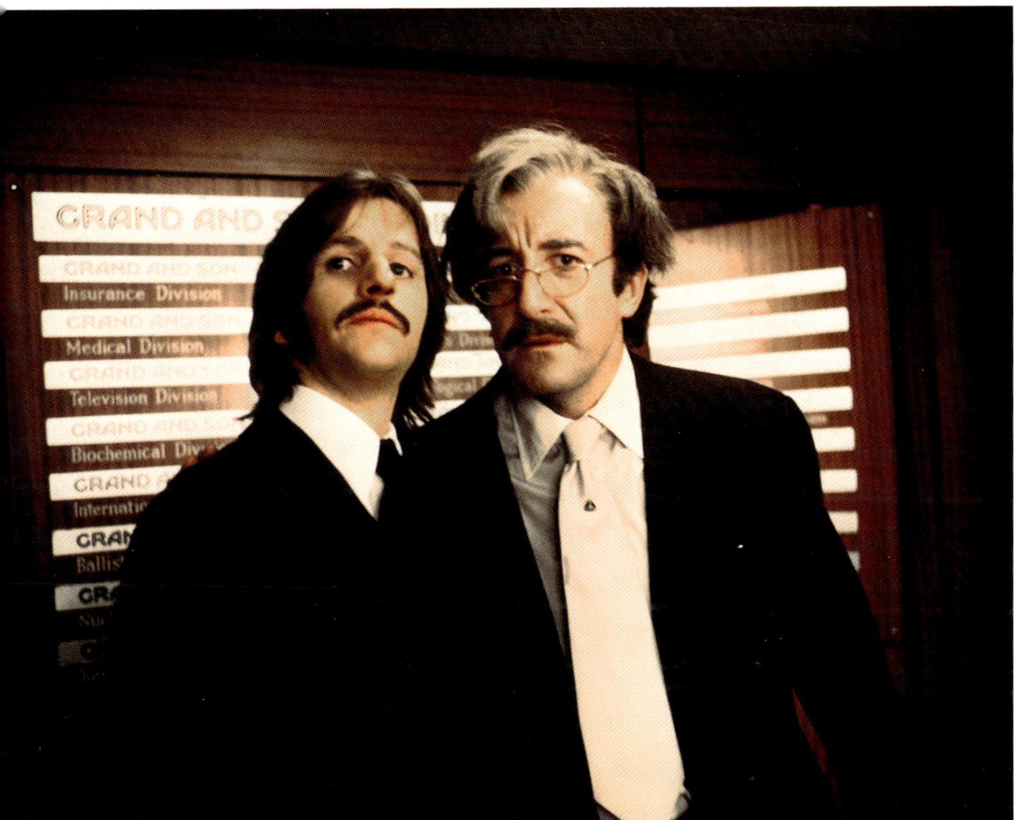

Ringo Starr mit seinem Freund Peter Sellers in einer Szene aus dem Film „The Magic Christian" von 1969.

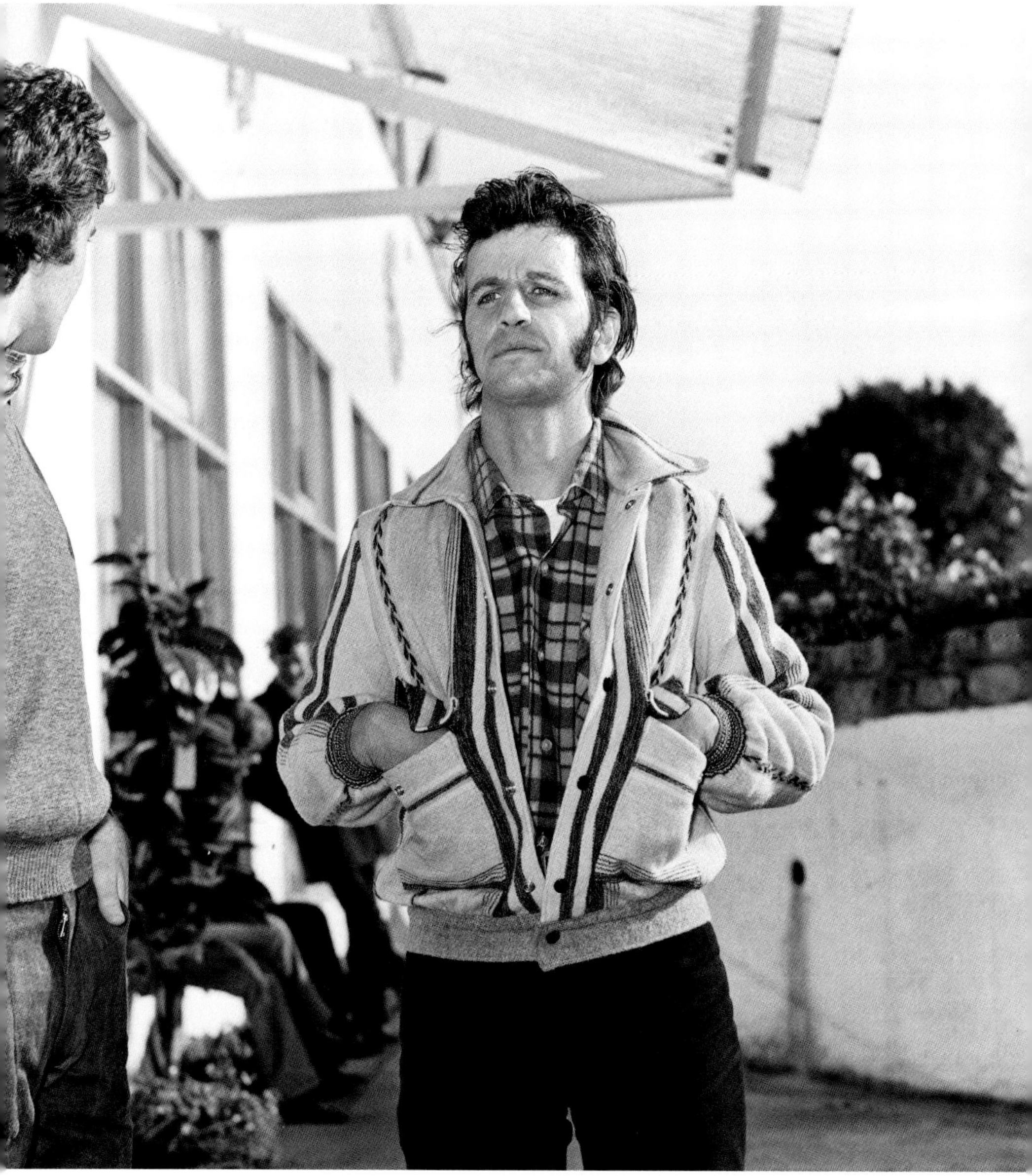

Ringo Starr bei Dreharbeiten 1972 auf der Isle of Wight in einer seiner besten Filmrollen als Mike in „That'll Be The Day“.

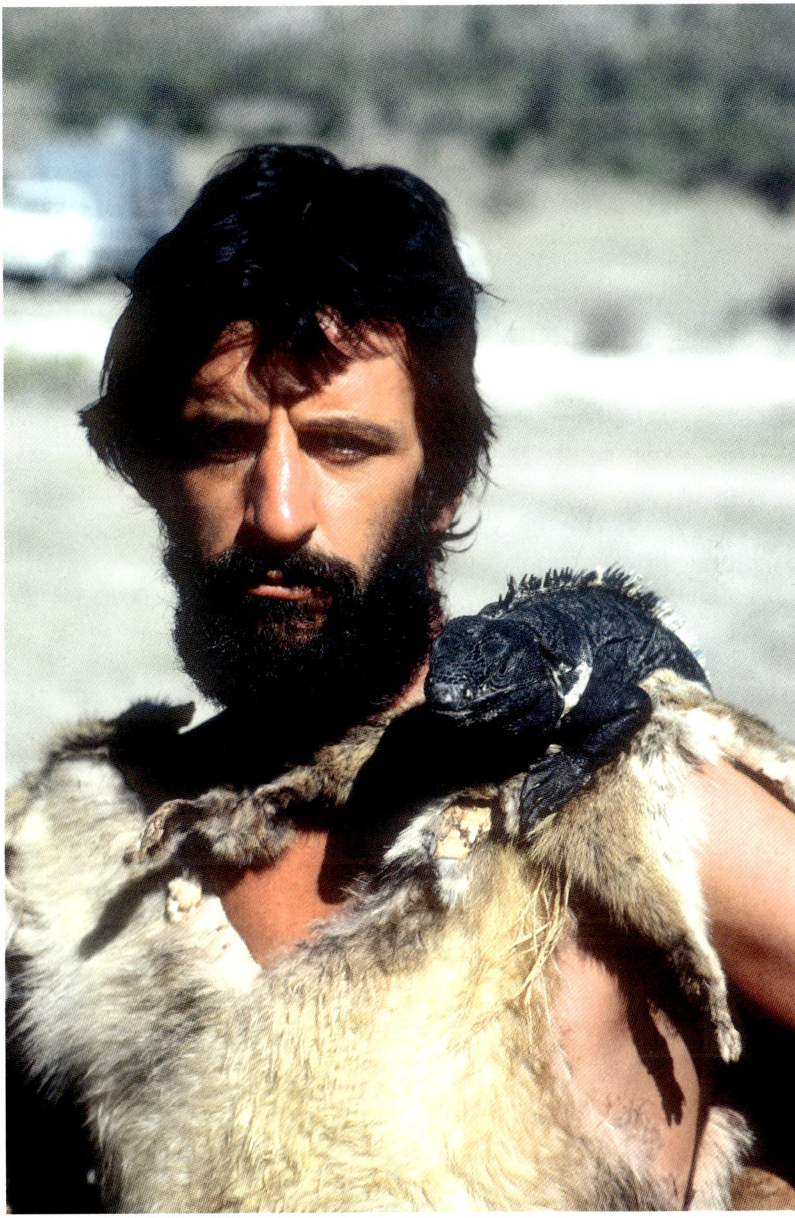

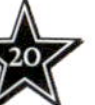

Ringo Starr als Atouk bei den Dreharbeiten zum Film „Caveman“ 1980 in Mexiko. Barbara Bach verliebt sich in diesen Wochen in den wandlungsfähigen Mann.

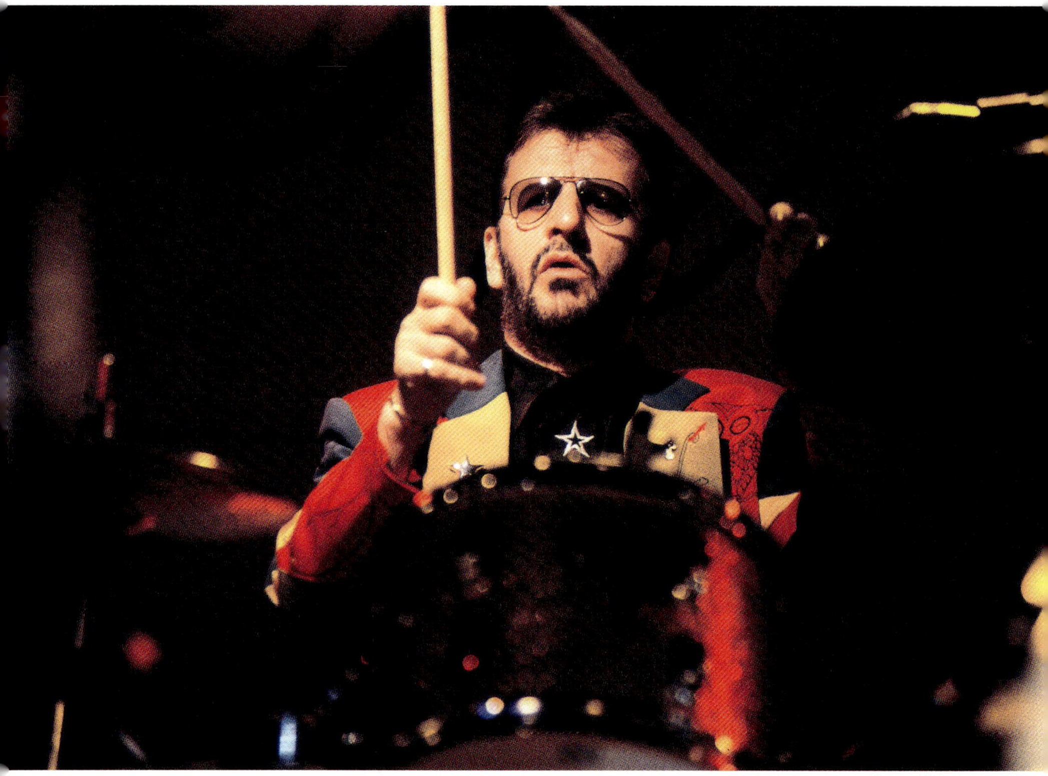

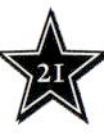

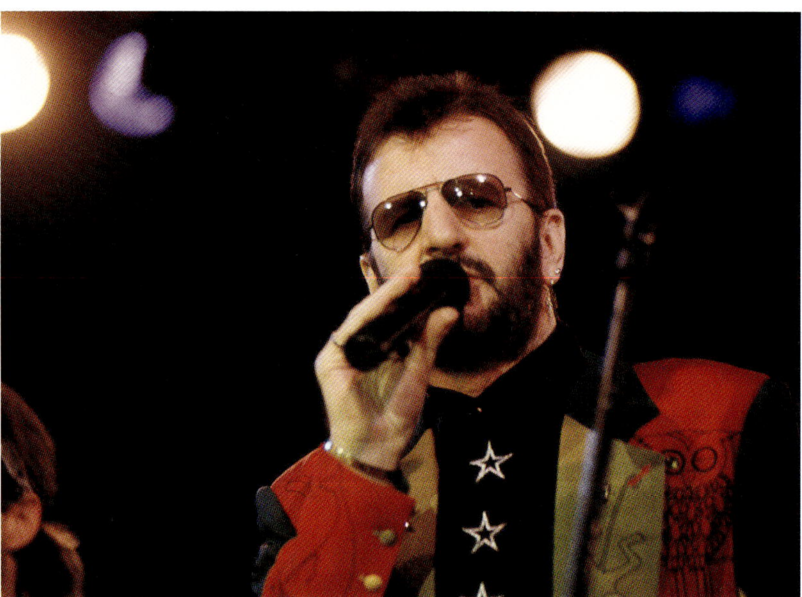

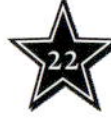

Ringo Starr beim Montreux Jazz Festival am 13. Juli 1992 mit seiner zweiten All-Starr Band. Er leitet den Song „Boys" mit den Worten ein: „Ah, one of those crazy, crazy nights in Montreux".

me den Song. Für Ringo bleibt „Matchbox" bis in die Gegenwart eines der meistgespielten Lieder bei seinen Konzerten. *I'm an old poor boy, I'm a long way from home. I've never been happy cause everything I ever did was wrong... Let me be your little dog til your big dog come. When the big dog gets here, show him what this little puppy's done.* Die Stimmung aus Melancholie und Aufbruch, aus Einsamkeit und Erotik passt zu Ringo. Die Eröffnungszeile „I'm sitting here wondering, will a matchbox hold my clothes" wurde so schon von Ma Rainey Anfang der 1920er Jahre getextet und wenige Jahre später von Blind Lemon Jefferson übernommen. Das absurde Bild der Streichholz-Schachtel als Synonym für Koffer, in die keine Kleider passen, wird später von Perkins fortgeführt: Die Streichholzschachtel sei wohl da, aber keine Streichhölzer. Wenige Lyrics aus traditionellen Blues-und Rockabilly-Songs entsprechen so sehr der Atmosphäre, in der sich Ringo immer wieder befindet.

Ringo singt im Studio und spielt gleichzeitig Schlagzeug. Danach nimmt er eine zweite Gesangsspur auf. Das Lied ist für das neue Album „A Hard Day's Night" geplant, erscheint dann aber als Single in den USA und auf der EP „Long Tall Sally" in Großbritannien. Deshalb befindet sich auf dem Album „A Hard Days Night" kein Solo-Gesang Ringos. Das gilt auch für „Magical Mistery Tour" und für „Let It Be". Dafür gibt es wieder etliche Beispiele für Ringos propulsives Spiel auf „A Hard Day's Night", beispielsweise bei „Tell Me Why", das Ringo mächtig rumpelnd eröffnet, um danach die Jungs mit raschen Wechseln von der Marschtrommel auf die Tomtoms auf Trab zu halten.

Den Titel „A Hard Day's Night" gibt es nur dank Ringos intuitivem Umgang mit Sprache. Ringos Probleme in der Kindheit mit der Grammatik, seine Schreib- und Leseschwäche, finden eine kreative Fortsetzung. Kombiniert mit Übermüdung führt Ringos unbekümmertes Reden zu außergewöhnlichen Formulierungen. Die Redewendung im Französischen „mal à propos" bedeutet unangemessen. Der irische Dramatiker Richard Brinsley Sheridan erfand 1774 für seinen Fünfakter „The Rivals" die Nebenfigur Mrs. Malaprop in Anlehnung an die französische Redewendung. Um Bildung vorzutäuschen, spricht Mrs. Malaprop höchst umständlich mit langen Wörtern, gebraucht sie aber unangemessen. Mrs. Malaprops sprachliche Fehlleistungen führen zum Fachbegriff Malapropismus. Er bezeichnet Wortkombinationen, die ungewollt und unwillkürlich bei fehlerhaftem Sprachgebrauch entstehen. Andererseits wird Malapropismus auch als literarisches Stilmittel verwendet, um ungewöhnliche Sätze zu erstellen. John ist ein Meister darin und beweist dies in seinem 1964 erschienen ersten Buch „In His Own Write". Darin kommt auch schon Ringos Sprachschöpfung vor.

„A Hard Day's Night" steht sinnbildlich wie der gleichnamige Film selbst für das hohe Tempo im Leben der Fab Four. Ringo erklärt, dass die Redewendung aufgrund von Überarbeitung entstand. Die Studio-Arbeit begann mittags und zog sich bis tief in die Nacht. Als Ringo ins Freie trat, dachte er, es wäre noch Tag. Er blickt um sich, sieht dass es Nacht ist und sagt erschöpft: „It's been a hard day ... night." Daraus entstand „It's been a hard day's night." Es ist Ringos berühmtester Malapropismus. Zu den weiteren populären Versprechern Ringos werden „Eight Days A Week" und „Tomorrow Never Knows" gezählt. Beide Male bilden sie die Basis für Songs. Zudem springt Ringo bei Johns und Pauls Textarbeit immer mal wieder mit schrägen Wendungen ein. Er sitzt am Schlagzeug, hat meist mehr Zeit bei der Entwicklung eines neuen Liedes als die anderen und manchmal kommentiert er die Lyrics auf seine Weise. Bei Eleanor Rigby schlägt er zur Tätigkeit Father McKenzies vor: „He's darning his socks in the night".

Ringo hat auch noch viele weitere überraschende und surreale Sätze gesagt, die nicht gleich zu Songtiteln oder Versen wurden. Diese spontanen Versprecher sind Teil seines Humors. Nicht nur von Beatles-Fans werden sie als Ringoismen bezeichnet. Witzige Sprachspielerein gehören dazu wie 1992 beim Album-Titel „Time Takes Time" und in seinem Anti-Sucht-Song „Don't Go Where The Road Don't Go" oder 2019 im „What's My Name"-Album-Opener „You Have To Get Up To Get Down".

96 Schläge pro Minute

Ringo an den Drums ist ein Künstler des Weglassens. Der Lyriker des Schlagzeugs aus Liverpool lässt immer wieder da Leerstellen, wo jeder andere meint, er müsse die Pausen überbrücken. Aber gerade die phasenweise Abwesenheit des Takts regt die Phantasie der Hörer an. Ein Beispiel ist „I Feel Fine", das die Beatles im Oktober 1964 aufnehmen. Der Lennon-Song schreibt Rock-Geschichte, weil zum ersten Mal bewusst eine Rückkoppelung im Studio so hergestellt wird, dass sie als erstaunliches Geräusch in den danach nahtlos einsetzenden Song integriert werden kann. John macht nicht nur mit der Feedback-Idee und seiner Lust am Experiment klar, wer gerade der Kreativ-Pilzkopf Nummer Eins ist. Seine Haare sind länger als die der anderen. Er hat sichtlich abgenommen. Sein Leadgesang ist Zitrone. Bei Live-Darbietungen von „I Feel Fine" steht John allein am Mikro und Paul, der immer süßer wird, schaut verlegen zu. „I Feel Fine" ist die erste Beatles-Single, die in den USA und in Großbritannien fast gleichzeitig veröffentlicht wird und da wie dort Platz Eins der Charts belegt. Paul interpretiert später einen Ray Charles-Rhythmus wie in „What'd I Say" hinein. Das kann John nicht mehr kommentieren. Das ist ein komplexes Thema bei der Exegese von Beatles-Songs. Nach 1980 und 2001 können John und George ihre Sichtweisen nicht mehr äußern.

Wenige Tage später singt Ringo für das Album „Beatles For Sale" den Carl Perkins-Song „Honey Don't". Cool kündigt er die beiden Soli an: „Rock on, George, one time for me" und „Rock on, George, for Ringo one time". Ringos Version ist auch dank seiner späteren Live-Performances die dominierende. „Matchbox" und „Honey Don't" sind die einzigen zwei Songs im großen Repertoire der Beatles, die von allen vier Sängern bei verschiedenen Gelegenheiten interpretiert wurden. In Erinnerung bleiben aber die Versionen Ringos.

Im Februar 1965 nehmen die Beatles für das Album „Help!" den Song „If You've Got Trouble" auf. Ringo singt solo. Und er spielt schon im Intro allein sein dominant-treibendes Schlagzeug. Doch die Songwriter Lennon-McCartney sind mit dem Gesamtergebnis nicht zufrieden. Das Lied erscheint erst 1996 auf „Anthology 2“. Stattdessen ist „Act Naturally“ mit Ringo am Mikro auf dem Album „Help!“ zu hören und seither aus Ringos Repertoire nicht mehr wegzudenken.

„Act Naturally“ ist wie für Ringo geschrieben: Der Country-Song verbindet seine neue Leidenschaft für die Schauspielerei mit Musik. Der Text ist witzig, die Melodie ein Ohrwurm. Ringo hat fortan seinen Signature-Song und wird ihn hegen und pflegen anhand diverser Neuaufnahmen und Neuinterpretationen. Es gibt kaum ein Ringo-Konzert ohne diese Zeilen: *They're gonna put me in the movies, they're gonna make a big star out of me. We'll make a film about a man that's sad and lonely and all I gotta do is act naturally.*

Geschrieben hat den Song Johnny Bright Russell, der knapp sechs Monate vor Ringo in Moorhead, Mississippi, geboren wurde. Als Russell in jungen Jahren nach Los Angeles ziehen will, fragt ihn eine Freundin warum. Russell antwortet mit dem ersten Satz des Songs und beide lachen. Russells Songs werden u.a. von Emmylou Harris, Dolly Parton, Linda Ronstadt, Jerry Garcia oder Jimmy Reeves interpretiert. Russells Texte zeichnen sich durch trockenen Humor aus, wie der Country-Hit „Let's Fall To Pieces Together“. 1963 landet Buck Owens mit seinen Buckaroos dank Russells „Act Naturally“ in den Charts. Zwei Jahre später erscheint das Lied als B-Seite von „Yesterday“ in den USA und macht Ringo dort noch berühmter, zumal er es auch in der Ed Sullivan-Show und auf Konzerten singt. Seither spricht man vom „Ringo Shuffle“, schafft er doch konstant 96 Schläge pro Minute auf der Hi-Hat und singt zugleich.

Als Ringo zum ersten Mal Pauls Skizze zu „Yesterday“ hört, sagt er sofort, dass man das Schlagzeug getrost weglassen könne. Paul und George schließen sich ihm an und verzichten auf ihre Gitarren. Das macht einen besonderen Reiz dieser US-Single aus, die später noch einmal als Apple-Edition erscheint, wobei sich dann „Yesterday“ auf der B-Seite mit dem aufgeschnittenen Apfel befindet und „Act Naturally“ als A-Seite präsentiert wird.

Everyone of us has all we need

Noch interessanter ist Ringos Technik auf „Ticket To Ride“, das die Beatles ebenfalls für „Help!“ drei Monate davor aufnehmen. Ringo trommelt nicht mit dem Gitarrenriff, sondern zunächst asynchron mit einer leichten Verzögerung zum Gitarren-Beat. Das verleiht dem Lied zu Beginn etwas einzigartig Schleppendes. Ringo erklärt, dass er manchmal gerne die Schultern stark einsetzt. So kommt der Schlag nicht aus dem Handgelenk und weniger aus dem Arm, sondern aus dem ganzen Körper und etwas verzögert. Nach einer Minute und neun Sekunden ändert Ringo mit den Worten Pauls „I don't know why she's ridin' so high“ den Rhythmus der Band. Ringo beschleunigt und trifft den Beat punktgenau. Es sind diese Tempo-Änderungen Ringos, die einen großen Teil des Reizes ausmachen. Ringo führt lange nach dem Ende der Beatles mehrfach detailliert seine Spielweise bei „Ticket To Ride“ vor und erklärt die Besonderheiten.

Am 4. November 1965 nehmen die Beatles den Song „What Goes On“ für das Album „Rubber Soul“ auf. Das Lied ist insofern ein Unikat in der Geschichte der Beatles, weil es zum ersten und einzigen Mal das Songwriter-Trio Lennon-McCartney-Starkey nennt und Ringo überhaupt zum ersten Mal auf einer Beatles-Scheibe als (Ko-)Autor genannt wird. Er habe zum Text beigetragen, scherzt Ringo: „Ewa fünf Wörter“. Er sagt aber nicht welche. John entwickelt die Country-Melodie schon zu Zeiten der Quarrymen. Ringo singt solo und sonor den Song auch heute noch live. Mit dieser allerersten Nennung als Songschreiber kommt ganz langsam etwas in Bewegung. Frühere Versuche Ringos sind immer gescheitert. Wenn er den Freunden etwas vorschlug, wussten sie sofort, welchem bereits veröffentlichten Lied es zu ähnlich ist. Ringos Problem besteht darin, dass er Drummer durch und durch ist. Auf dem Piano und auf der Gitarre kann er nur wenige Akkorde spielen. Notenlesen kann er nicht. Wenn ihm also eine Melodie einfällt, summt er sie in ein Aufnahmegerät, um sie nicht zu vergessen. Es dauert noch einige Zeit, bis sich Ringo mehr zutraut, was das Komponieren betrifft. In der Post-Beatles-Zeit gelingen ihm einige wunderbare Nummern. Aber auch schon bei den Beatles wird er bald zurecht seine strengen Freunde überzeugen.

Ringos innovatives Drumming hat auch wesentlichen Anteil am Erfolg von „Revolver“ 1966. So ist sein Spiel auf „She Said She Said“ enorm kraftvoll auch dank des exzessiven Einsatzes des Crash-Beckens. Er spielt es am Rand an, schaukelt es auf und erzielt einen phasenweise fast durchgehendem „Wash“-Effekt: Das undefinierte Grundrauschen als Symbol für den LSD-Trip. Klimax am Ende der Strophen ist Ringos Schlagen von Crash- und Ride-Becken gleichzeitig. Hört man sich die Drum- und die Bass-Spur isoliert an, staunt man auch über Ringos Änderungen des Grundmusters je nach Strophe. Das hat ihm niemand erklärt, das ist seine Eingebung. Das macht Ringos Geheimnis am Schlagzeug aus. Das kann man nicht planen. Das haut Ringo an Ort und Stelle so raus. Und Paul, der es vielleicht vermeintlich mal wieder besser wissen könnte, ist nicht im Studio bei dieser Aufnahme.

Es ist George, der bei „She Said She Said“ den Bass spielt. Weil Paul sich bislang geweigert hat, LSD zu probieren, übersteigt dieses Arrangement seine Toleranzgrenze. Der Sound gefällt ihm nicht, aber sein Protest wird von den anderen drei ignoriert. Es zeichnet sich bereits hier eine Konstellation ab, die sich zwei Jahre später bei der Frage verschärfen wird, wer nach dem Tod Brian Epsteins die Beatles managen soll, Allen Klein oder Pauls zukünftige Verwandtschaft.

Sogar George Martin trägt zu den bewusstseinserweiternden Vibes in „She Said She Said“ seinen Teil bei. Der Song ist ein frühes Beispiel für Acid Rock. Auch der Tontechniker Geoff Emerick versucht Johns Vorstellungen gerecht zu werden. Um einen hypnotischen Klang bei „Tomorrow Never Knows“ herzustellen schiebt er das Mikro millimeterdicht an die Basstrommel, die er mit Wolljacken vollstopft, um so einen dumpfen Sound zu erzeugen. Danach bearbeitet Emerick die Drumspur mit dem Kompressor Fairchild 600, um den Klang zu modifizieren, um ihm eine psychedelische Note zu geben. „Drums had never been heard like that before“, so Emerick, der den Kompressor für Ringo auch auf „Sgt Pepper“ einsetzen wird.

Ringo selbst beurteilt sein Spiel auf „Rain“ als herausragend. „Es hat sich angefühlt, als hätte nicht ich, als hätte etwas Anderes gespielt. Ich war wie besessen.“ Auf dem Playback-Begleitvideo sitzt

Ringo erstaunlich ruhig und lächelnd am Schlagzeug und vollzieht entspannt sein eigenes Wunderwerk nach. Die Variationen sind oft nur minimal, aber sie dominieren das eigentlich gemütliche Stück. Sie verleihen dem Song Unvorhersehbarkeit und damit Spannung. Im Video erscheinen die Fab Four wie in Trance, sehr zufrieden mit sich und ihrem Sound. Aber das geschieht im Nachhinein. Im Studio, sagt Ringo, war es ein Zauber: „I used this trick of starting a break by hitting the hi-hat first instead of going directly to a drum off the hi-hat. But to me, the drums, I felt, had another quality."

Ringos Solo-Song auf Revolver ist „Yellow Submarine", dieses Generationen vereinnahmende Kinderlied: In Großbritannien ist es die erfolgreichste Single des Jahres 1966 und in den USA das erfolgreichste von Ringo gesungene Lied aller Zeiten. Zu den vielen Spezialeffekten gehört auch Ringo als Matrose: Er verlässt das Studio und ruft von draußen vor der ein Spaltbreit offenen Tür: „Cut the cable! Drop the cable!" Im Singen ändert er schlicht Pauls korrekten Text von „everyone of us has all *he* needs" in das grammatikalisch zweifelhafte, aber reizvollere „everyone of us has all *we* need".

Der Sound kommt durch die Augen

Die Live-Auftritte der Beatles werden immer problematischer. Das Geschrei der Fans ist so laut, die Verstärker-Anlagen der Band noch so schwach und die Säle werden zunehmend größer – bis hin zu Stadien -, dass Ringo auf sein raffiniertes Spiel verzichtet. Er lässt die Fills weg und haut nur noch die Grundrhythmen auf die Hi-Hat und die Snare-Drum. So können sich seine Freunde vorne einigermaßen orientieren und pro Song ein kompaktes Ganzes vortäuschen, denn sie hören sich selbst kaum noch. „Es war merkwürdig: Ich schaute auf die Lautsprecher und dachte, der Sound kommt durch die Augen, nicht durch die Ohren", beschreibt Ringo auf seine ganz eigene Weise das unangenehme Gefühl.

Erschwerend kommt die wachsende Gefährdungslage bei Live-Auftritten hinzu. Seit Johns Jesusvergleich im März 1966 („more popular than Jesus") im Interview mit dem *London Evening Standard* sind die Beatles nicht mehr nur die braven Pilzköpfe. Ihr Schwiegersohn-Image schwindet. Dazu tragen auch die Drogen- und Sound-Experimente bei. John nennt „Rubber Soul" (1965) das Pot-Album (Marihuana) und „Revolver" (1966) das Acid-Album (LSD). Insbesondere in den USA beginnen religiöse Vereinigungen die Beatles zu verteufeln. Es gibt Morddrohungen. Öffentlich werden ihre Schallplatten dem Feuer übergeben. An der Spitze der Anti-Beatles-Bewegung steht der Ku-Klux-Klan. In besonders feindlich gesinnten Städten versucht sich Ringo hinter seinen schräggestellten Becken zu verstecken. Das tat er schon früher, als die Beatlemania noch harmlos war. Damals schützte er sich gegen Jelly Beans (Geleebohnen), die die Fans kiloweise auf die Bühne warfen, weil George en passant in einem Interview einmal gesagt hatte, dass er Jelly Beans mag und John sie ihm geklaut habe. Als im August 1966 bei der Show in Memphis ein Feuerwerkskörper detoniert, schauen sich alle Vier erschrocken um, in der Annahme, dass einer von ihnen getroffen umfällt.

Ringos Solo-Song auf „Sgt. Pepper" (1967) ist „With A Little Help From My Friends". Ringo verkörpert wie von John und Paul gewünscht Billy Shears, weigert sich aber nach „What would you think if I sang out of tune?" die Zeile „would you stand up and throw tomatoes on me?" zu singen. Die Erinnerungen an Jelly Beans, Morddrohungen und Feuerwerkskörper sind noch zu frisch. Die Zeile wird korrigiert in „would you stand up and walk out on me?" Heute noch beendet Ringo die meisten Konzerte mit diesem Lied, das auch durch Joe Cockers Soul-Version zusätzliche Berühmtheit erlangte. Für Ringos Schlagzeug auf „A Day In The Life" lässt sich Techniker Geoff Emerick wieder allerhand einfallen, wickelt Mikros in Tücher oder steckt sie in Gläser und befestigt sie direkt an das Gestänge oder hängt sie unter die Tomtoms. Unabhängig davon trommelt Ringo wieder phasenweise vollkommen überraschend, was beim Anhören der isolierten Tonspur besonders deutlich wird. Beeindruckend ist hier auch besonders Ringos Auf- und Niedrigerdrehen der Lautstärke durch mehr oder weniger Kraftausübung, was die Dramatik des Songs unterstützt. Die Taktfolgen Ringos sind jenseits jeglicher Planbarkeit. Auffallend ist auch Ringos Sound auf Georges „Blue Jay Way“ (1967). Und ohne Ringos Fills auf Pauls „Hello, Goodbye“ (1967) hätte sich Bob Dylan wohl nicht nur über die Worte des Songs lustig gemacht, sondern auch über die musikalische Umsetzung.

Auf dem „White Album“ (1968) fällt am Ende von „Helter Skelter“ Ringos berühmt gewordener Schmerzensschrei: „I’ve got blisters on my fingers!“ Der Verbrauch an Drum Sticks ist enorm. Sie liegen wie Brennholzscheite rund um sein Kit. Manchmal reißt auch plötzlich die Haut an der Handinnenfläche auf. Die Fab Four zeichnen sich dadurch aus, wie sie sich untereinander loben und kritisieren, wie sie durch songbezogene Mischungen aus Ansporn und Verachtung zu Höchstleistungen antreiben. Aus dieser Spannung heraus, auch aus Ärger und Wut, entsteht das Individuelle, das Einzigartige, das die Beatles immer wieder finden.

Auf dem „White Album“ singt Ringo erstmals eine Eigenkomposition: „Don’t Pass Me By“. Ringo ist begeistert, dass alle gemeinsam seine Idee von 1963 endlich in die Tat umsetzen. Der ganze Produktionsprozess fasziniert ihn: Der selbstgeschrieben Text, die selbsterfundene Melodie plötzlich aus den Lautsprechern zu hören und auf Vinyl gepresst in der Hand zu halten. In Skandinavien wird der Song als A-Seite einer Single veröffentlicht und belegt in Dänemark Platz Eins der Charts. (Seither pflegt Ringo eine besonders enge Beziehung zu Dänemark.) George kommt von einem Besuch bei Bob Dylan und The Band aus Woodstock zurück und berichtet, dass sie dort „Don’t Pass Me By“ für den besten Song auf dem „White Album“ halten. Genau dieses Selbstvertrauen braucht Ringo, um nach dem Ende der Beatles weiterzumachen. Und am Ende des Albums beschließt Ringo das Meisterwerk der Beatles mit seiner einlullenden Stimme in Johns Schlaflied für seinen fünfjährigen Sohn Julian, „Good Night“. Und zudem eröffnet Ringo das nächste Meisterwerk der Beatles „Abbey Road“ mit seinem unkonventionellen Spiel auf Johns Opener „Come Together“.

Ringo erklärt, wie es zum markanten Intro bei „Come Together“ kommt. Paul spielt die Basslinie und John macht sein zischendes „Shooop“-Geräusch durch die gefalteten Hände hindurch. Zu dritt suchen sie im Studio nach der dazu passenden Rolle des Schlagzeugs. Es ist ein beschwingtes Tüfteln. Und es darf nicht zu lange dauern. Intuitiv beginnt Ringo mit zwei Bass Drum- und gleichzeitig zwei leichten Ridebecken-Schlägen und ergänzt dann seine drei kurzen Wirbel zunächst auf der Hi-Hat, dann schwingt er hinüber auf das Floortom und vollendet auf der Tomtom. In diesem Moment ist die Studiomagie wieder da, die Ringo seit „Revolver" und vor allem bei „Sgt. Pepper" abhandengekommen war. „It comes naturally or it don't come at all", erklärt Ringo die Arbeit im Studio. Er ist nicht der Typ, der nächtelang grübelt, wie ein Lied perfektioniert werden kann.

Hier zu Beginn und mehrheitlich auch im weiteren Verlauf des Songs „Come Together" wird Ringos Schlagzeugspiel beim Abmischen der rechte Kanal fast alleine überlassen. Die anderen – Gesang, Gitarre, Bass und später Keyboard – teilen sich vorwiegend den linken Kanal. Das macht Ringos Spiel noch präsenter. Ohnehin ist Ringos Talent, den Liedern seiner Freunde Besonderheiten hinzuzufügen auf „Abbey Road" besonders ausgeprägt. Ein weiteres Beispiel ist „Here Comes The Sun". Es handle sich teilweise um einen Sieben-Achtel-Takt: „Für mich war das, als spräche George arabisch zu mir", erinnert sich Ringo. Er will die Melodie hören: „Ich musste einen Weg finden, wie ich es körperlich mache". Er findet ihn. Ringo wartet das Instrumental-Intro ab und stürzt dann mit seinen Wirbeln hinein, die später durch Handklatschen ergänzt werden. „Ich habe mein Hirn ausgeschaltet. Nur so war das möglich."

Das größte Kompliment

Am 30. Januar 1969 findet der letzte Live-Auftritt der Beatles auf dem Dach des Apple-Gebäudes in der Savile Row statt. Ringo trägt einen knallroten, mit PVC beschichteten Polyester-Regenmantel, den er sich wohl von Mo kurz vor dem Gig ausgeliehen hat. Wie eh und je treibt er seine drei Jungs voran. Am Ende von „Get Back" sagt Paul, „thank you Mo", die enthusiastisch mitmacht. Ringo sagt später, dass er hoffte, die Polizisten würden ihn von den Drums wegtragen. Er wollte immer weiterspielen, bis sie kommen und ihn wegschleppen. Aber das passiert nicht.

„Don't Pass Me By" beschwingt Ringo weiter. Der Song beweist, dass auch er gute Lieder schreiben kann. Wenn man einen Schlussstrich zieht, so wie Ringo während der Aufnahmen zum „White Album" und in der Fremde sich das Gefühl von Befreiung mit dem Gefühl von Verlust mischt, ist die Wahrnehmungsfähigkeit besonders geschärft. Ringo macht auf Sardinien Urlaub mit seiner Familie und lässt sich auf Peter Sellers' Yacht von einem Skip die Geheimnisse des Meeres erklären. Auslöser für Ringos zweiten selbstkomponierten Song ist die Bestellung im Restaurant von „Fish'n'Chips". Aber die Italiener haben andere Vorstellungen von „Fish'n'Chips" als die Briten. Der Kellner bringt dem verdutzten Ehepaar Starkey statt frittiertem Kabeljau mit Pommes zwei Teller mit Tintenfisch. Mo und Ringo haben das noch nie gegessen. „Es war okay, etwas gummi-artig, ähnlich wie Hühnchen", erinnert sich Ringo. Am nächsten Tag erfährt er vom Skip, wie die Tintenfische leben und der Text mit engem Bezug zu den drei in London zurückgebliebenen Freunden entsteht: *I'd like to be under the sea, in an octopus's garden in the shade. He'd let us in, knows where we've been ... I'd ask my friends to come and see, an octopus's garden with me ... We would be warm below the storm in our little hideaway beneath the waves. Resting our head on the sea bed in an octopus's garden near a cave. We would sing and dance around because we know we can't be found.* Bei Ringos Rückkehr ist es vor allem George, der Ringo bei der Fertigstellung des Songs hilft. Er wird am 26. April 1969 aufgenommen und gehört zu den Highlights auf „Abbey Road".

Ringo beteiligt sich in der Beatles-Endphase nicht nur als Perkussionist und in zwei Fällen als Songschreiber an den Songs. Er singt auch verstärkt im Chor, gut hörbar beispielsweise auf „Carry That Weight". Bislang gibt es kein einziges Solo Ringos auf Veröffentlichungen der Beatles: „Ich mag das nicht. Ich spiele ungern Soli. Aber dann haben sie mich überredet" erklärt Ringo sein Solo auf „The End" nach dem Meddley auf der B-Seite von „Abbey Road". Zwölf Mikrophone nehmen um und am Schlagzeug Ringos Solo auf. Die Besonderheit: Es findet ganz ohne Hi-Hat und ohne Becken statt, deren

Einsatz unmittelbar davor und danach das Solo umso stärker wirken lassen.

Alle Welt meint, das sei nun das fabelhafte und genuine Drum-Solo Ringo Starrs. Dem ist in mehrfacher Hinsicht nicht so. Ringo wird während der Aufnahme von John an der Gitarre begleitet, doch beim Abmischen wird sie zum Schluss stummgeschaltet. Und bereits 1968 erscheint das Album „In-A-Gadda-Da-Vida“ von Iron Butterfly. Drummer Ron Bushy spielt in der Mitte des gleichnamigen Titelstücks ein langes Solo, das teilweise identisch mit dem Ringos ist. Die Fab Four kennen den Song. Ringo und Paul besuchen 1971 ein Iron Butterfly-Konzert in London. Ringo lädt Ron nach dem Konzert in einen Nachtclub ein, wo die beiden gemeinsam essen und trinken und sich lange unterhalten. Ringo erzählt, dass es Rons Solo ist, das er auf „The End“ kopiert und bedankt sich. „Ich dachte nur, wie cool ist das denn“, erinnert sich Ron, „das ist das größte Kompliment, das ich je bekommen habe.“

SCHLAGLICHTER VON DEN ANFÄNGEN BIS 1969

Mitte der 1930er Jahre: Elsie Gleave, geboren 1914, arbeitet in Cooper's Bakery in Liverpool. Dort lernt sie einen ebenfalls gebürtigen Liverpooler, den um ein Jahr älteren Konditor Richard Starkey kennen und lieben. Richards Vater hieß bei seiner Geburt mit Nachnamen Parkin. Als seine Mutter erneut heiratete, nahm er schon als Kind den Nachnamen seines Stiefvaters Starkey an. Elsie hatte dreizehn Geschwister.

Elsie Gleave heiratet Richard Starkey 1936. Ringo vermutet rückblickend, dass das Leben der beiden recht eintönig, ja trostlos war. Allerdings kommen die beiden gut über die Runden: Er arbeitet bei Cooper's und sie verdient als Putzfrau und Kellnerin hinzu.

7. Juli 1940: Richard Henry Parkin Starkey Jr wird in Liverpool, im Haus Nr. 9 in der Madryn Street geboren. Es ist ein kleines Reihenhaus. Warmwasser gibt es nicht. Auch keine Badewanne. Man wäscht sich in Waschzubern. Wasser wird auf einem Gaskocher erhitzt. Das Klo ist ein Holzhäuschen im sehr kleinen Garten hinter dem Haus. Als Klopapier werden alte Zeitungen verwendet. Die Straße befindet sich im Stadtteil Dingle, einem besonders armen Arbeiterviertel im südlichen Teil Liverpools, unweit des Hafens. Jeder kennt hier jeden. Die Atmosphäre ist dörflich. Man hilft sich gegenseitig, gleichzeitig herrschen Klatsch und Tratsch. Hausgeburten sind üblich. Klinikaufenthalte sind für die meisten Bewohner in Dingle zu teuer. Es ist noch ruhig in Liverpool: Die ersten Angriffe der deutschen Luftwaffe beginnen erst einen Monat später. Ritchie ist das erste und bleibt das einzige Kind von Richard und Elsie Starkey. „Wir hatten Glück. Mein Vater war Konditor. Wir hatten Zucker während der Krieges", erinnert sich Ringo.

Die Sitten in Dingle sind rau. Matrosen wohnen in kleinen Kammern zur Miete. Es gibt viel Streit zwischen Elsie und Richard, der Frau und Sohn schon 1943 verlässt und bis zu seinem Tod 1981 im Alter von 68 Jahren kaum noch Kontakt zu den beiden hat. Aber Richards Eltern wohnen nur einige Häuser weiter in Madryn Street und kümmern sich um ihre Schwiegertochter und ihren Neffen, den alle nur Ritchie nennen. Das Haus ist mit sechs Zimmern zu groß für Elsie und Ritchie und die Miete viel zu teuer.

Sprachwitz statt Grammatik

2012 plant die Stadt Liverpool den Abriss der Häuser in Madryn Street. Doch der Protest ist so groß, dass sie ab 2017 umsichtig renoviert werden. 2019 lehnt jedoch der National Trust, der davor schon die Häuser von John, Paul und George in Liverpool gekauft hat, den Erwerb des Geburtshauses Ringos ab. Die Empörung ist riesig: Die Fans vermuten, dass es daran liegt, dass Ringo in einem Arbeiterviertel geboren wurde. Oder dass man Ringo nicht so sehr schätzt, weil er „nur" der Schlagzeuger war. Täglich finden sich Besucher aus aller Welt vor Haus Nr. 9 in der Madryn Street ein. Besichtigen kann man es derzeit nicht. Es wurde gleichsam eingemottet. Niemand wohnt darin, weil die Belästigung durch die Fans zu groß wäre.

Elsie und der fünfjährige Ritchie ziehen 1945 in ein kleineres Haus mit vier Zimmern ganz in der Nähe, in Admiral Grove Nr. 10. Elsie tauscht ihr großes Haus mit dem ihrer Freundin Muriel Patterson, die mit ihrem Mann und Sohn Davy nun in Madryn Street einzieht. Ritchie und Davy werden gute Freunde. Sie gehen viele Jahre lang gemeinsam zu Fuß in die Pengwren Street zur St. Silas Primary School. Ringo erinnert sich, wie er seiner Mutter in jener Zeit „Nobody's Child" vorsingt und sie damit zu Tränen rührt. Handkehrum singt sie „Little Drummer Boy".

Admiral Grove Nr. 10 wird 2016 bei einer Auktion für 70.000 Pfund von Beatles-Fan Jackie Holmes gekauft. Die Auflagen sind streng. Sie darf kein Museum darin einrichten und keine Touristen-Attraktion daraus machen. Trotzdem schauen sich auch hier täglich Beatles-Touristen aus aller Welt gerne um. Schließlich ertönten aus diesen Fenstern in den späten 1950er Jahren die ersten Trommelschläge Richard Starkeys.

1947: Ritchies Blinddarm platzt. In der Klinik Royal Children's Infirmary wird ihm der Appendix in einer Notoperation entfernt. Die Ärzte sind sich nicht sicher, ob der Sechsjährige den Eingriff überleben wird. Zehn Wochen lang bleibt Ritchie in kritischem Zustand im Krankenhaus. Als es ihm endlich besser geht, könnte er nach Hause. Aber dann stürzt er unglücklich aus dem Krankenbett: Die Wunde reißt auf, entzündet sich und er muss weitere sechs Monate in der Klinik bleiben. Ritchie ist zeitweise in einem komatösen Zustand. Dreimal sagen die Ärzte seiner Mutter, dass er die Nacht nicht überleben wird. Diese Zeit wird Ritchies Leben prägen. Auf die Frage, ob Ringo je dachte, dass er sterben wird, verneint er. Das sei auch heute noch so. Er werde bestimmt 87 Jahre alt.

Ganz unmittelbar wirken sich die langwierigen Folgen der Operation auf seine Einstellung zur Schule aus. Ritchie hinkt in allen Fächern den anderen Kindern hinterher. Manche Mitschüler nennen ihn „Lazarus", weil er von den Toten auferstanden sei. Das ärgert ihn, aber andererseits wird er in den kommenden Jahrzehnten mehrmals dem Tod von der Schippe springen. Ritchie hasst den Unterricht und schwänzt immer öfter. Gespielt wird in den Lücken zwischen den Häuserzeilen und in Bombenkratern. In Madryn Street und Umgebung wurden viele Häuser von den Nazis zerstört. Der Wiederaufbau in Liverpool dauert länger als in vielen Städten Deutschlands. Noch Anfang der 1960er Jahre lassen sich die Beatles in Liverpools Häuserruinen fotografieren.

1949: Mit neun Jahren ist Ritchie Analphabet. Er weiß, dass er den Wissensrückstand zu seinen Kameraden nicht mehr aufholen kann. So oft es geht, bleibt Ritchie dem Unterricht fern. Die Tochter einer Freundin Elsies, die vier Jahre älter als Ritchie ist, versucht ihm zu Hause Lesen und Schreiben beizubringen. Noch mit Mitte Dreißig erklärt Ringo, dass er Mühe beim Buchstabieren hat. Er liest alles, aber Schreiben fällt ihm nicht leicht. Ringo hadert mit der korrekten Anwendung von Sprachregeln. Grammatik ist nicht seins. Andererseits lernt er früh, darauf zu pfeifen und zu sprechen, wie ihm der Schnabel gewachsen ist. Insbesondere John Lennon wird das später sehr zu schätzen wissen. Statt ein ausdauernder Leser zu werden, entwickelt Ritchie einen erstaunlichen Sprachwitz, mit dem er sich schon bei seinen Freunden in Dingle Respekt verschafft.

Schaust du mich an?

1951 bis 1958: Harry Graves tritt in Elsies und Ritchies Leben. Er arbeitet als Maler und Dekorateur, stammt aus London und ist Musikliebhaber. Elsie und Harry verlieben sich und Ritchie akzeptiert ihn rasch als seinen wahren Vater. Wenn es Streit gibt, hält Ritchie manchmal sogar zu Harry. Ringo erinnert sich, dass Konflikte nie mit Gewalt gelöst wurden. Ritchie wächst in diesem protestantischen, aber nicht sonderlich religiösen Elternhaus auf. Er geht fortan in die *Dingle Vale Secondary Modern*. Sie entspricht einer Realschule, die Jugendliche auf eine Berufsausbildung vorbereiten soll. Das Gebäude ist etwa dreißig Minuten zu Fuß von Admiral Grove entfernt.

Elsie und Harry heiraten 1953, worauf Harry in Admiral Grove einzieht. Kurz nach seinem 13. Geburtstag wird Ritchie wieder krank. Er muss mit einer Rippenfellentzündung, die sich zu einer Tuberkulose ausweitet, zuerst in das Krankenhaus, das er noch allzu gut in Erinnerung hat. Nach zehn Wochen entscheiden aber die Ärzte, dass es sehr ernst ist. Er kommt ins frische Landluft bietende *Heswall Children's Hospital*. Es befindet sich westlich von Liverpool auf der anderen Seite des Mersey River, auf der fast rechteckigen Halbinsel Wirral, etwa zwanzig Autominuten von Liverpool entfernt.

Ringo hatte schon seinen siebten Geburtstag im Krankenhaus verbracht. Jetzt ist er bei seinem 14. Geburtstag wieder im Krankenhaus. Hier verbringt Ritchie zwei Jahre, in denen er die Schule wieder nicht besuchen kann. Aber er lernt verschiedene Schlaginstrumente kennen. Und nur das Schlagzeug begeistert ihn. Die große Leidenschaft Ringos beginnt in dieser Klinik. Als er endlich wieder nach Hause darf, will er nicht mehr in die Schule. Insgesamt verbringt Ringo nicht mehr als fünf Jahres seiner Kindheit und Jugend in der Schule.

Zu seinem 15. Geburtstag besucht Ritchie die Verwandtschaft seines Stiefvaters in Romford. Harrys Vater zeigt ihm London. In White City erlebt er die Militärkapellen live: „One of the best musical moments of my whole life happened that day." Ringo hört die American Air Force Band und ist begeistert. Eindrücklicher war nur das Erlebnis mit Gene Autry und seinen Song „South of the Border". Ringo bastelt sich zu Hause sein eigenes Schlagzeug aus verschiedenen Keksdosen. In eine legt er ein Metallstück, damit sie klingt wie eine Snare Drum. Erst im April 1958 wird ihm Harry in Rumford das gebrauchte Ajax Drum Kit kaufen. Ringo bereut es bitter, es heute nicht mehr zu besitzen.

Mit 15 Jahren braucht Ritchie eine Bestätigung, dass er die Schule besucht hat, um auf Jobsuche zu gehen. Aber dort kann man sich nicht an ihn erinnern. Nach einer Weile finden sie doch die Akte des Vorjahres. Nur wenige Jahre später, als die Beatles berühmt sind, stellt die Schule bei einer Feier Ritchies Schulbank in den Garten und verlangt Geld dafür, dass man sich an Ringos Pult setzen darf. Mit 15 Jahren sieht Ringo im Kino „Rock Around The Clock". Der Film und die Reaktionen der Zuschauer verstärken seine Sehnsucht, Musiker zu werden.

John und Paul berichten oft, welchen Respekt sie vor den Gangs in Liverpool hatten. Ringo lacht in seinem denkwürdigen, über einstündigen Gespräch mit Elliot Mintz 1976. „Klar, sie waren in keiner Gang. Da wo ich herkomme, musste man Mitglied in einer Gang sein." Ringo schildert Situationen, wie sie sich identisch in Städten Süditaliens abspielen, in Vierteln, die von der Camorra oder der Mafia beherrscht werden. Einer fragt: „Schaust du mich an?" Egal, was man antwortet, man ist schon auf verlorenem Posten. Streitlust und Machtkämpfe haben freie Bahn. Teenager müssen sich zu ihrem eigenen Schutz der einen oder anderen Bande anschließen. Ringo ist vier jahrelang Mitglied in der Dingle-Gang, die nach seinem Viertel benannt ist, in dem es aber auch noch andere Gruppierungen gibt. Kleinkriminalität, Gruppenschlägereien und auch Messerstechereien gehören dazu. Ritchie tut es nicht freiwillig. Es macht ihm keinen Spaß. Das schlimmste, das er erlebt, ist ein Junge, der bei einer Schlägerei ein Auge verliert.

Ritchie hat nicht die nötige Statur für Straßenschlachten und kriegt nicht selten auf die Fresse. Aber er braucht die Sicherheit. „Du bist Freiwild, wenn du nicht zu einer Gang dazugehörst", erinnert sich Ringo. Erst mit 19 kann er dank der Skiffle-Musik und dank seines Freundes Roy Trafford aussteigen. Davor jobbt Ritchie u. a. fünf Wochen als Botenjunge für die British Railways.

Erstes Schlagzeug, erstes Auto, erste Liebe

Ringo hofft, eine Uniform zu bekommen, aber man gibt ihm nur eine Dienstmütze. Für eine langfristige Einstellung muss er zu einem Gesundheitstest gehen, den er nicht besteht. Danach jobbt Ritchie sechs Wochen an der Bar eines Vergnügungsdampfers, der St. Tudno. Betreiber ist die *Liverpool and North Wales Steamship Company.* Es handelt sich immer nur um Tagesausflüge. Aber Ritchie macht es Spaß, weil er abends im Pub bei den Mädchen damit aufschneiden kann, er sei bei der Navy. Als Ritchie eines morgens betrunken antanzt und seinen Chef anpöbelt, wird er gefeuert.

Ritchie besucht 1958 und 1959 das Riversdale Technical College, Department of Engineering. In technischem Zeichnen schneidet er gut ab, aber miserabel in Englisch und Mathematik. Er hat keine Lust, die Ausbildung zu wiederholen. Seinen dritten Job bekommt er dank Harrys Intervention. Er fängt als Auszubildender in der Fabrik *Henry Hunt and Son* in Liverpool an, die vor allem Einrichtungsgegenstände für Schulen herstellt, von Schreibtischen über Schränke bis hin zu Turngeräten. Damit entgeht Ritchie der Musterung. Alles ist ihm lieber als der drohende Militärdienst. Zunächst lassen sie ihn in der Auslieferung arbeiten. Ritchie beschwert sich und bekommt eine Stelle als Schlosserlehrling. Vier Jahre bleibt Ritchie bei dieser Firma.

Er und seine Freunde Harold Jones, Roy Trafford und Eddie Myles rauchen nicht nur in den Pausen, sondern besuchen abends auch Pubs und hören gemeinsam Musik. Sie gründen 1957 die Skiffle-Gruppe The Eddie Myles Band und treten bei Hochzeiten und anderen Feiern auf. Am 2. Weihnachtsfeiertag, in Großbritannien Boxing Day genannt, bekommt Ritchie von Harry sein erstes richtiges Schlagzeug geschenkt. Im Jahr darauf kann sich Ritchie sein erstes Auto leisten, um das Schlagzeug besser von Gig zu Gig zu transportieren. Damit ist er bei den Bands in Liverpool begehrt und Ritchie spielt, so oft es geht. Bei einem Konzert lernt er Geraldine McGovern kennen. Es ist die erste große Liebe seines Lebens. Sie verloben sich.

1959: Der 1938 in Liverpool geborene Sportler und Sänger Alan Caldwell ändert seinen Namen in Rory Storm. Seine Bandmitglieder sind fortan The Hurricanes. Im Rahmen eines Talentwettbewerbs wird ein Song von ihnen im englischsprachigen Programm von Radio Luxembourg gespielt. Rory Storm & The Hurricanes kennen Ritchie und bitten ihn, in ihre Band einzusteigen. Ritchie spielt probeweise mit ihnen. Es klappt. Ringo ist fortan ein Hurricane. Im März 1959 spielt er sein erstes Konzert mit Rory Storm & The Hurricanes im Mardi Gras Club im Zentrum Liverpools.

Ich oder das Schlagzeug

1960: Es spricht sich herum, wie gut Rory mit seinen Hurricanes ist. Die fünfköpfige Band wird immer häufiger gebucht und immer besser bezahlt. Inzwischen sind alle Hurricanes Berufsmusiker und Ringo kauft sich ein schickeres Auto, einen Zephyr Zodiac.

Im *Aintree Institute* in Liverpool treten am selben Abend, dem 11. März 1960, zwei Bands auf: Rory Storm & The Hurricanes mit Ringo am Schlagzeug und The Silver Beetles mit John, Paul, George und Stuart Sutcliffe am Bass. Die Beetles haben keinen Drummer.

John und Stuart wollten einen coolen Namen wie Buddy Holly mit seinen Crickets und verwerfen etliche Insekten. Die Käfer, The

Beetles, scheinen ihnen schließlich ein guter Name. Die minimale Änderung eines Buchstabens durch John erzielt später maximale Wirkung: Das zweite E wird zu einem A, wodurch sprachlich der Taktschlag, der Beat, mit der ursprünglichen Idee, den Käfern, verschmilzt.

Aber wer den Takt schlagen soll, ist in jenen Wochen noch nicht klar. Nicht umsonst heißt die Überschrift einer Recherche David Bedfords: „Finding the fourth Beatle: John, Paul, George and their 18 drummers", die später auch als Buch ergänzt um fünf weitere Schlagzeuger erscheint. Bedford zählt nämlich Musiker hinzu, die beinahe bei den Beatles mitgespielt hätten.

Colin Hanton verlässt im Sommer 1958 The Quarrymen. Demnach rocken John, Paul, George und Stuart erst wieder im Mai 1960 mit einem Drummer, nämlich Tommy Moore. Der Gabelstapler-Fahrer Moore, 1931 in Liverpool geboren, hat schon Erfahrung als Jazz-Drummer. Er wird nach seinem ersten Gig mit den Silver Beatles die vier auf ihrer legendären und chaotischen Tour im Mai 1960 durch Schottland begleiten und kurz danach wieder aussteigen. In jener Zeit trifft Ringo die Beatles wieder im Jacaranda Club. Im August 1960 fahren die Beatles mit Promoter Allan Williams nach Hamburg und treten dort im Indra Club mit Pete Best am Schlagzeug auf. Die Beatles bleiben bis Ende November.

Ritchie beschließt im Frühjahr 1960, seine Arbeit bei *Henry Hunt and Sons* zu beenden. Zu seiner Entscheidung trägt bei, dass das Gesetz geändert wurde: Demnach werden Männer, die nach 1940 geboren wurden, nicht mehr zwangsrekrutiert. Elsie und Harry hindern ihn nicht daran, sind aber in Sorge, zumal Ritchie nur noch einige Monate Ausbildungszeit fehlen. Dann wäre er ausgebildeter Schlosser gewesen. Ritchie mag aber nicht. Rory und seine Band werden für drei Sommermonate und einen guten Lohn in Pwllheli und Skegness engagiert. Alle Versuche der Verwandtschaft Gleave, Starkey und Graves den Jungen zu Vernunft zu bringen scheitern.

Auch Geraldine setzt Ritchie unter Druck: Entweder sie oder seine Drums mit den drei Monaten in Butlin's Feriencamps. Ringo entscheidet sich gegen Geraldine und für die Musik. Die Verlobung wird umgehend gelöst, obwohl schon Hochzeitspläne für das kommende Jahr bestanden.

Pete forever, Ringo never

Rocken in den Vergnügungsparks Butlin's in Wales ist für Ritchie viel interessanter als Fabrikarbeit: Musik, Mädchen, Alkohol und ein viermal höherer Lohn locken. Ein Traum geht für den 19-Jährigen in Erfüllung: Fortan ist Ritchie Berufsmusiker.

Man schätzt Ritchie für seine Zuverlässigkeit: Er ist immer pünktlich und bei der Arbeit nie betrunken. Rory Storm & The Hurricanes mit Ritchie am Schlagzeug ist inzwischen die angesagteste Band Liverpools. Sie spielen elektrisch verstärkten Rock'n'Roll erfolgreicher als alle anderen, haben einen charismatischen und gut aussehenden Frontmann und kleiden sich in schicken Anzügen mit Krawatte, Einstecktuch und passenden Schuhen. Ritchie entwickelt eine Vorliebe für Fingerringe. Schließlich entscheiden sich Rory und Ritchie für den Künstlernamen „Ringo Starr", der ihrer Leidenschaft für Western ebenso gerecht wird wie Ritchies Fingerring-Fimmel. Nicht nur Mutter Elsie versorgt ihren Sohn mit Ringen, auch die weiblichen Fans schenken Ringo Ringe.

Anfang Oktober 1960 fliegen Rory Storm & The Hurricanes nach Hamburg. Allan Williams, der in Liverpool den Jacaranda Club leitet und gute Beziehung zu seinem Kollegen Bruno Koschmider in Hamburg unterhält, wollte eigentlich Rory und seine Jungs schon im Sommer nach Hamburg schicken. Aber die Hurricanes verbrachten ihren schönen Sommer in den Butlin's Feriencamps. Rückblickend sagt Ringo, die Zeit dort sei paradiesisch gewesen. Der sportliche Rory bringt ihm hier das Schwimmen bei.

Williams wollte als Ersatz für Rory als beste Alternative Gerry & The Pacemakers schicken. Weil das auch nicht klappte, bekamen die Beatles ihre Chance.

Im Kaiserkeller beobachten sich die Bands gegenseitig. Für John Lennon steht fest, dass Rory es geschafft hat. Im Vergleich zu den

Hurricanes hält er seine Band für Amateure, allerdings ehrgeizige und lernwillige. Rorys Leute werden besser bezahlt als die Beatles. Sie sind die Headliner. Die Bandmitglieder tauschen sich aus, verbringen gemeinsam ihre Freizeit und werden Freunde. Ringo sitzt nachts einmal betrunken im Publikum als die Beatles auf der Bühne rocken und ruft: „Spielt etwas langsames!" Die Beatles gehorchen sofort. John sagt später, Ringos Autorität habe ihn beeindruckt. Und Ringo bestätigt: „Wenn ich zu viel getrunken habe, werde ich melancholisch. Dann will ich traurige Lieder hören."

Ende Oktober finden in Hamburg im Akustik Studio Aufnahmen statt. John, Paul, George und Ringo nehmen zum ersten Mal gemeinsam Songs auf. Sie agieren als Begleitband von Lu Walters. Er ist Bassist bei Rory Storm & The Hurricanes. Aber diesmal ist er der Leadsänger, weil er für die Aufnahme bezahlt und John, Paul, George und Ringo sorgen für den Sound zum Song „Summertime". Es werden nur wenige Scheiben gepresst und keine ist erhalten.

Ringo lebt immer noch im kleinen Haus in Admiral Grove. Zu seinem 21. Geburtstag lädt er 80 Leute ein. Ein Foto zeigt die lustige Gesellschaft neben dem Haus. Ringo erinnert sich an die beste Freundin seiner Mutter. Sie hieß Annie McGuire. Wenn er zu Hause Schlagzeug spielte, sagte sie: „I'll see you on the Palladium, son!" Der Konzertsaal Liverpools war das Höchste, was man als Musiker erreichen konnte. Ringo erinnert sich gerne an die aufmunternden Worte der Frau. „You remember things like that, because there were a lot of people saying, ‚keep the noise down'."

18. August 1961: Die Beatles sollen im Cavern spielen, aber Pete Best ist verhindert. Ringo springt ein. Er kennt zwar alle Songs, aber bei Rory spielt er sie anders. Es harmoniert nicht richtig, erinnert sich Ringo, aber es macht viel Spaß. Sie lachen über die Fehler und ziehen die Show durch.

5. Februar 1962: Pete Best ist krank. Wieder springt Ringo für ihn ein. Die Vier spielen im Cavern und im Kingsway Club in Southport. In jener Zeit lernt Ringo die um sechs Jahre jüngere Maureen „Mo"

Cox im Cavern kennen, seine spätere Ehefrau. Sie ist angehende Friseurin in Liverpool. Das Paar hat später den Plan, eine Friseur-Kette zu gründen, verwirklicht ihn aber nicht.

18. August 1962: Zum ersten Mal spielt Ringo als offizielles Mitglied bei den Beatles mit. Vor der Show beim Horticultural Society Dance in der Hulme Hall in Port Sunlight proben sie zwei Stunden lang. Tags darauf spielt Ringo mit den Beatles als offizielles Bandmitglied im Cavern. Die Fans sind entsetzt. Es kommt zu Raufereien. Das Publikum skandiert: „Pete forever, Ringo never". Ringo ist anpassungsfähig, rasiert seinen Bart ab und lässt sich wie die anderen drei frisieren. Aber es dauert noch Monate, bis die Liverpooler ihn akzeptieren.

Ringo, wir lieben Dich

11. September 1962: In den EMI Studios in der Abbey Road finden Aufnahmen statt. George Martin produziert die Beatles für das EMI-Label Parlophone. Er ist unzufrieden mit Ringos Spiel, das er am 2. und 4. September zum Besten gegeben hat. Ringo sagt, dass er bei der ersten Session unter den Augen George Martins überehrgeizig gewesen sei: Er habe an den Drums zusätzlich mit Marakas und Tambourine gespielt, alles in einem. „Da hat sich George wohl gedacht, ‚so etwas Verrücktes'". Jetzt wird Ringo durch Andy White ersetzt. Der frischgebackene Beatle darf nicht Schlagzeug, sondern nur Maracas und Tambourine spielen. Ringo fragt sich, ob das schon das Ende ist. Ob sie mit ihm jetzt dasselbe machen wie mit Pete Best.

Winter 1962 / 1963: Obwohl sich der Erfolg langsam einstellt, reisen die Beatles noch mit einem Bus von Konzert zu Konzert und übernachten in Doppelzimmern. Ringo teilt sich sein Zimmer oft mit Paul. Das Leben auf Tour schweißt die vier zusammen. Wenn Neil Aspinall einmal ausfällt, fährt Mal Evans. Ringo erinnert sich an eine nächtliche Nebelfahrt von London zurück nach Liverpool. Ein Stein durchschlägt die Windschutzscheibe. Glassplitter fallen ins Auto, weshalb

Mal Evans die Scheibe ganz hinausdrückt und im Schritttempo weiterfährt. Es zieht im Bus. Es ist eiskalt. Ringo, John, George und Paul liegen hinten im Bus aufeinander. Der Oberste geht nach einiger Zeit zuunterst. Alle vier erzählen Varianten dieser Geschichte, aber Ringo ist der einzige, der die Whiskyflasche erwähnt, mit der sie sich zusätzlich wärmen.

Einerseits ist Ringo frustriert, dass Schlagzeuger in den Medien kaum beachtet werden. Andererseits findet er in John, Paul und George die Brüder, die er nie hatte. Die Freunde schätzen seinen trockenen Humor. Ringo isst zum ersten Mal geräucherten Lachs. Rückblickend weist er auf die Gewichtszunahme der Fab Four 1963 hin. Vor allem John habe nach jeder neuen Erfolgsmeldung gesagt: „Und nun? Lasst uns essen gehen!" Ringo ist mit den Entscheidungen der anderen meistens einverstanden. Nur im Studio weiß man nie genau, ob seine missmutigen Äußerungen witzig oder sarkastisch gemeint sind. Ringo bezeichnet den Moment, als er zum ersten Mal die erste Single in Händen hält, als einen der schönsten seines Lebens. Er trommelt selbst darauf. Es ist dieses „piece of plastic", das ihn unendlich glücklich macht.

Am 17. Oktober 1962 werden die Beatles erstmals gefilmt. Die TV-Firma *Granada* aus Manchester filmt das Quartett im Cavern. Ringo sitzt unumstritten am Schlagzeug. Gespielt wird u. a. auch „Love Me Do". Am 26. Oktober 1962 sind die Beatles wieder in London im Studio und nehmen „Please Please Me" auf. Im November sind sie erneut in Hamburg, diesmal mit Ringo. Die Bedingungen sind prima, jeder hat sein eigenes Hotelzimmer. Ringo lernt den 16-jährigen Billy Preston kennen, der Little Richard am Piano begleitet. Bis zu Billys Tod 2006 bleiben die beiden Freunde. Billy tritt mehrfach in den 1990er Jahren in Ringos All-Starr Band auf.

Anfang Mai 1963 landen die Beatles nach „Please Please Me" mit „From Me To You" ihren zweiten großen Erfolg. Die Single bleibt mehrere Wochen lang auf Platz Eins der britischen Charts. Zudem führen sie ab Mai auch die Album-Charts an. Zu diesem Zeitpunkt haben die Rolling Stones noch keine einzige Platte veröffentlicht. Am 1. Juli 1963 nehmen die Beatles „She Loves You" auf. Die Beatlemania bricht sich auch dank dieses Songs und dank Ringos Drum-Intro Bahn, treten doch die Beatles damit in TV-Shows und im November vor der Queen auf. Das Konzert im Prince of Wales Theatre in West-London vor den Royals wird gefilmt und im selben Monat landesweit ausgestrahlt. Damit fachen die Beatles die Hysterie unter den Fans weiter an. Den Rolling Stones, die mit ihrer ersten Single „Come On“ nur mäßig erfolgreich sind, überlassen John und Paul den Song „I Wanna Be Your Man“. Sie wird die zweite Single der Stones und erreicht im Dezember Platz Zwölf der Charts.

17. Oktober 1963: Die Beatles nehmen ihre Single „I Wanna Hold Your Hand“ auf. Ungewöhnlich: Ringo haut im Intro mehrfach auf die Becken. Es ist das erste Lied, bei dem im Studio für die Beatles die Vierspurtechnik angewandt wird.

23. Oktober 1963: Die Beatles nehmen den Song „I Wanna Be Your Man“ auf. Ringo spielt nicht nur Schlagzeug, er singt gleichzeitig. Spätestens jetzt hat er die Gewissheit, ganz bei den Beatles anzukommen und nicht mehr nur der Neue in der Klasse zu sein. Als Ringo in jener Zeit mal wieder bei seinen Tanten in Liverpool zu Besuch ist, wird ihm wieder klar, wie sehr sich sein Leben gerade ändert: Solche Besuche bei den Tanten fanden davor sehr häufig statt und liefen immer ähnlich ab. Diesmal aber reicht etwas verschütteter Tee und sofort springt eine Tante auf und macht sauber. „Die Leute vergessen, sich in meiner Gegenwart normal zu verhalten“, sagt Ringo. Das Schlüsselerlebnis sei bis heute ein „arrow in the brain“.

Februar und März 1964: Ringo entdeckt die USA. George Harrison kannte als einziger der Fab Four das Land der unbegrenzten Möglichkeiten, weil er im Jahr davor seine Schwester besucht hatte. Er fragte in vielen Plattenläden nach den Beatles, aber niemand kannte sie oder hatte ihre Scheiben. Auch im Rundfunk waren die Beatles nicht zu hören. Brian handelte daraufhin einen guten Deal mit der US-Firma Capitol aus. Eine hohe Summe wurde in das Marketing investiert, bevor die British Invasion beginnen konnte. Und der Zufall kam zu Hilfe, als Ed Sullivan am Londoner Flughafen Heathrow die Ankunft der Beatles erlebte. Sie kehrten aus Schweden zurück und wurden von hysterischen Fans empfangen. Ed buchte sofort die Beatles für seine TV-Show.

Ringo erinnert sich an seine erste Landung in New York City. Er wähnte sich in einem Science Fiction Film. Unten lag die Metropole wie ein großer Octopus, der die Fab Four hinabzog. Aber die Freude überwog: Endlich war Ringo im Land, aus dem die Musik kommt, die er liebt. Die Beatles behaupten sich gegenüber den fordernden Medien in vielen Interviews. Ringo begeistert mit seiner Schlagfertigkeit. Zaghafte Journalistin: „Would you please say something?“ Ringo: „No.“ Von den USA aus sagt Ringo einem Journalisten in London: „Es kommen immer dieselben Fragen: ‚Habt ihr Glatzen? Was macht ihr mit dem vielen Geld?‘“ Daraufhin will der Journalist in der Heimat wissen: „Habt ihr gezeigt, dass ihr keine Perücken tragt?“ Ringo am Telefon: „Ja, wir haben sie abgenommen.“

Ringo fotografiert sehr viel in den USA. Es gelingen ihm auch fabelhafte Schnappschüsse von Brian und George Martin mit den damals weit verbreiteten Beatles Perrücken. Die Fans werden manchmal lästig. Ein Mädchen springt Ringo auf den Rücken und reißt ihm seine Halskette mit dem Heiligen Franz von Assisi weg. Eine Tante hatte sie ihm geschenkt. Er trägt sie manchmal heute noch, weil er im Radio das Mädchen bat, sie zurückzubringen. Es würde ein Kuss von ihm bekommen. Prompt meldete sich das Mädchen.

Ringo wird am Bahnhof von Washington gefilmt. Er sagt den Reportern: „It's great to be in New York City.“ Er wird verbessert und entschuldigt sich: „Ah, we're moving so fast.“ Der britische Botschafter organisiert einen Empfang, bei dem jemand Ringo in der Menge an den Haaren reißt. Ringo pöbelt zurück und verlässt mit John die Botschaft. Am 11. Februar spielen sie im Colosseum wie in einem Boxring. Ringos Schlagzeug befindet sich auf einer Drehbühne. Manchmal klemmt sie. Ringo bringt sie durch vollen Körpereinsatz gefährlich ins Wanken. Miami bezeichnet Ringo als den schönsten Ort, in dem er jemals war. Er liebt das Klima und die Palmen. Er darf eine Yacht lenken und demoliert sie beim Einfahren in den Landungssteg. Zurück in London sagt er bei der Pressekonferenz am Flughafen: „Ich wusste bis jetzt nicht, was Sonne bedeutet."

Es gibt viele Hinweise, dass Ringo in den USA der beliebteste Beatle ist. Einen liefert die 17-jährige Bonnie Jo Mason. Ihre erste Single, die inmitten der British Invasion erscheint, heißt: „Ringo, I Love You". Komponiert und getextet haben den Song u. a. Phil Spector und – hier kreuzen sich virtuell schon die Wege mit Ringo – Vini Poncia. Vini wird in den 1970er Jahren einer der besten Freunde Ringos und zu zweit komponieren sie Dutzende Songs. „Ringo, I Love You" wird kein Erfolg, auch nicht die B-Seite, ein Instrumental mit dem Titel „Beatle Blues". Und doch ist es der Start einer großen Karriere. Bonnie Jo Mason ist nämlich das Pseudonym für Cherilyn Sarkisian, kurz Cher. Ihre Stimme ist so tief, dass der Song für Irritationen sorgt. Einige Journalisten meinen, ein schwuler Mann singe: *Ringo, I love you yeah yeah yeah. More than anything in this world I wanna be your only girl. Please let me hold you. Ringo, they say yeah yeah yeah. I'll never get to hold it tight. But still I dream of you at night. Please let me hold your hand. I want to run my fingers through your hair. I want to let you know how much I care. Ringo, more than anything I want to wear your ring. Oh Ringo.*

Ringo sloopt

Sommer 1964: Ringo kollabiert am 3. Juni während einer Foto-Session. Er muss mit stark entzündeten Mandeln und hohem Fieber im Krankenwagen in die Notaufnahme. Der ganze Rachenraum ist betroffen. Die Mandeln können noch nicht entfernt werden.

Tags darauf entscheidet man, dass Session-Drummer Jimmy Nicol ihn auf der bevorstehenden Welt-Tour ersetzen soll. George ist dagegen. Es wird starker Druck auf ihn ausgeübt, bis er nachgibt. Treibende Kraft für die Wahl Jimmy Nicols ist George Martin, der Nicol kennt und schätzt. Martin hat mehrfach mit Nicol im Studio gearbeitet. Zudem kennt Nicol alle Beatles-Songs in- und auswendig, weil er der Drummer auf dem Album „Beatlemania" mit Beatles-Coverversionen ist. Nicol schlägt sich musikalisch auf der Bühne gut. Er trägt

Ringos Anzüge und benutzt Ringos Drum Kit. John, Paul und George senden Ringo aus Australien aufmunternde Telegramme.

Ringo ist verzweifelt. Er hat Angst, dass ihm jetzt das gleiche Schicksal wie Pete Best bevorsteht. Pressesprecher Tony Barrow bemerkt später, dass die Entscheidung für Jimmy Nicol ein Hinweis auf den schwachen Status Ringos in der Band-Hierarchie ist. Wären John, Paul oder George im Krankenhaus gewesen, hätte man die Tour abgesagt.

Am 13. Juni geht es Ringo wieder so gut, dass er mit Brian Epstein nach Australien fliegen kann, wo er am 15. Juni schon wieder mit den Beatles spielt. Am selben Tag fliegt Jimmy Nicol zurück nach London. Sein späteres Schicksal ist dramatisch: Er verkraftet die paar Tage des Ruhms als Beatle nicht.

Melbourne, Sydney, Wellington, Auckland, Dunedin, Christchurch, Brisbane – egal, wo die Beatles auftreten, jede Stadt scheint die vorhergehende mit Fanbezeugungen übertrumpfen zu wollen. Die Fab Four zeigen sich jeweils an den Fenstern ihrer Hotels. Als Ringo eines Nachmittags auf die Menge hinabschaut, sieht er einen Jungen an Krücken, scheinbar ein Fan wie alle anderen. Ringo fokussiert sich auf ihn, weiß aber nicht warum. Plötzlich wirft der Junge die Krücken weg und fällt mit Wucht aufs Gesicht. „Er dachte wohl, wir hätten ihn heilen können. Ich kann den Moment nicht vergessen“, sagt Ringo.

Die Single „Ringo's Theme (This Boy)“, ein Instrumentalstück des George Martin Orchestras aus dem Film „A Hard Day's Night“ erscheint im Sommer in den USA und in Großbritannien. Im August und September konzertieren die Fab Four wieder in den USA. Ringo erinnert sich: „Ein Set dauerte 30 Minuten. Wenn wir schnell spielten dauerte es nur 25 Minuten. Und wir spielten nur Hits.“ Die Arbeitszeit der Beatles hängt demnach wesentlich von Ringo ab: Mehrfach ist deutlich zu hören, wie er bei einigen Songs das Tempo verschärft. Das Kreischen der Fans geht ihm auf die Nerven. Ringo zieht die Gigs schnell durch. Auch die Journalisten nerven: „Woher kommt euer Haarschnitt?“ Ringo: „Ich bin eines morgens aufgewacht. Da war er.“ Die Beatles absolvieren 32 Shows in 34 Tagen in 24 Städten. Am

22. August machen sie einen Abstecher nach Kanada, den Ringo in schlechter Erinnerung hat. Sie treten in Vancouver auf und einige Medien berichteten davor, man werde anhand dieses Schlagzeugers, dieses englischen Juden ein Exempel statuieren. Von Attentatsplänen ist die Rede. Wie so oft spielt Ringo live in erhöhter und damit exponierter Position. „Ich hatte immer einen Polizisten an meiner Seite. Aber was sollte der tun? Sollte er mit bloßen Händen die Kugel einfangen?“ Ringo stellt auch hier seine Becken schräg.

23. Oktober 1964: Ella Fitzgerald ist im Studio und nimmt den selbstkomponierten Song „Ringo Beat“ auf. Inspiriert dazu wurde sie von ihrem 16-jährigen Ziehsohn Ray Brown Jr., der damals Schlagzeug spielte wie Ringo. Das Billboard Magazine schrieb im Dezember: „Swinging Fitzgerald takes off on that all too famous beat.“ Ella singt: *When he smiles and chases and starts that beat, the kids start screaming and stomping their feet. It's the younger generations' kind of rhythm. So don't be a freak come on the get with them ... No doubt about it there's a new sensation. He started a rhythm for the younger generation. So don't knock off the kids today. Remember they're playing the Ringo way.*

November 1964: Die Jack Dorsey Big Band veröffentlicht die Single „Ringo's Dog“ in Großbritannien. Es erscheinen in den 1960er Jahren rund 40 Songs mit Ringo als Thema. Bemerkenswert ist „Ringo For President“ von The Young World Singers. Der Song entsteht als Folge der „Ringo For President“-Kampagne, die frustrierte Teenager im Sommer 1964 starten. Sie entwickelt eine beachtliche Eigendynamik samt Buttons und Postern. Ein typisches Interview lief so: „Ringo, how do you feel about the ‚Ringo for President‘ campaign?“ „Well, it's marvelous!“ „Assuming you were President of the United States, would you make any political promises?“ „I don't know. I'm not sort of politically minded.“

Der Mädchenchor The Young World Singers begründet die Wahl für Ringo, er sei ihr Kandidat, weil er nicht vom Krieg spreche: *If I could vote I'd vote for Ringo. Ringo for president. R-I-N-G-O-O-O. We want Ringo. He's our candidate. Because he makes us feel so great, because he doesn't talk about war, out on the big dance floor.* Die Single erscheint bei Decca in den USA und wird im gleichzeitig stattfindenden Präsidentschaftswahlkampf viel zitiert.

Reine Freude drücken die Bon Tons, die späteren Shangri La's, mit „What's Wrong With Ringo?" aus, oder Angie & The Chicklettes mit „Treat Him Tender, Maureen" oder auch Veronica Lee with The Moniques „Ringo Did It". Auch Veronica bevorzugt eindeutig Ringo. John, Paul und George haben das Nachsehen.

Anfang Dezember 1964: Ringos Mandeln werden entfernt. Die Presse berichtet ausführlicher als über die Beatles und manch weltpolitisches Ereignis.

11. Februar 1965: Ringo und Maureen heiraten. Nach John ist Ringo der zweite verheiratete Beatle. Auf Ringos Partys wird getanzt. Nicht umsonst heißt es: „Ringo Starr is a dancing star". Er ist der begabteste Tänzer der Fab Four. Er legt vor der Kamera, aber auch hinter der Bühne immer wieder seine kleinen Tänze ein. Ringo liebt die verschiedenen Stile, die in den USA in den 1960er Jahren populär werden. Bei seinen Performances auf der Bühne integriert er im Lauf der Jahrzehnte Elemente des Twist, des Watusi oder des Swim. Dominant sind bei Ringo der Jerk und vor allem der Sloop, denn Ringo liebt es, bei seinen Tanz-Einlagen die Arme zu heben. Ohne Drum Sticks in den Händen schwingt er sie mit Mitte Zwanzig in Londons Diskotheken hoch, manchmal über den geneigten Kopf und wiegt den Körper im Rhythmus der Songs. Wenn der junge Ringo sloopt, fliegen ihm die Mädchenherzen zu. Es ist die Band The Vibrations, die den Sloop 1964 mit „Sloop Dance" bekannt machen. Manche der Gesten wird Ringo beibehalten. Letztlich ließen sich auch Ringos rhythmische Peace and Love Signs im 21. Jahrhundert auf den Sloop und den Jerk zurückführen.

Kreiert wurde der Tanz 1964 vom R&B-Trio The Larks. Gegen Ende ihres einzigen Top Ten-Hits „The Jerk" schwingt Leader Don Julian die Arme hoch vors Gesicht und über den Kopf. Manchmal ballt er die Hände zu Fäusten und gleicht einem Boxer in Abwehrhaltung.

Diesen tänzerischen Einfallsreichtum bewundert Ringo, der sich zudem Anfang der 1970er Jahre kaum einen der wichtigen Boxkämpfe entgehen lässt und manchmal nächtelang die TV-Übertragungen verfolgt. Seine Begegnung mit Cassius Clay von 1964 wirkt nach. Damals nimmt ihn der Box-Champion in die Arme und hebt ihn mühelos hoch. „Ich habe keine Ahnung, warum er ausgerechnet mich packte“, erinnert sich Ringo. „Es kam völlig überraschend“. Ringo ist beeindruckt von der physischen und spirituellen Kraft Muhammad Alis. Ringos Version von Johns Song „I'm The Greatest“ von 1973 für das Album „Ringo“, ist die mit Abstand überzeugendste. Er singt den Song mit Muhammad Alis Motto heute noch live, passt jeweils das Alter im entsprechenden Vers an den Ist-Zustand an und streckt den Arm in die Höhe, die Hand zur Faust geballt, so wie Klaus Voormann ihn eindrucksvoll für das Begleitheft im LP-Format porträtiert hat. John, George und Brian Epstein sind bei der Hochzeitsparty dabei. Paul macht in Afrika Urlaub.

Meditieren mit dem Maharishi

27. August 1965: Die Beatles treffen Elvis in Beverly Hills. Ringo bestätigt die Äußerungen seiner Freunde, dass der King mit einer Fernbedienung vor dem Fernseher saß, die erste Fernbedienung, die die Fab Four sahen. Aber Ringo dementiert heftig, dass da jemand von der „Memphis-Mafia“ Gitarren gebracht hätte und eine Jam Session stattgefunden habe. Stattdessen porträtiert Ringo treffend das große Idol und das Problem des Größenwahns: Mit Elvis sei es abwärts gegangen, weil er keine wirklichen Freunde gehabt habe. Das sei bei den Beatles anders gewesen. Jeder sei mal ausgeflippt. Aber dann hätten die anderen ihn wieder geerdet. „That's what saved us. I remember being totally bananas thinking ‚I'm the one‘. But the other three looked at me and said: ‚What are you doing?‘ I remember each of us getting into that state.“

Ringo hatte ein ungutes Gefühl bei Elvis: „It faded out. You couldn't get close“. Nachträglich wurde bekannt, dass Elvis die Beatles aus den USA verbannen wollte. Er hatte gute Kontakte zur CIA. „Er fühlte sich durch uns wohl bedroht", vermutet Ringo. Die 65er US-Tour empfindet Ringo als großes musikalisches Fiasko. „Ich konnte nur mit Mühe den Offbeat halten. Die Leute kamen nicht, um uns zu hören. Sie kamen, um uns zu sehen", so Ringo.

13. September 1965: Ringos und Maureens erstes Kind kommt im Londoner Queen Charlotte's Hospital auf die Welt, Sohn Zak. Kurz zuvor hatte John gesagt, er werde seinen Sohn Julian auf eine Privatschule schicken. Ringo kontert: „Die staatliche Schule war gut genug für mich. Sie wird auch für Zak gut genug sein."

7. Oktober 1965: Pete Pest verklagt Ringo, weil dieser in einem Playboy-Interview Beleidigungen und Unwahrheiten über ihn verbreitet habe.

26. Oktober 1965: John, Paul, George und Ringo bekommen im Buckingham Palace den „Order of the British Empire" MBE (das ist die niedrigste Stufe, „M" steht für Member). Die Queen fragt Ringo: „Did you start the band?" Ringo antwortet: „No, I was the last to join. I'm the little fellow."

1966: Ringo und Maureen sowie John und Cynthia fliegen im Januar nach Trinidad für einen zweiwöchigen Urlaub. Im Juli 1966 macht Ringo Urlaub in Indien. Ringo fotografiert mehr denn je: Er experimentiert mit den neuen Fischaugen-Objektiven und Prisma-Linsen. Im August beschließen die Beatles, nicht mehr auf Tour zu gehen. Der Aufenthalt auf den Philippinen war traumatisch: „Ich hasste die Philippinen. Ich war seither nie wieder dort. John und ich versteckten uns am Flughafen hinter Nonnen. Vor dem Abflug nahm man Brian das ganze Geld ab", erinnert sich Ringo. Im Oktober besuchen Ringo und Maureen John in Spanien, wo er im Film „How I Won The War" mitspielt. „Ich glaube, John fühlte sich einsam. Ich wollte ihm helfen", so Ringo.

1967: Ringo und John besuchen im Februar ein Konzert von Chuck Berry im Savile Theatre. Am 19. August wird Ringos und Maureens zweiter Sohn Jason ebenfalls im Londoner Queen Charlotte's Hospital geboren. Am 27. August stirbt Brian Epstein mit nur 32 Jahren. Keiner der Beatles nimmt am Begräbnis teil. Die Sorge vor hysterischen Fans ist zu groß. Die Fab Four sind selbst außer sich ohne ihre Vaterfigur: „Wir waren wie geköpfte Hühner: Was machen wir? Was machen wir?", erinnert sich Ringo. Im Dezember fliegt er nach Rom zu Dreharbeiten für den Film „Candy".

1968: Im Januar tritt Ringo in der BBC Show „Cilla" mit Cilla Black auf. Im Februar fliegen Ringo und Maureen mit Paul und Jane Asher nach Indien zum Ashram des Maharishi Mahesh Yogi in Indien. Früher als geplant verlassen Ringo und Maureen Rishikesh schon nach zehn Tagen. Trotzdem hinterlässt der Aufenthalt eine nachhaltige Wirkung auf Ringo, der heute noch jeden Morgen im Sinne des Maharishi meditiert. „Der Maharishi hat mich beeindruckt. Er lachte die ganze Zeit. Er zeigte mir eine ganz andere Perspektive – die fernöstliche." Im April schauen sich Ringo und John das Musical „Charlie Girl" im Londoner West End im Adelphi Theatre an, in dem Gerry Marsden, der Ex-Bandleader von Gerry & The Pacemakers in der Hauptrolle des Joe Studholm auftritt und mehrere Lieder singt. Im Mai schauen sich Ringo und Maureen gemeinsam mit George und Pattie Boyd den Experimental-Film „Wonderwall" mit der jungen Jane Birkin bei der Premierenfeier in London an. George ist für den Avantgarde-Soundtrack verantwortlich. Wenige Wochen später fliegen die vier nach Kalifornien, wo sie u.a. Joan Baez treffen. Am 13. Juni jammen Ringo und George in Los Angeles gemeinsam u.a. mit David Crosby von den Byrds, Peter Tork von den Monkees und Peter Asher. Am 16. Juni besuchen Ringo und Maureen ein Club-Konzert von Jimi Hendrix. Am 22. August hat Ringo die Nase voll: Mitten während der Aufnahmen zum „White Album" verkündet er, dass die drei anderen sich einen neuen Drummer suchen sollen und verlässt London. Bei seiner Rückkehr am 5. September wird er herzlichst von den Fab Three empfangen. George hat das Studio und sein Schlagzeug mit Blumen schmücken lassen. „Die Aufnahme von ‚Yer Blues' war wie am Anfang. Wir waren alle nahe beieinander in einem kleinen Raum und spielten live", erinnert sich Ringo. „Ich liebe das ‚White Album'. Klar, wir hatten zu viele Infos. Man hätte ‚The White' und ‚The Whiter Album' machen können."

Im November zieht Ringo um: Er verlässt mit seiner Familie sein Haus in Weybridge und zieht in den vornehmen Londoner Stadtteil Elstead, von dem aus er rasch in die Studios gelangt. Im Dezember fliegen Ringo und Maureen mit Mal Evans und Geoffrey Ellis nach Rom zur Premiere des Films „Candy".

„Give Peace A Chance"

1969: Im März fliegt Ringo nach New York zu Aufnahmen für „The Magic Christian". Drei Tage später sagt er in einem Interview, dass die Beatles nie wieder gemeinsam, live und vor Publikum auftreten werden. Die Aufnahmen werden am 2. Mai beendet. Im Juli 1969 verunfallen John und Yoko während einer Reise durch Schottland mit dem Auto. Ringo und Maureen springen für die beiden bei einer Pressekonferenz in der Chelsea Town Hall in London ein. Sie vertreten das Motto „Give Peace A Chance" und die Plastic Ono Band. Auf der Bühne befinden sich jedoch nur Tonbänder. Zudem ertönt der Song „Cold Turkey" aus den Lautsprechern. Zum komplexen und avantgardistischen Konzept von Yokos und Johns Plastic Ono Band ist eine Monographie in Vorbereitung. Am 7. Juli, an Ringos 29. Geburtstag, nehmen die Fab Four in den Abbey Road Studios „Here Comes The Sun" auf. Im August besuchen Ringo und Maureen mit Freunden Ringos Idol Hank Snow. Hier bahnt sich schon Ringos Country & Western-Album „Beaucoups Of Blues" (1970) an. Das Konzert Hank Snows im Palladium in London begeistert Ringo. Songs von Hank Snow gehörten schon früh zum Repertoire der Mersey Beat-Bands. Und bereits am 24. Juni 1961 hatten Tony Sheridan & The Beat Brothers „Nobody's Child" in Hamburg aufgenommen: Produzent Bert Kaempfert kümmerte sich damals um Tony (Gesang und Gitarre),

George (Gitarre) Paul (Bass) und Pete Best (Schlagzeug). Für die Veröffentlichung in den USA wurde der Drum-Part mit Bernard Purdie neu aufgenommen. 1990 covern die Traveling Wilburys den Song mit Ringo am Schlagzeug zu Wohltätigkeitszwecken für Waisenkinder in Rumänien.

Im August besuchen Ringo und John das Isle of Wight Festival und sind besonders von Bob Dylans Auftritt beeindruckt. Im September muss Ringo mit akuten Magenproblemen ins Middlesex Hospital in London gefahren werden. Ende Oktober beginnt Ringo mit den Aufnahmen zu seinem ersten Soloalbum „Sentimental Journey" unter der Leitung George Martins in den Abbey Road Studios. Im Dezember strahlt der Sender Yorkshire Television eine Dokumentation zu Ehren George Martins aus. Bei „With A Little Help From My Friends" und „Octopus's Garden" ist Ringo mit von der Partie, ebenso die Hollies und Martins 40-köpfiges Orchester.

Unternehmungslustig beendet Ringo das Jahr und schmiedet schon Pläne für das kommende. Viele ahnen das Ende der größten Rock-Band der Welt voraus. Für manche Fans wird es schlimmer als für Ringo, George, Paul und John. „Die Trennung der Beatles war wie eine Scheidung. Das geschieht nicht einfach. Das zeichnet sich lange davor ab", so Ringo: „We're going to different places." Die Fab Four stürzen sich voller Tatendrang in das kommende Jahrzehnt.

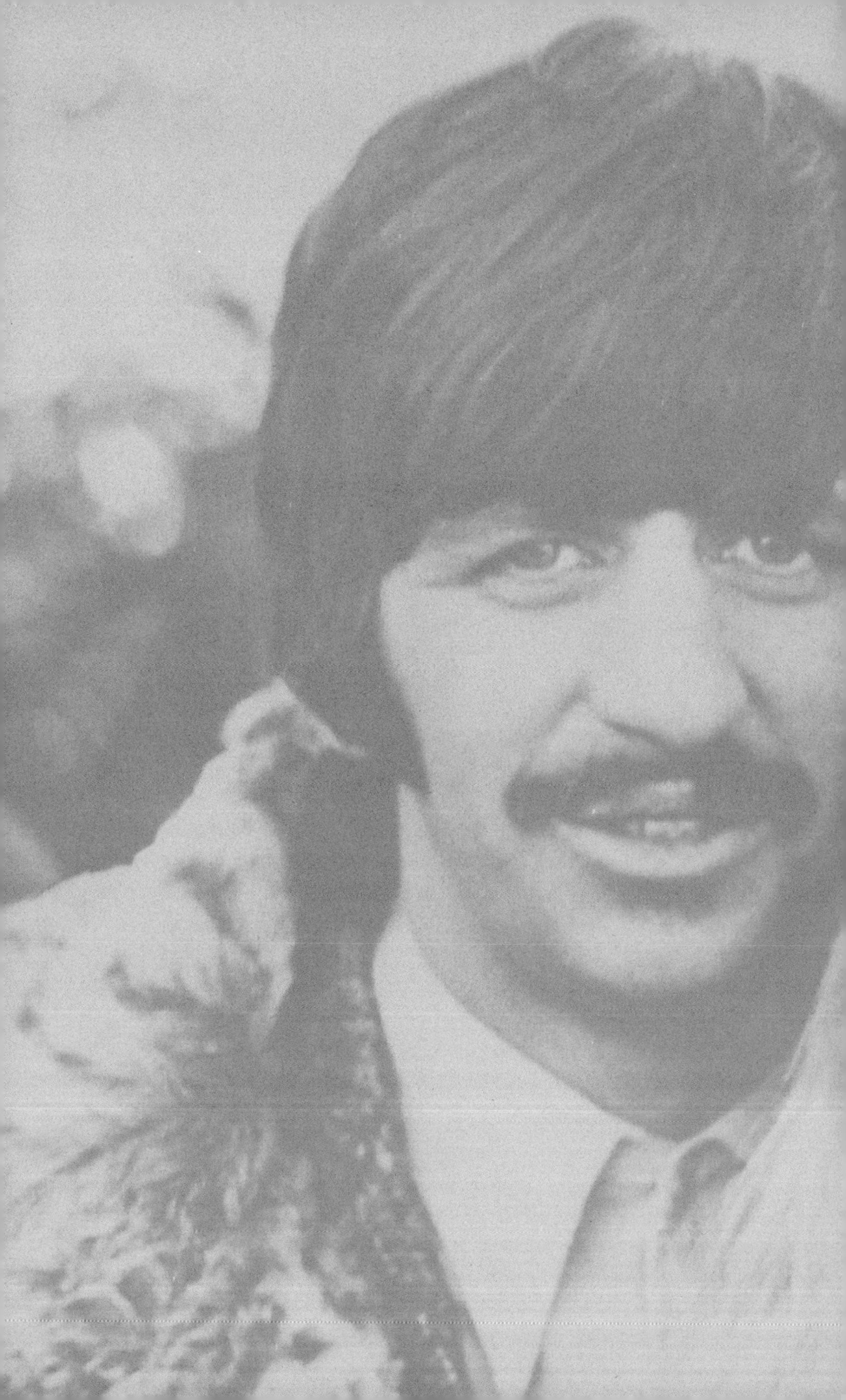

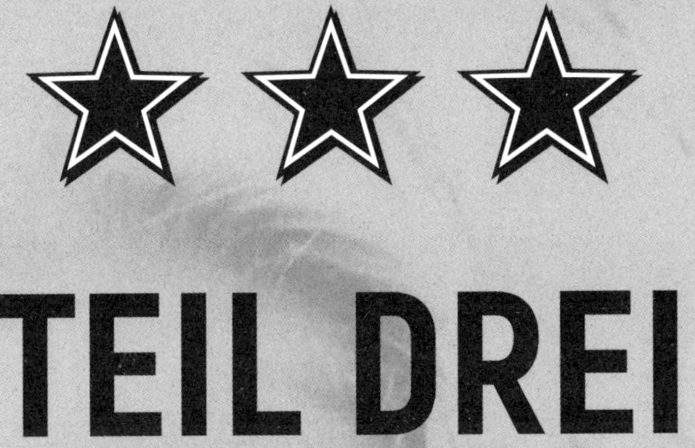

TEIL DREI

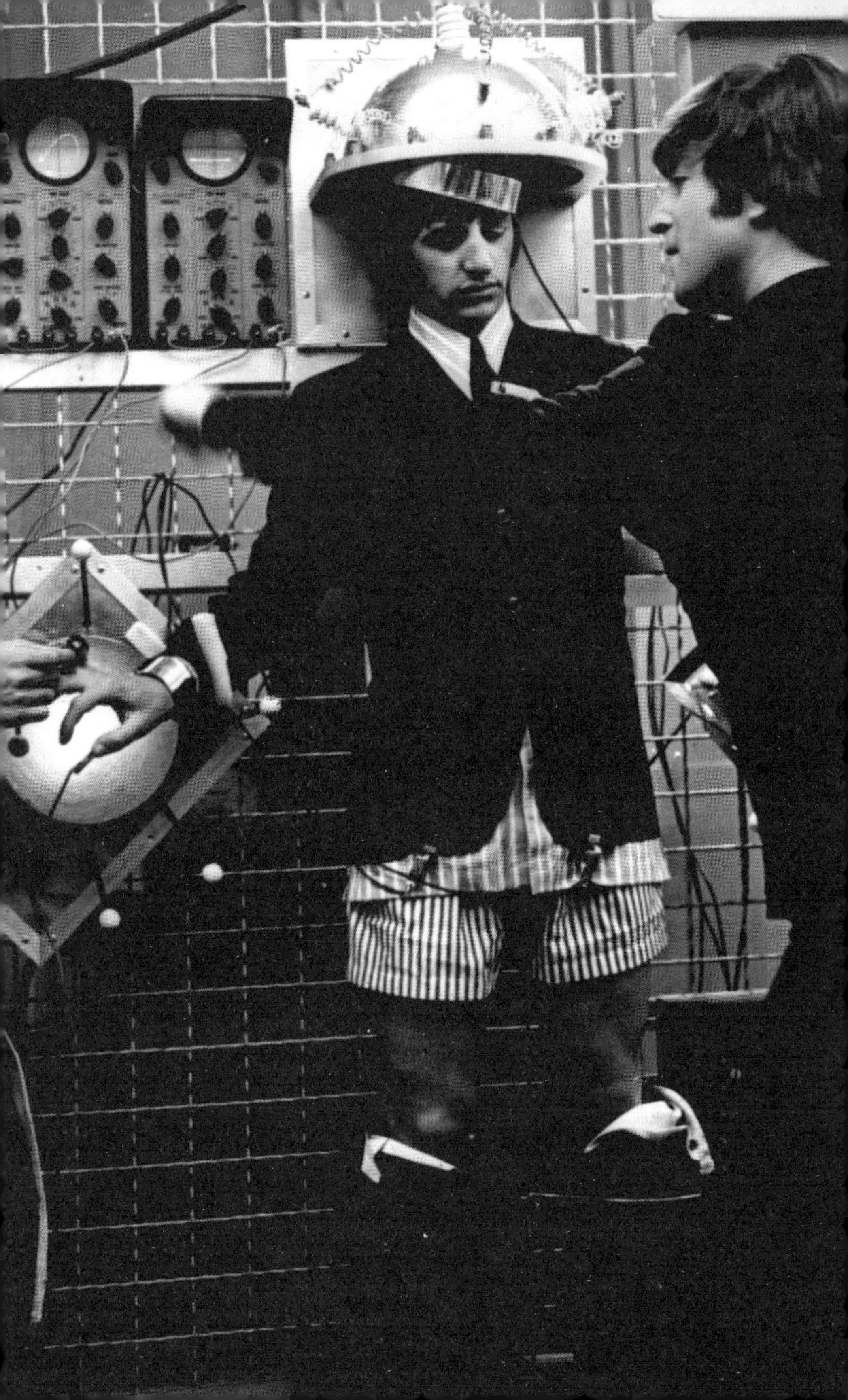

RINGO DER SCHAUSPIELER, FILMEMACHER UND FOTOGRAF

Auf kurze Filmauftritte Ringos auch im Zusammenhang mit Dokumentationen und Videoclips wurde schon hingewiesen. Ringo Starr hat jedoch in einigen Filmen mitgewirkt, die inzwischen Zeitdokumente sind. Ringo prägt mit seiner starken Persönlichkeit und Leinwandpräsenz nicht nur einzelne Szenen, sondern manchmal ganze Spielfilme. Einige Werke mit Ringo besitzen beachtlichen cineastischen Wert. Dazu gehören u.a. die Dokumentation „A Hard Day's Night", deren heimlicher Hauptdarsteller er ist, sowie die Komödie „The Magic Christian", deren bizarre Kapitalismus-Kritik heute noch wirkt.

„The Beatles Come To Town", 1963

(Kurzdokumentation, 6 Minuten)
Mehrere Radio- und TV-Sender sind am 20. November 1963 in Manchester anwesend: Pathé News (heute bekannt als British Pathé mit einem Filmarchiv von 1910 bis 1970) filmen im ABC Cinema den Auftritt der Beatles. Bemerkenswert: Es werden vor dem Konzert die Fans gefilmt, zudem ein Interview, das die Beatles den vielen Journalisten geben. Ringo fällt auf: Er hält einen großen Plüsch-Pandabär in den Armen, ein Geschenk der Fans und albert damit herum: „Ringo, always good for a laugh", sagt der Kommentator. Die Fab Four werden auch im Backstage-Bereich gefilmt, und während des Konzerts halten Kameras oft auf die zumeist weiblichen Fans und dokumentieren so den Beginn der Beatlemania.

Ringo Starr spielt im Film „Help!" die Hauptrolle. Wissenschaftler versuchen mit futuristischen Methoden vergeblich, den geweihten Opferring von Ringos Finger zu lösen.

„A Hard Day's Night", 1964

(Fiktionaler Dokumentarfilm, 87 Minuten)
Drehbuchautor Alun Owen, gebürtiger Liverpooler, besucht einige Monate vor Drehbeginn die Beatles in Dublin. Er beobachtet ihre Persönlichkeiten und verteilt entsprechend die Rollen: John, der Zyniker; Paul, der Charmeur; George, der Zurückhaltende und Ringo, der traurige Clown und Einzelgänger. Der Film schildert 36 Stunden im Alltag der Beatles. „Sie sind Gefangene ihres Erfolges, Tag für Tag. Ich wollte dieses Gefühl der Klaustrophobie, diesen hohen Preis für den Erfolg, den sie zahlen, im Film komprimieren", so Owen.

Der Schwarz-Weiß-Film beginnt mit einer Zugfahrt nach London, wo sie bei einer TV-Show auftreten sollen. Sie werden von hysterisch schreienden Fans verfolgt. Als sie später im Auto vor den Twickenham Studios umzingelt von einer Horde Fans ankommen, sagt John (allerdings nicht im Film): „Paul zuerst. Er ist der Hübscheste".

Die Fab Four spielen sich in diesem Low Budget-Film selbst während der Anfänge der Beatlemania. Allerdings relativiert Regisseur Richard Lester: „Hätten wir wirklich ihren ganzen Alltag gezeigt, wie er sich tatsächlich abspielt, wären wir alle im Gefängnis gelandet." Abgemildert werden u.a. die Verhältnisse der Beatles zu ihren Groupies sowie ihr Nikotin-, Tabletten- und Alkoholkonsum. Der Schwarz-Weiß-Film erzählt also eine auf wahren Begebenheiten beruhende Phantasiegeschichte, die der Band die Möglichkeit gibt, ihre neuen Songs zu spielen. Das Lied „A Hard Day's Night" selbst wird in einer Nacht und unter großem Zeitdruck von John komponiert, nachdem die Arbeitstitel „The Beatles" oder „Beatlemania" verworfen wurden. Der Titel beruht auf einem Versprecher Ringos. Seine Malapropismen werden später Ringoismen genannt. Immer wieder beweist Ringo seine Schlagfertigkeit. Im Film wird er gefragt: „Are you a Mod or a Rocker?" Ringo: „No. I'm a Mocker."

Der Film ist ein großer Erfolg bei Kritik und Publikum. In der Presse werden die Beatles mit den Marx Brothers und insbesondere Ringo mit Charlie Chaplin verglichen. Die meisten Lorbeeren erntet jedenfalls Ringo, der auch mit seinen Tanzszenen auffällt, die in Londons exklusivem Club Les Ambassadeurs gefilmt werden. Im Club ist

Ringo der aktivste der Fab Four. Pauls Großvater, gespielt von Wilfrid Brambell, bedrängt Ringo später so sehr, dass sich Ringo alleine aufmacht, um etwas vom wahren Leben außerhalb von Limousinen, Zügen, Hotelsuiten, Diskotheken, Konzertsälen, Garderoben oder TV-Studios zu sehen. Während dieser vergleichsweise langen und berührenden Charakterstudie wird mehrfach George Martins Instrumentalversion von Johns Song „This Boy" gespielt. En passant liefert der Film die ersten Vorlagen für ein ganzes Genre: Das Musik-Video. MTV wird Jahrzehnte später Regisseur Richard Lester entsprechend ehren.

Ringo spaziert durch die Straßen und fotografiert Hausfassaden und Kleinigkeiten, wie er es heute noch tut. Im Film sind es leere Flaschen in einem Träger, heute sind es Suppenlöffel, in denen sich das Sonnenlicht spiegelt. Aber kaum unterwegs, wird Ringo von zwei Mädchen erkannt und verfolgt. Er flüchtet in einen Kleiderladen, wartet bis die Luft rein ist und taucht dann getarnt mit einem Regenmantel und einer Schirmmütze wieder auf. Als er sich seinerseits für ein Mädchen interessiert, sie ist der Typ Maureen, blitzt er ab, geht aber fröhlich von dannen. Die Verkleidung funktioniert. Allerdings fällt er einem Bobby auf. Der Polizei begegnet er noch mehrfach. Am Kanalufer will er ein Selfie – damals mit langem Selbstauslösekabel – machen, dabei fällt die Kamera ins Wasser.

Ringos Äußeres, aber auch seine Gestik und Mimik bewegen sich zwischen Jackie Coogan und Jean-Paul Belmondo. Er versucht zweimal einen Stein ins Wasser zu kicken, was ihm misslingt. Also packt er ihn mit den Händen und wirft ihn in den Kanal, was einem vorbeiradelnden Polizisten missfällt. Ringo schimpft zurück.

Später wird Ringo den Erfolg der Beatles bei den US-amerikanischen Pressevertretern damit erklären, dass sie alle Vier kräftig Kontra gaben auf die oft dummen oder dreisten und nicht selten lauthals gestellten Fragen. Damit hätten sie sich Respekt verschafft. Diese spontane Medienkritik in Live-Interviews praktiziert Ringo auch heute. Regisseur Richard Lester schlägt in dieselbe Kerbe. Er sagt, dass er mit dem Film das Selbstvertrauen der Jungs zeigen wollte. Sie kleiden sich, wie sie wollen und sprechen, wie sie wollen, sogar der

Queen gegenüber. Alles sei in der Gesellschaft Großbritanniens noch von geerbten Privilegien abhängig gewesen bis hin zum Akzent. Die Vier sind in vielen Situationen nicht nur unangepasst, sondern rebellisch: „The Beatles were the first people to attack this. They said, if you want something, do it. You can do it“, so Lester.

Ringo lernt einen Jungen kennen, unterhält sich mit ihm, lässt ihn seinen Fotoapparat ausprobieren und geht danach in ein Pub namens Liverpool Arms. Er bestellt ein Bier und ein Sandwich, das ihm nicht schmeckt. Beim Bezahlen stellt er sich so ungeschickt an, dass er die Gäste beim Spiel stört. Ringos Bierglas zersplittert. Trotzig wirft er Dartpfeile auf die Scheibe, trifft aber weit daneben und erschrickt auch den Papagei des Pubs. Die Wirtin wirft ihn hinaus und nennt ihn verärgert „Troublemaker“. Später will er einer jungen Dame bei einer Baustelle behilflich sein, die versucht Pfützen auszuweichen. Ringo, ganz Kavalier, breitet seinen Mantel aus, doch es war keine Pfütze, sondern ein großes Loch, in dem die Dame verschwindet. Ringo wird auf die Polizeiwache gebracht, wo ihn seine Freunde gerade noch rechtzeitig befreien. Die Show kann wie geplant stattfinden.

Bescheiden erklärt Ringo die gelungenen Aufnahmen damit, dass er die Nacht davor getrunken und getanzt habe bis zum Morgengrauen. Bei Drehbeginn sei er übermüdet und verkatert gewesen. Er habe sich keine Zeile des Drehbuchs merken können und Lester gebeten, ihn einfach so zu filmen, wie er sich gerade fühlte. Der große Auftritt des 24-jährigen Ringo in „A Hard Day's Night“, der im Grunde nur sich selbst zwischen Ruhm und Einsamkeit spielt, ist der gelungene Auftakt für seine folgenden Rollen als Schauspieler.

„Help!“, 1965

(Filmkomödie, 92 Minuten)
Brian Epstein hatte mit United Artist einen Vertrag über drei Filme abgeschlossen. George Martin glaubt, dass Epsteins Deal nicht sehr gut für die Fab Four war. Die Beatles sind mit Tourneen, dem Schrei-

ben neuer Songs und deren Aufnahmen im Studio ausgelastet. Sie gehen dieses Filmprojekt mit deutlich weniger Enthusiasmus an als das vorige. Das Drehbuch ist eine Klamauk-Geschichte. Aber das Budget ist mit 1,5 Millionen US-Dollar um ein Vielfaches höher als bei „A Hard Day's Night", zudem wird in Farbe gedreht und der Regisseur ist wieder Richard Lester. Auch die Inspirationsquellen von den Marx Brothers über die Goon Show bis zu James Bond sind vielversprechend. Leider ist Alun Owen nicht mehr als Drehbuchautor mit von der Partie: Er kennt die Liverpooler Schlagfertigkeit und hätte mehr aus den Dialogen in „Help!" machen können.

Gedreht wird u. a. wieder in den Twickenham Filmstudios in London, auf den Bahamas und im österreichischen Wintersportgebiet Obertauern. Die Beatles rauchen während der Dreharbeiten manchmal schon zum Frühstück Marihuana. Ihre roten Augen im Film sind die sichtbaren Hinweise auf den übermäßigen Cannabis-Konsum. Die Konzentration lässt dementsprechend zu wünschen übrig. Regisseur Richard Lester hat es mit kichernden Weltstars zu tun, die mehr an der Musik als an der Filmkomödie interessiert sind. George entdeckt auf den Bahamas den Reiz indischer Klänge und versucht erstmals auf einer Sitar zu spielen. Der Film sollte ursprünglich „Eight Arms To Hold You" heißen. Aber dann schreibt John „Help!" und der neue Filmtitel steht fest.

Hilfe braucht im Film nicht John, sondern Ringo. Er und seine Fingerringe bilden den Kern der Geschichte. Ringo steckt sich einen großen Rubin-Ring an, den er via Fanpost bekommen hat. Wie sich herausstellt, handelt es sich um einen heiligen Ring. Ohne ihn kann das bevorstehende Opfer im Tempel der Kaili nicht vollbracht werden. Mitglieder des Kaili-Ordens versuchen in London den Ring zu rauben. Aber alle Versuche misslingen. Es beginnt eine lange Reihe von Flucht- und Verfolgungs-, von Verwechslungs- und Verkleidungs-, von Hit-and-run-Szenen. „Help!" ist eine Parodie u. a. auf Bond-Filme, die mit vielen Slapstick-Momenten brilliert und den Fab Four Gelegenheit gibt, ihren Wortwitz zu demonstrieren. Ringo steht immer wieder in bizarren Situationen im Mittelpunkt der Handlung, denn geht es darum, den Ring loszuwerden, aber der ist wie festgewachsen. Ringo droht das nächste Opfer des Kaili-Ordens zu werden. In letzter Minute wird das verhindert.

Im Verlauf des Films sind zwölf Beatles-Melodien zu hören, davon sechs neue Songs, die auf dem gleichnamigen Album erscheinen. Zudem wird von Beethoven über Rossini und Tschaikowski bis Wagner auch klassische Musik eingesetzt. Die Kritik bleibt aber eher verhalten und auch die Erlöse an der Kinokasse sind geringer als beim Beatles-Film-Debüt. Trotzdem bietet der Film die Möglichkeit, die Beatles und insbesondere Ringo in manchmal sehr schrägen Szenen und in Großaufnahmen zu sehen. Es sind witzige Präsentationen der vier Musiker auf ihrem Weg von den harmlos-lustigen Pilzköpfen hin zu den von Drogen inspirierten Klangkünstlern und damit zu Idolen einer ganzen Generation.

„Reflections Of Love", 1966

(Experimentalfilm, 11 Minuten)
Der atmosphärisch dichte Farbfilm fängt das Lebensgefühl in London Mitte der 1960er Jahre ein. Mode und Musik der Swinging Sixties in der Carnaby Street, in Ringos Stamm-Disco Ad Lib, Stadtlandschaften u.a. in Notting Hill und in Londons Vororten und menschliches Begehren stehen im Mittelpunkt. Gesprochen wird wenig und nur im zweiten Teil. Ein junges Paar findet sich während eines Spaziergangs im Park. Sie würden sich beinahe verpassen, aber sie drehen sich beide um. Sie wird von Jenny („Jennifer Juniper") Boyd, der jüngeren Schwester von Pattie Boyd gespielt. Wenig später begleitet Jenny als Geliebte Donovans die Beatles nach Indien. Bei einem Date wartet er (Michael Morris) vor einem Kino auf Jenny. Hinter ihm hängt das große „Help!"-Plakat.

Zu Beginn des Films hatten sich die Beatles am Flughafen von ihren Fans verabschiedet. Ringo mit dem hellsten Sakko reckt mal die Faust, hebt mal den Daumen hoch wie auf dem Cover dieses Buches. Bis zum Peace and Love Sign der Gegenwart ist es noch ein weiter weg. Die Kamera folgt noch lange der Limousine. Die jugendlichen Fans fühlen sich alleine gelassen. Sie müssen sich wieder ohne die Beatles aufeinander konzentrieren. Das Paar heiratet im zweiten Teil des Films. Die Aufnahmetechnik mit Monsterzooms auf Schminkvorgänge ist innovativ. Kameramann ist der 2019 verstorbene Beatles-Fotograf Robert Freeman. Der Film ist in Cannes als bester Kurzfilm nominiert. Regie führt Joe Massot, der zwei Jahre später „Wonderwall" mit George Harrisons Filmmusik drehen wird. Das Drehbuch schreibt der Schriftsteller Derek Marlowe, der wenig später u.a. die Vorlagen für „A Dandy In Aspic" und „Universal Soldier" liefern wird. Für die kontrastreiche Musik sorgt John Wood, der danach u.a. mit Fairport Convention, Pink Floyd oder Cat Stevens zusammenarbeiten wird.

„Magical Mystery Tour", 1967

(Musikfilm, 52 Minuten)
Das erste Arbeitstreffen zur Umsetzung des Films findet nur wenige Tage nach Brian Epsteins Tod in Pauls Haus statt. Der Film geht auf seine Initiative zurück. Er macht Druck, denn er befürchtet, dass nach dem für Februar 1968 geplanten Indienaufenthalt die Beatles bald nicht mehr als Band zusammenarbeiten könnten. Er will dafür sorgen, dass es nahtlos mit Werken der Beatles weitergeht. Ein TV-Film scheint ihm der logische Ersatz für Konzerttourneen.

Nach „Help!" gibt es zahlreiche Vorschläge für einen dritten Film, der neue Songs transportieren könnte. Dabei soll „Help!" auf keinen Fall als Muster dienen oder variiert werden. Dadurch gleichen aber die meisten anderen Film-Pläne immer wieder „A Hard Day's Night". Aber das ist genauso unerwünscht. Erst die Vorstellung einer phantastischen Busreise überzeugt alle. Bei Drehbeginn fehlt jedoch ein detaillierter Regieplan. Es sind viele Ideen vorhanden, handgeschriebene Notizen, kurze Dialoge, mögliche Szenen.

Im September 1967 wird zwei Wochen lang gefilmt. Die Beatles sind erstmals Hauptdarsteller und führen gleichzeitig Regie. Vor Ort wird meist improvisiert. Ringo erinnert sich, dass Paul einen Kreis auf ein Platt Papier gezeichnet hatte. Während der Busreise geht es nun darum, ein Segment nach dem anderen mit skurrilen Einfällen und surrealen Ereignissen zu füllen. Von den zehn Stunden Filmmaterial bleibt nach dem Schnitt nur eine knappe Stunde übrig.

Bei der Erstausstrahlung am 27. Dezember 1967 auf BBC 1 reagieren Zuschauer und Medien negativ. Es ist ein Farbfilm, aber BBC 1 sendet nur Schwarz-Weiß. Einige Tage später wird der Film auf BBC 2 in Farbe gezeigt. Aber in Großbritannien besitzen nur etwa 200.000 Haushalte Farbfernseher. Dabei spielen die Farben in der magischen und geheimnisvollen Reise eine wichtige Rolle. Sie unterstreichen die psychedelischen Elemente. Auch Ringos Bass Drum ist pink bemalt, der Ludwig-Schriftzug ist nicht mehr zu sehen und „The Beatles" steht nur klein und in geschwungener Handschrift unter den groß gezeichneten Buchstaben „LOVE", wobei das V herzförmig ist.

Ringo steht wieder im Mittelpunkt. Er eröffnet den Film und kauft für sich, für Richard B. Starkey zwei Karten. Die zweite ist für seine seit kurzem verwitwete Tante. Der volle Bus nimmt Fahrt auf. Fanclub-Leiterin Freda Kelly sitzt direkt hinter Ringo. Verwandte, Freunde, Bekannte und professionelle Schauspieler reisen gut gelaunt von London nach Cornwall ins idyllische Newquay. Unterwegs und bei Zwischenhalten werden Alp- und Tagträume inszeniert. Ringo stoppt einen quasselnden Sergeant der Army mit einem knappen „Why?", worauf die militärische Szenerie auf eine friedliche Kuhweide verlegt wird. John spricht mehrfach aus dem Off, überbrückt damit von einem Song-Clip zum nächsten. Das Album mit dem Soundtrack ist weltweit erfolgreich. Beim Instrumentalstück „Flying" wird als Komponist neben Lennon, McCartney und Harrison auch Starkey genannt (danach geschieht das wieder beim Song „Dig It" auf dem Album „Let It Be"). Auch die einzelnen Song-Videos werden meist positiv beurteilt. Es werden – oft nach der Reise und an anderen Schauplätzen – die Neukompositionen filmisch experimentell inszeniert: „The Fool On The Hill", „Flying", „I Am The Walrus", „Blue Jay Way" und nostalgisch „Your Mother Should Know".

In Newquay führt die Journalistin Miranda Ward ein langes und informatives Interview mit George. Ward sagt: „Ringo is hard work to interview“. Sie versucht es, muss aber nach wenigen Fragen erfolglos abbrechen. Sie habe sehr ernste und ausführliche Fragen gestellt, aber dann seien nur kurze und zaghafte Antworten von Ringo gekommen. Dabei ist er mit Freude bei der Sache. Beim surrealen Wettrennen gewinnt Ringo, der im Bus allen davonfährt. Der Drummer persönlich sitzt als einziger der Fab Four am Steuer des bunt bemalten Plaxton Bedford VAL.

„The Beatles Mod Odyssey“, 1968

(Dokumentarfilm, 6 Minuten)
Gezeigt wird der Entstehungsprozess des Animationsfilms „Yellow Submarine“. In einem Designstudio in London stehen die lebensgroßen Cartoon-Figuren der Fab Four. Die echten John, Paul und George tauchen rasch dahinter auf. Ringo lässt sich Zeit. Er kommt ganz langsam zum Vorschein. Die Kurzdokumentation setzt den Film in einen literaturgeschichtlichen Zusammenhang. Bemerkenswert sind die Äußerungen des Art Directors Heinz Edelmann, der jedem Beatle eigene Charakteristika zuordnet. Ringo bewegt sich demnach als kleinster etwas langsamer als die anderen drei. Sein Gang ist dem Charlie Chaplins nachempfunden.

„Yellow Submarine“, 1968

(Zeichentrickfilm, 87 Minuten)
Die Beatles liefern für den Film den Titelsong, der bereits auf dem Album „Revolver“ erschienen war. Ringo singt dieses vermeintliche Kinderlied, das zugleich mehrschichtig und komplex ist. Die Beatles komponieren vier neue Lieder für den Film: „All Together Now“, „Hey Bulldog“, „It's All Too Much“ und „Only A Northern Song“. Viele weitere Beatles-Songs finden im Film Verwendung. Die B-Seite des Soundtrack Albums bestreitet George Martin mit Instrumental-Stücken. Die Fab Four nehmen auf die Entwicklung und den Inhalt des

Films sonst aber kaum Einfluss. Sie sprechen nicht einmal ihre eigenen Texte. Sie tauchen nur ganz kurz am Ende auf. Die Umsetzung ist aber so gelungen, dass „Yellow Submarine“ ein Kassenschlager wird. Dazu tragen die innovative Animation und natürlich die Musik, aber auch die oft psychedelische Inszenierung und die märchenhafte Erzählung bei. Der Film begeistert Erwachsene und Kinder gleichermaßen. Ringo ist wieder Sympathieträger. Er taucht im Film gleich als Erster auf und beklagt sich, dass ihm nie etwas Aufregendes widerfahre. Aber wenig später kann er sich über mangelnde Abenteuer nicht beklagen. Als er am Steuer des Unterseeboots sitzt, instruiert ihn der Käpt'n, er solle niemals diesen Knopf drücken. Ringo dreht sich um und fragt freundlich, welchen Knopf. Der Käpt'n zeigt ihn und Ringo drückt darauf. Es ist der „Panik Knopf“ im Unterseeboot: Ringo wird hinausgeschleudert und schon geht die Entdeckungsreise weiter. „Jahrelang haben mich Kinder gefragt, warum ich den Panik Knopf gedrückt habe“, lacht Ringo. Ihm wird dann auch eine Szene gewidmet, in der er von Sternen umkreist wird, sein späteres Markenzeichen.

„Candy“, 1968

(Erotischer Spielfilm, 128 Minuten)
Der 1924 in Texas geborene Terry Southern ist neben William S. Burroughs, Allen Ginsberg und Jack Kerouac einer der wichtigsten Vertreter der Beat Generation. Auf dem Cover des „Sgt. Pepper“-Albums befindet er sich mit Sonnenbrille zwischen Aldous Huxley und Dylan Thomas an seiner rechten Seite und Dion „Doo Wop“ DiMucci und Tony Curtis an seiner linken Seite. Southerns Geschichte um ein schönes Mädchen und einen Buckligen bildet den Kern des Romans „Candy“. Southern entwickelt 1957 die Idee gemeinsam mit Mason Hoffenberg weiter. Die beiden haben Spaß, schreiben eine skurrile Szene nach der anderen und der Text entwickelt sich mehr und mehr zu einem „dirty book“. Der Roman erscheint zunächst 1958 unter Pseudonym in der legendären Olympia Press in Paris und fällt um-

gehend der Zensur zum Opfer, aber schon im Jahr darauf wird er in den USA beim Verlag Putnam ein Bestseller. Terry Southern schreibt später Dialoge und Drehbücher u.a. für „Dr. Strangelove" (1964), „The Cincinnati Kid" (1965) oder „Easy Rider" (1969).

Candy Christian (Ewa Aulin) ist die attraktive Tochter eines High-School-Lehrers. Sie begibt sich auf die Suche nach dem Sinn des Lebens, wobei die Entdeckung der Sexualität im Mittelpunkt steht. Im Film landet sie in einem Tagtraum aus dem Weltall kommend in der Wüste begleitet von Musik von den Byrds. In Wirklichkeit sitzt sie im Klassenzimmer und bekommt Ärger mit dem Lehrer, ihrem Vater. Kurz darauf nimmt sie an einer Lesung in der Schule des zerstreuten aber charismatischen Dichters McPhisto (Richard Burton) teil. Sie himmelt ihn an und er lädt sie nach der Lesung in seine Limousine ein. Gefahren wird sie von Zero (Sugar Ray Robinson). Auf dem Weg zu ihr nach Hause zeigt McPhisto in einer Mischung aus physischem Verlangen und dichterischem Pathos sein Begehren, trinkt sich Mut an und belästigt sie sexuell. Gefilmt wird von unten durch eine Glasfläche. Candy, die sich ihrer Wirkung auf Männer nicht bewusst ist, bewahrt in ihrer Naivität die Ruhe und wehrt seine Übergriffe ab, worauf McPhisto wild zu phantasieren beginnt. Er hatte Whisky auf seine Hose geschüttet. Die hilfsbereite Candy lädt Zero und den betrunkenen und exaltierten McPhisto zu sich nach Hause ein, um die Hose zu reinigen und zu bügeln.

Beobachtet wird die Szene durch den mexikanischen Gärtner der Familie Christian Emmanuel, gespielt von Ringo. „Oh no, this no good", kommentiert Ringo kopfschüttelnd hinter einem Busch versteckt: „Oh, not nice. These people do bad things." Candy schickt Zero und McPhisto in den Hobbyraum im Keller und bittet Emmanuel das Bügelbrett zu holen und in den Keller zu tragen. Ringo versteht sie falsch und glaubt, Candy wolle ihn verführen. Betrunken, sexuell erregt und laut rezitierend zieht sich McPhisto die Hose aus. Dabei stößt er gegen eine Jukebox, aus der nun laut der Steppenwolf-Song „Magic Carpet Ride" mit den passenden Zeilen dröhnt: „Well, you don't know what we can find. Why don't you come with me little girl on a magic carpet ride. Well, you don't know what we can see.

Why don't you tell your dreams to me. Fantasy will set you free. Close your eyes girl, look inside girl, let the sound take you away." McPhisto vergnügt sich mit einer lebensgroßen Puppe und spricht zu ihr über Hingabe und Leidenschaft. Die Hose hängt noch an seinen Füssen und Candy versucht sie ihm ganz auszuziehen. Die Stimmung im Hobbyraum ist erotisch aufgeladen, als Ringo mit dem Bügelbrett die Szene betritt. „This no good. This is house of the devil", sagt Ringo mit starkem spanischen Akzent. Als McPhisto ihn sieht, stachelt er Ringo auf, auch er solle sich voll und ganz hingeben, er sei kein „good boy", wie Candy ihn mehrfach nennt. Er soll sich an sein heißes Latino-Blut erinnern: „Remember your hot Latin blood. Remember the Alamo. Remember la Revolution!" Das ist das Stichwort. Jetzt bricht es mit Ringo durch. Wie ein Wolf heult er vier Mal „La Revolution!", packt Candy, legt sie auf den Billardtisch flach und reißt ihr die Kleider vom Leib. „Not now", sagt Candy mit wenig Gegenwehr und genießt dann Ringos Heißblütigkeit, indem sie „not now" in zustimmendem Tonfall nur noch flüstert. „Viva Zapata!" schreit Ringo, als er kommt und flüstert dann „again". Gleichzeitig hat McPhisto mit der Puppe Sex. Aber da taucht Candys Vater auf.

Die Familie beschließt, Candy nach New York in eine Privatschule zu bringen. Die Gerüchte in der Kleinstadt werden zu lästig und könnten den guten Ruf der Christians beschädigen. Auf dem Weg zum Flughafen wird der Wagen der Christians von Motorrädern verfolgt. Auf denen befinden sich drei wütende Schwestern Ringos und er selbst. Am Flughafen stellen die Schwestern Candys Vater und verletzen ihn. Candy und er hätten die Ehre ihrer Familie ruiniert, denn Ringo sollte Priester werden. Ringo schaut hilflos zu. Seine Liebe für Candy ist offensichtlich, aber die schönen und zornigen Schwestern sind unerbittlich. Nach einer langen Abenteuer- und Entdeckungsreise Candys, in deren Verlauf sie zunächst im Flugzeug auf einen Luftwaffengeneral (Walter Matthau) und danach auf einen Chirurgen (James Coburn) und seine eifersüchtige Krankenschwester (Anita Pallenberg), auf einen buckligen Dieb (Charles Aznavour) und auf einen Guru (Marlon Brando) trifft, sieht Candy am Ende alle ihre Weggefährten wieder auf einer großem Wiese voller Fantasieflaggen. Da ist auch Ringo im Kreise seiner Schwestern und vieler anderer Anhänger als Priester. Er liest gerade aus einem Buch vor, als er plötzlich Candy erblickt. Sofort springt er auf und will zu ihr. Aber eine Schwester hält ihn zurück. Ringo setzt sich wieder und predigt weiter.

Es ist Ringos erste Filmrolle ohne die anderen drei Beatles. Der Film mit Starbesetzung ist Kult. Ringo freundet sich am Set mit Burt Lancaster an. Seine Rolle als Gärtner überzeugt und führt schon im darauffolgenden Jahr zum nächsten Engagement ohne die Beatles. Künstlerisch und musikalisch nimmt „Candy" in dreifacher Hinsicht „Easy Rider" vorweg: Da ist zunächst der Autor der Buchvorlage Terry Southern, der auch die Dialoge für „Easy Rider" schreibt. Da ist die waghalsig gefilmte Verfolgungsszene auf Motorrädern und schließlich der Soundtrack: Mehrfach sind die Songs „Rock Me" und „Magic Carpet Ride" von Steppenwolf zu hören. Beide Kompositionen des Band-Leaders John Kay sind auf dem „Candy"-Soundtrack-Album enthalten, das bereits 1968 erscheint, ein Jahr vor „Easy Rider".

„The Magic Christian", 1969

(Filmkomödie, 92 Minuten)
Wie schon bei „Candy" ist wieder der US-amerikanische Autor Terry Southern der Ausgangspunkt für den Film. Ringo und Terry werden später gute Freunde und unternehmen in den 1970ern mehrere Reisen miteinander. Terry feiert mit Ringo manch wilde Party und ist einer der weniger bekannten Saufkumpanen Ringos. Terry Southerns Roman „The Magic Christian" erscheint 1959 bei Random House in den USA. Hauptfigur ist Guy Grand, ein Milliardär, der sich ein Vergnügen daraus macht, Menschen für dumm zu verkaufen. So bringt er beispielsweise Hot Dog-Verkäufer in Bahnhöfen in Nöte, indem er aus dem abfahrenden Zug schon genüsslich den Hot Dog kauend mit großen Scheinen bezahlt, für die der Verkäufer kein Wechselgeld hat. Dadurch rennt der Verkäufer verzweifelt mit seinem Karren neben dem Zug her und stürzt am Ende samt seinem Wägelchen.

Guy Grand gründet verschiedene Firmen für PR, für Kosmetik oder für den Haushalt. Aber seine Produkte erweisen sich alle als schädlich: Nach einer gewissen Zeit zerstört Grands Shampoo die Haare, oder sein Hormon-Parfüm mit Depotwirkung erweist sich als Stinkbombe. Ein weiterer wichtiger Aspekt in Guy Grands Leben ist die Gewissheit, dass jeder Mensch seinen Preis hat. So bezahlt Grand beispielsweise Schauspieler, damit sie TV-Shows platzen lassen. Er besticht Menschen, damit sie Dinge tun, die sie normalerweise weit von sich weisen würden. Grand amüsiert sich zu sehen, wie sich die Menschen selbst demütigen und erniedrigen für Geld. Southerns Satire ist bizarr, einfallsreich, unterhaltsam und sehr böse.

Wie „Candy" ist auch „The Magic Christian" ein Kult-Roman, der heute noch viele Verehrer hat und immer aufs Neue entdeckt wird. Vor allem seit Donald Trump Präsident geworden ist, erinnern die Medien wieder verstärkt an den Roman „The Magic Christian", der die Skrupellosigkeit von Milliardären aufzeigt. So schreiben 2017 Peter Carlson für die Washington Post und Frank Rich im New York Magazin über Terry Southerns Vorwegnahme aktueller Missstände.

Terry Southern schreibt für die Verfilmung das Drehbuch gemeinsam mit dem Hauptdarsteller Peter Sellers und dem Produzenten Denis O'Dell. Die Handlung wird von den USA nach Großbritannien verlegt und die Rolle Ringos, der im Film Youngman Grand heißt, wird eingearbeitet. Im Buch fehlte die Geschichte um den Adoptivsohn Youngman Grand, im Film bildet sie den Auftakt. Ringo spielt einen Obdachlosen. Ein Wachtmeister verjagt ihn frühmorgens aus dem Park. Ringo gehorcht, genießt die friedliche Stimmung, füttert von einer kleinen Brücke aus die Enten und fällt dem vorbeihetzenden Junggesellen Peter Sellers auf. Der verwickelt Ringo in ein Gespräch, das die Zuschauer nur erahnen können. Statt den armen Jungen nun in eine seiner Geld-Intrigen zu verwickeln, greift Sellers zu einer weit größeren Maßnahme: Er adoptiert Ringo und macht ihn zum einzigen Erben.

Ringo weicht nun Peter Sellers nicht mehr von der Seite. Er wird neu eingekleidet und erlebt staunend, wie luxuriös Sellers lebt. Ringo kommt sofort in den Genuss aller Vorteile, die der Reichtum bietet und sieht, wie seltsam Sellers mit seinem vielen Geld umgeht. Es ist erstaunlich, wie schnell sich Ringo an den neuen Alltag mit Guy Grand gewöhnt.

Ringo ist zwar in den meisten Szenen anwesend, aber er muss kaum sprechen. Er ist der Beobachter, dem Sellers anhand praktischer Beispiele das Verhältnis zwischen Mensch und Geld demonstriert. Eine herausragende Szene zeigt Ringo im Auto. Er übt einem Leitfaden für Schauspieler entsprechend Gesichtsausdrücke. Neben dem Auto stehen Sellers, ganz entspannt und ein Polizist, sehr nervös. Er hat gerade der Stretch-Limousine Sellers (ein Mercedes) einen Strafzettel wegen Falschparkens ausgestellt. Sellers wedelt mit einem Bündel scheinen. Ob der Polizist den Strafzettel esse, wenn er dafür das Geld bekommt, will Sellers wissen. Der Polizist frisst freiwillig und begeistert auch noch das Plastiktütchen, in dem sich der vor britischem Regen geschützte Strafzettel befand.

Guy Grand bezahlt verschiedenste Menschen, damit sie Gewohnheiten zerstören. Statt zu kämpfen, umarmen sich zwei Boxer. Statt den „To Be"-Monolog Shakespeares fortzusetzen, legt der Schauspieler einen Strip hin. Statt beim Ruderklassiker Oxford gegen Cambridge die bessere Mannschaft gewinnen zu lassen, besticht Guy Grand Oxford, worauf das Rennen völlig aus dem Ruder läuft. In einem Auktionshaus kauft Guy Grand dem hochnäsigen Gastgeber (gespielt von John Cleese) gegen alle Regeln unter der Hand einen vermuteten Rembrandt ab. Kaum ist das Geschäft besiegelt, schneidet der großartige Peter Sellers – wie immer ungerührt – mit einem Taschenmesser die Nase aus dem Ölgemälde und gibt das Stück Leinwand Ringo. Dem geschockten Cleese erklärt Sellers, er sammle nur Rembrandts Nasen, mit dem Rest des Gemäldes könne er machen, was er wolle. Höhepunkt des Films ist ein Stelldichein der Prominenz auf dem Luxusliner Magic Christian. Man sieht, wie auch Yoko und John ganz in Weiß an Bord gehen. Es handelt sich allerdings um Doubles. Die Schiffsfahrt wird zum hanfgeschwängerten Albtraum für die Illustren Gäste, weil Guy Grand die Veranstalter bestochen hat. Christopher Lee spielt Dracula, Roman Polanski spielt sich selbst und viele weitere Prominente werden in die LSD-Apokalypse des Kapitalismus mit eingebunden. Beim Finale mimt Raquel Welsh die Anführerin halbnackter Sklavinnen, die rudern, ohne dass das Schiff vom Fleck kommt.

Die vorletzte Sequenz wirkt dagegen schon fast harmlos: Guy Grand lässt ein großes und rundes, oben offenes Betonfass mit einer Mischung aus menschlichen Exkrementen, Kotze und Schweineblut füllen. Dann streut er Geldscheine hinein. Ringo lockt die Neugierigen: „Money for free". Adrett gekleidete Manager waten gierig in der Brühe und tauchen sogar, um an das kostenlose Geld zu kommen. Die allerletzte Szene greift den Anfang wieder auf: Ringo und Peter Sellers liegen frühmorgens unter einer Decke im Park, wo zu Beginn Ringo lag. Als der Wächter kommt und sie verjagen will, streckt ihm Sellers ein Bündel Noten hin.

Das musikalische Hauptthema hat Paul McCartney passend geschrieben: „Come And Get It". Gemeint ist das Geld. Interpretiert wird der Song von der Band Badfinger, die damit auf Apple Records einen Hit landet. Prominent wird auch der Nummer-Eins-Erfolg von Thunderclap Newman „Something In The Air" eingesetzt. Bei der Filmpremiere am 12. Dezember 1968 im Odeon in Kensington ist auch die für ihre Toleranz bekannte Prinzessin Margaret anwesend. Ringo und Peter Sellers haben ihren Spaß, schmeißen nach der Premiere noch eine große Party und werden gute Freunde. Sie bleiben es bis zu Peter Sellers Tod 1980.

„Let It Be", 1970

(Dokumentarfilm, 80 Minuten)
Der Film „Let It Be" kommt auch im deutschsprachigen Raum 1970 für kurze Zeit in die Kinos. Ich sehe ihn als Elfjähriger mit meinem Vater. Bezaubernd ist die Szene, in der Ringo sein noch unfertiges „Octopus's Garden" am Klavier spielt und dazu singt. Neben ihm steht George mit der akustischen Gitarre und begleitet Ringo. Dann beugt sich George Martin vor und singt die Zweitstimme. John und Yoko kommen herein. John setzt sich ans Schlagzeug, steckt sich eine

Zigarette an und fängt vorsichtig an, dazu zu spielen. „Das sind wir wieder live", freut sich Ringo 2019 im Rückblick. Ringos Rolle bei den Beatles als treibender Beat bei den Songs und als Verbreiter guter Laune im Studio wird deutlich. Und in dieser Szene ist er sogar der kreative Kopf.

Die Filmfassung von vor 50 Jahren habe die Spannungen innerhalb der Band zu sehr betont, so Ringo. Der alte Film wird restauriert und eine neue Fassung ist in Arbeit. Regisseur Peter Jackson hat 55 Stunden Film- und 140 Stunden Audiomaterial geprüft und daraus eine Variante von „Let It Be" hergestellt. Gedreht ist der Film aus der „Fly on the wall"-Perspektive. Der Begriff bezeichnet in der Tradition des Direct Cinema die Absicht von Dokumentarfilmern, die Akteure so wenig wie möglich zu stören. Anders als bei einer versteckten Kamera ist die Anwesenheit der Kameras aber offensichtlich. Die Szenen ereignen sich im Bewusstsein, dass sie filmisch festgehalten werden. Aufgrund der Intensität des gemeinsamen Musizierens beachten die Fab Four aber die „Fliege an der Wand" nicht immer. Zudem hat Regisseur Michael Lindsay-Hogg manchmal Kameras so unauffällig platziert und ständig laufen lassen, dass den Beatles nicht klar ist, dass sie gefilmt werden. Betont die Fassung von 1970 die Spannungen in der Band, so setzt Peter Jackson den Schwerpunkt auf die harmonischen und kreativen Momente.

„200 Motels", 1971

(Experimenteller Musikfilm, 98 Minuten)
Regisseur Tony Palmer dreht 1968 den für damalige Verhältnisse revolutionären Rockmusik-Film „All My Loving". Dadurch werden erstmals Filmaufnahmen von Eric Burdon, Cream, The Who oder Frank Zappa einem großen Fernsehpublikum bekannt. Zappa hatte sich vor den Dreharbeiten über die Veränderungen, insbesondere die Kommerzialisierung der Rockmusik bei Palmer beklagt und ist vom Ergebnis seiner Rockdokumentation begeistert. Deshalb fragt er ihn, ob er mit ihm nun gemeinsam beim Film „200 Motels" Regie führen wolle.

Zappa gibt Palmer ein 300-Seiten-Drehbuch, das Palmer als „total confusion“ bezeichnet: Partituren, Lyrics, Essays. Die erste Zeile auf der ersten Seite lautet: “If you were forced by a crazy person to insert a mysterious imported lamp into the reproductive orifice of a lady harpist, would you do it?” Es geht um Zappas Alpträume und Traumata, um Sehnsüchte und Ärgernisse und vor allem um den Leerlauf im Leben von Musikern und um deren Existenzberechtigung. Damit soll filmisch das Gefühl einer Rockband auf Konzerttournee dargestellt werden: Hotelzimmer, Konzerthallen, Backstage-Bereich, Auftritte, Groupies, Bus- und Zugfahrten, Drogen, Sex. Voraussetzung: Zappas Kompositionen erfordern ein Orchester, denn es soll nicht nur um Rockmusiker gehen.

Zappa braucht Tony Palmer, damit dieser das London Philarmonic Orchestra für das Projekt gewinnt. Der prominente Drehort steht fest: Die Pinewood Studios westlich von London. Zehn Drehtage sind vorgesehen. Davor werden die Kulissen gebaut. United Artists finanziert das Projekt mit 630.000 US-Dollar. Palmer macht mit, verschweigt aber den Orchestermusikern, dass sie sich während des Films in einem Konzentrationslager befinden: „The Centerville Recreational Facility“. Und einige der sie umgebenden Rockmusiker spielen die Aufseher in Nazi-Uniformen.

Als Ringo von Zappa gefragt wird, ob er bei dem surrealen Musikfilm mitmachen möchte, sagen er und Keith Moon sofort zu. Ringo kann zwar keine Noten lesen und nimmt sich nicht die Mühe, die 300 Seiten zu studieren. Aber er mag die absurden Provokationen Zappas und sein Grundkonzept für den Film. Die Vorstellung, ohne vernünftiges Drehbuch das Leben Zappas und seiner Rockband Mothers Of Invention auf Tour zu zeigen, ist ganz in Ringos Sinn und erinnert ihn an die Beatles-Filme. Zappa wünscht, dass Ringo im Film ihn verkörpern soll, da er gemeinsam mit Palmer beschäftigt sei, Regie zu führen.

Ringo ist der Erzähler, genannt Larry the Dwarf. Er ist Frank Zappas Doppelgänger. Er trägt denselben Schnauzer und Unterlippenbart, dieselbe schwarze Haarpracht und denselben lila Rollkragenpullover samt lila Jeans wie Zappa. Er erklärt im Intro, wie es

Rockgruppen auf Tour ergeht. Zunächst sitzt er neben der mysteriösen und dampfenden Aladin-Wunderlampe, die er en passant als Bierflasche bezeichnet. Er nimmt damit die Spießer aufs Korn, die abends vor dem Fernseher sitzen und denen nicht bewusst ist, dass auch Musiker ihre Bedürfnisse, Träume und Wünsche haben. Ringo philosophiert – in den gewählten Worten Zappas – über Musiker als Außenseiter, über ihre lange Ausbildung und die geringe Anerkennung, die sie danach bekommen. Viele übten intensiv in ihrer Kindheit und Jugend und endeten als Orchestermusiker in der vierten Reihe. Viele fänden gar keine Anstellung. Und wozu sind sie dann in der Gesellschaft noch zu gebrauchen? Wozu braucht es überhaupt Musik? Daher das Nazi-Umerziehungslager. Aber Ringo endet mit den Worten Zappas mit einem Hoch auf Rockgruppen und auf ihre Macht, die sie auf ihre Hörer ausüben können.

Es ist einer der längeren Texte, die Ringo am Stück in einem Film spricht. Nach diesem Intro geht er langsam durch die Kulissen des Films und stellt weitere Überlegungen zum Leben von Orchestermusikern im Vergleich zu Mitgliedern von Rockbands an. Damit ist das Grundthema des Films gesetzt. Später folgt ein weiteres: Ringo sagt: „Each guy has it's own specialities of getting the girl of his dreams". Zappa geht es um Liebe im Zeichen des Rock'n'Roll, um Tiefgründiges und Obszönitäten und um den Sinn des Lebens auf Tour. Zappas Bassist Jeff Simmons hat Probleme mit dem Projekt und mit seiner Rolle und verlässt im Streit die Mothers Of Invention, worauf Ringos Chauffeur Martin Lickert Simmons Part spielt. Lickert macht seine Sache gut, als er heftig auf einen seiner neuen Bandkollegen einredet: „What do you do? You join the Mothers and you end up working for Zappa! And he makes you be a creep! You could have played the blues with John Mayall or far out exciting Jazz with Blood, Sweat & Tears". Lickert schlägt nach Drehschluss Zappas Angebot aus, mit ihm auf Tour durch die USA zu gehen. Simmons kehrt später zurück zu den Mothers.

Avantgarde-Kompositionen, lange atonale Passagen, opernhafte Sequenzen, Dada-Dialoge und Zappa-Rock-Nummern wechseln einander ab. Keith Moon tobt als Nonne durchs Orchester, Ringo folgt ihm auf den Fersen, versucht ihn festzuhalten. Die seriösen Mitglieder des London Philarmonic Orchestra sind verwirrt. Die Kameraleute kugeln sich vor Lachen. Später steht Moon zwischen zwei nackten Groupies, die ihn als Mann in Nonnenkleidern in die Verzweiflung treiben. Der Film ist ab 18 Jahren freigegeben. Ringo hat viel Spaß in diesen zehn Tagen. Er fotografiert oft am Set. Nach dem Sinn des Films gefragt, antwortet Zappas Drummer Aynsley Dunbar: „That's the message. Not trying to say it." Von Zappa inspiriert nimmt Ringo bald sein eigenes erstes Werk als Regisseur in Angriff.

„The Point!", 1971

(Zeichentrickfilm, 80 Minuten)
„The Point" ist ein Animationsfilm, der das gleichnamige Album Harry Nilssons von 1970 begleitet. Harry Nilssons Hit darauf ist „Me And My Arrow". Nilsson spricht und singt alternierend eine Phantasiegeschichte, in der es um Rundköpfe und Spitzköpfe geht. Es ist ein modernes Märchen in der Nachfolge von „Yellow Submarine" für mehr Toleranz, in dem mit viel (Wort-) Witz auf Außenseiter und vermeintliche Normalität hingewiesen wird. Der Erzähler ist ein Vater: Bei der viel beachteten Erstausstrahlung in den USA des Trickfilms übernimmt Dustin Hoffmann diese Rolle. Er wird einmalig dafür bezahlt, Weiterverwertungen sind nicht vorgesehen. Deshalb erzählt später Harrys guter Freund Ringo für die DVD-Fassung die Geschichte. Ringos väterlicher Tonfall kommt gut an. Er wird in den kommenden Jahren mit seiner mitfühlend sonoren Stimme noch mehrfach Geschichten für Kinder erzählen.

„Blindman", 1971

(Western, 110 Minuten)
Ringo als mexikanischer Gärtner in „Candy" findet in diesem bizarren Italo-Western eine Fortsetzung. Gedreht wird in Südspani-

en bei Almeria. Ringo – er heißt im Film Candy – spielt den Bruder des mexikanischen Bandenanführers Domingo. Das diskriminierende Leitthema des Films sind 50 junge Frauen, die wie eine Viehherde von einem Ort zum anderen gebracht werden. Aus Europa in die USA überführt ist Lost Creek der Zielort, wo Minenarbeiter für „die Bräute" bezahlt haben. Die Frauen werden wie Sklavinnen behandelt, missbraucht und vergewaltigt. Der Film ist ab 18 Jahren freigegeben.

Der Revolverheld Blindman ist beauftragt, die 50 Frauen nach Lost Creek zu bringen. Aber der skrupellose Domingo entführt sie und will sie der Armee verkaufen. Mehrfach wird Blindman ausgetrickst, auch als er Ringo als Geisel nimmt. Blindmans Pferd dient ihm als Blindenhund und Blindmans Gewehr als Blindenstock. Allerdings schießt er damit auch zielsicher Gringos über den Haufen. Ringo spielt mit langen Haaren samt Zöpfchen und langem Bart den Bösewicht glaubhaft, auch als er sich in eine der jungen Frauen verliebt. Sie will aber nichts von ihm wissen, woraufhin Ringo nicht trommelt, sondern die schöne Blonde schlägt. Zudem zieht er den Revolver blitzschnell, um punktgenau eine Schlange zu töten und er bringt auch unliebsame Konkurrenten um.

Ringos blaue Augen sind fast so strahlend hell wie die Kontaktlinsen des Blindman, der Ringo trotz seines Handicaps am Ende erschießen wird. Dreifach getroffen stürzt und stirbt Ringo gekonnt in Spaghetti-Western-Manier. Beatles-Roadie Mal Evans und Beatles-Manager Allen Klein treten in kleinen Nebenrollen als Banditen auf.

Ringo will den Soundtrack schreiben. Als die Produzenten aber seinen Song „Blindman" hören, geben sie den Auftrag an Stelvio Cipriani, der damals schon ein erfahrener Filmkomponist ist. Trotzdem wirkt Ringos musikalischer Ansatz heute deutlich origineller als der Ciprianis.

„Did Somebody Drop His Mouse?", 1972

(Dokumentarfilm, 40 Minuten)
Harry Nilsson lässt die Entstehung seines Albums „Son Of Schmils-

son“ filmen. Bild- und Tonqualität sind dürftig. Der Film wird nie offiziell veröffentlicht. Er hat Leerstellen, die mit Sequenzen gefüllt werden sollten, die nie gedreht werden. Später kommentieren Harry und Produzent Richard Perry aus dem Off Szene für Szene, auch die Leerstellen. Ringo ist mehrfach am Schlagzeug oder ein Sandwich essend und Tee trinkend oder im rauchgeschwängerten Regieraum zu sehen. Harry bezeichnet ihn als „dearest friend“ und „best drummer in the world.“ Und später: „He is like thunder. He plays straight and strong.“ Wenn Ringo und Jim Keltner gemeinsam trommeln, sei das wie „thunder and lightning“, so Harry. Sehenswert ist der Film auch, weil man Richard Perry bei der Arbeit sieht. Er dirigiert die Musiker im Studio auf eine entspannte, aber auch bestimmende Weise. Ringo zeigt sich sehr engagiert im Dialog mit Perry, als es um das Handklatschen geht. Im Jahr darauf wird Richard Perry Ringos erfolgreichstes Soloalbum „Ringo“ produzieren. Der Titel des Films meint: Hat jemand gefurzt? Das Album wird in den Trident Studios in London im März und April 1972 aufgenommen. Der Film zeigt auch die Atmosphäre um das Studio herum im dort immer noch Swinging London 1972. Dramaturgische Höhepunkte: Harry, Klaus Voormann, Bobby Keys und Jim Price legen ein Tänzchen zu „You're Breakn' My Heart“ samt Skandalvers: „You're tearin' it apart so fuck you“ hin. Zudem die Klimax des Leitthemas rund um eine Seniorengruppe. Am Ende singen die Damen und Herren nach einigen Sherrys „I'd rather be dead than wet my bed“.

„The Concert For Bangladesh“, 1972

(Konzertfilm, 103 Minuten)
Ringo unterbricht Ende Juli die „Blindman“-Dreharbeiten in Spanien, um am 1. August in New York City im Madison Square Garden mit George, Bob und vielen anderen live aufzutreten. Es ist das erste Mal seit drei Jahren für Ringo und es ist das erste Mal, dass Ringo mit Bob auf einer Bühne steht. Ringo ist gebräunt und trägt die Haar- und Bartpracht wie im Film.

„The beauty of the event came across and the audience was so great", erinnert sich Ringo an das von George und Ravi Shankar initiierte erste Benefizkonzert der Rock-Geschichte. Ringo spielt hier erstmals live gemeinsam mit einem zweiten Schlagzeuger, Jim Keltner. Keltner hingegen hat schon Erfahrung im Doppelspiel mit anderen Drummern, ist vor dem Event aber nervös und nimmt sich vor, seinem berühmten Kollegen freie Bahn zu lassen, ihm musikalisch auf keinem Fall im Weg zu stehen. Aber dann habe er gemerkt, dass auch Ringo nervös war: „Du machst genau das, was du machen willst und ich beobachte deine Hi-Hat", sagt Keltner zu Ringo, um dann selbst die Hi-Hat nicht zu spielen und lediglich auf den Trommeln vorsichtig Akzente zu setzen. „Es war großartig mit Ringo zu spielen und das besondere Ringo-Gefühl zu spüren." Ringo und Jim werden gute Freunde und musizieren in den kommenden Jahrzehnten immer wieder gemeinsam. Ringo selbst ist während des Konzerts sichtbar nervös. Bei „It Don't Come Easy" hat er bei der zweiten Strophe einen Aussetzer. Er blickt mehrfach hinab, um seinen Spickzettel zu lesen.

„Born To Boogie", 1972

(Dokumentar- und Konzertfilm, 67 Minuten)
Ringo tritt hier erstmals als Filmproduzent auf und führt zudem erstmals auch Regie. Er steht oft selbst hinter der Kamera, aber auch davor und spielt Schlagzeug. Ringo kümmert sich darüber hinaus ums Geschäftliche, da Apple Film Corps in seinem Verantwortungsbereich liegt. Die Apple Corps-Devise gilt auch für seine Abteilung: Es sollen Künstler gefördert werden, die mit guten Ideen bei Apple anklopfen. Wird ein Projekt gutgeheißen, stattet Apple die Kreativen mit einem Budget und einer Filmausrüstung aus. Rückblickend erinnert sich Ringo mit Grausen an das Chaos. Manche teure Kamera sei für immer verschwunden.

Als der 25-jährige Marc Bolan zum ersten Mal Ringos Apple-Büro betritt, will Ringo sich persönlich um das Projekt kümmern. Die

Erfolge von T. Rex erinnern Ringo an die der Beatles in der Anfangsphase. Ringo beschließt, Marc zu porträtieren, zumal sich die beiden auf Anhieb gut verstehen und Freunde werden. Die Idee für den Titel seiner zweiten Single hat Ringo von Marc: „Back Off Boogaloo". Der Film beginnt mit einer Schwarz-Weiß-Aufnahme des neunjährigen Marc mit Gitarre in Cochran-Pose und besteht aus drei Elementen. Im Londoner Wembley Empire Pool, der heutigen Wembley Arena filmt Ringo im März 1972 ein Konzert von T. Rex. Die vierköpfige Band spielt „Jeepster", „Baby Strange", „Telegram Sam" und „Hot Love". Für zusätzliche Animation sorgen bunte Kinder-Tambourins, die T. Rex vor einer Extended Version von „Get It On" ins Publikum werfen. Einige Fans schaffen es auf die Bühne. Marc profiliert sich als virtuoser Solist an der E-Gitarre, die er dann noch ekstatisch mit seinem Tambourine bearbeitet. All das fangen Ringo und seine Kameraleute aus wechselnden Perspektiven nahe an den Künstlern ein. Ringo selbst befindet sich mit seiner Kamera direkt an der Bühne im Fotografengraben. Zudem wird die wachsende Rextasy durch Nahaufnahmen ins Publikum gezeigt. Zwischendurch singt Marc allein und so wie früher im Schneidersitz „Spaceball Ricochet" und „Cosmic Dancer" nur mit akustischer Gitarre. Marc wickelt schmunzelnd mit seinen lasziven Schreien, seinem Tremolo und seinem Stöhnen das Publikum um den Finger.

Ringo reicht das nicht, um Marc Bolan zu porträtieren. Er denkt sich mit Marc einige skurrile Szenen aus, die auch als Überleitungen von einem Song zum nächsten dienen. Daher wechselt das Konzert mit meist surrealen Momenten im Stil von „Magical Mystery Tour" ab. Sie spielen im Freien zwischen Marc mit Magierhut, Ringo und weiteren oft verkleideten Gestalten und wieder – wie bei Zappa – mit Nonnen und einem Zwerg. Marc Bolan rezitiert Gedichte, singt im Duett mit Ringo, trinkt in Tittenhurst Park Tee, begleitet von klassischer Musik. Die vier Streicher spielen mit Marc an der Gitarre akustische Versionen von „Jeepster" und „Get It On", derweil Ringo, die Nonnen und Marcs Perkussionist Mickey Finn genüsslich essen.

Die Streicher-Arrangements stammen von Tony Visconti, der auch für den exzellenten Ton der Darbietungen verantwortlich ist. Der

Hintergrundgesang auf vielen Hits von T. Rex kommt von Howard Kaylan und Mark Volman (alias Flo & Eddie), den Ex-Trurtles, mit denen Ringo schon bei Zappas „200 Motels“ zusammengearbeitet hat. Wie viel Spaß Ringo und Marc haben, zeigt der vergebliche Versuch, den Satz „some people like to rock, some people like to roll“ zu zweit auf die Reihe zu kriegen.

Das dritte Film-Element sind Aufnahmen in Johns phantasievoll eingerichtetem Ascot Sound Studio u. a. mit Marc, Elton John am Piano, Ringo am Schlagzeug oder bunt geschminkt hinter der Kamera. Bemerkenswert: Marc sitzt in Eltons Flügel und singt von dort aus „Children Of The Revolution“. Zudem wird in dieser Konstellation „Tutti Frutti“ und „The Slider“ gespielt. „Wir wollten einen Musikfilm für Fans von T. Rex drehen, nicht mehr und nicht weniger“, sagt Ringo. Ihm ist mehr gelungen: Ein treffendes Porträt von Marc Bolan auf dem Höhepunkt seiner Karriere.

„That'll Be The Day“, 1973

(Spielfilm, 91 Minuten)
Ringo spielt mit Rory Storm & The Hurricanes erstmals im Juli 1960 in Butlin's Urlaubscamp in Pwllheli. Wer wissen will, wie es dort in etwa ausgesehen haben mag und wie die Stimmung war, der bekommt mit diesem Film einen guten Eindruck. Gedreht wird zwar in einem Feriencamp auf der Isle of Wight, aber vieles entspricht den Situationen in Pwllheli 13 Jahre früher.

Ringo spielt eine Nebenrolle, einen Angestellten auf dem Rummelplatz namens Mike. Die Figur, die er darstellt ist über zehn Jahre jünger als er selbst. Und doch ist Ringo als Schauspieler selten glaubwürdiger und eindrücklicher. Er spricht und bewegt sich so natürlich wie in „A Hard Day's Night“, denn er muss fast nur sich selbst spielen: Ein junger Mann, der in einem Urlaubscamp arbeitet, Mädchen anmacht, trinkt und Rock'n'Roll liebt.

Einen wesentlichen Beitrag zum Gelingen von Ringos Auftritt hat wie in „A Hard Day's Night“ der Drehbuchautor. Wieder stammt er aus Liverpool: Ray Connolly kannte die Beatles noch bevor sie berühmt wurden. Er war Journalist in Liverpool und führte mehrere Interviews mit ihnen, mit Billy Fury und vielen anderen Mersey Beat-Bands. Sein Drehbuch für „That'll Be The Day" („Trau keinem über 18") erzählt authentisch vom Willen Jugendlicher, mit Rock'n'Roll ihren Lebensunterhalt zu verdienen. Hauptdarsteller ist David Essex, der während der Dreharbeiten noch unbekannt ist, aber mit Erscheinen des Films einen Nummer-Eins-Hit mit dem selbstgeschriebenen und rhythmisch experimentellen „Rock On" landet. Der Song ist im Film nicht enthalten, obwohl Essex ihn angeboten hatte. Stattdessen ist viel Rock'n'Roll vor allem aus den USA aus den 1950er und 1960er Jahren zu hören. Hinzu kommen Schnulzen von den Diamonds oder Ritchie Valens sowie mehrere Songs von Billy Fury, der auch im Film mitspielt.

Zur Auswahl des Soundtracks tragen der Beatles-Roadie Neil Aspinall und Keith Moon bei, der als Schlagzeuger der später im Film Stray Cats genannten Band eine tragende Rolle spielt. Vor allem im zweiten Teil des Films, der Fortsetzung „Stardust", entfaltet Keith Moon sein Talent. Die Möglichkeit hätte auch Ringo gehabt. Alle rechneten fest damit, dass er die Rolle des Mike weiterspielen würde, die danach noch viel wichtiger wird. Aber Ringo lehnt ab. Er wolle nicht noch einmal die Beatlemania durchmachen, sagt er. Auch der Titel „Star(r)dust" kommt ihm zu nahe. Allerdings hätte er in der Fortsetzung nicht den Star, sondern Essex' Roadie gespielt. Teil zwei lehnt sich insgesamt tatsächlich noch stärker an die Beatles und ihren kometenhaften Aufstieg an. Ringos Ersatz ist Musikerkollege Adam Faith, der für seine Rolle als Mike 1975 hochgelobt wird.

Billy Fury („The British Elvis") wird nur wenige Monate vor Ringo als Ronald William Wycherley in Liverpool geboren. Er wächst in Ringos Nachbarschaft auf und die beiden gehen in dieselbe Grundschule. Billy veröffentlicht bereits 1959 seine erste Hit-Single „Maybe Tomorrow" bei Decca. Er verzeichnet in den 1960er Jahren 24 Hits und befindet sich über 330 Wochen in den britischen Charts, zwar nie ganz an der Spitze (mehrfach auf Platz zwei oder drei), aber insgesamt ebenso lang wie die Beatles. Im Film spielt er den Bandleader Stormy Tempest, eine Figur, die deutlich an Ringos wirklichen damaligen Boss Rory Storm angelehnt ist. Kurz vor Drehbeginn im Oktober 1972 stirbt Rory Storm. Die Tragödie bestürzt die Filmcrew, aber bestärkt sie auch darin, nun umso wahrhaftiger die Atmosphäre in Rorys Jugend zu zeigen.

Der Film beginnt 1958 in einer Provinzstadt, in der Jim Maclaine (David Essex) allein mit seiner Mutter lebt. Die Koordinaten werden von Connolly verändert, aber vieles erinnert an John Lennons Kindheit. Jim schmeißt das College und will vom Leben lernen. Im Urlaubscamp lernt er Mike (Ringo) kennen. Ringo spielt einen Teddy Boy mit nach hinten gekämmten Haaren und lange Koteletten, der auf dem Rummelplatz jobbt. Er erklärt Jim die Geheimnisse im Urlaubscamp. Dazu gehört das Aufreißen der Mädchen ebenso wie das anschwindeln und ausrauben von Autoscooter-Fahrern. Ringo trickst mit dem Wechselgeld und schnappt sich aus den Geldbörsen der Gäste Münzen, sobald sie sich ganz aufs Fahren konzentrieren. Erster Höhepunkt des Films: Im Camp tritt die Rockband Stormy Tempest & The Typhoons auf. Am Schlagzeug sitzt Keith Moon. Mike und Jim sind begeistert.

Ringo und David Essex teilen sich im Film ein Zimmer und werden gute Freunde. Sie unterhalten sich über ihre Kindheit am Billardtisch („Ich lüge oft“, gesteht Ringo) oder über Mädchen in den weitläufigen Grünanlagen. Riesenrad, Karussell und allerhand heute antiquiert wirkende Fahrgeschäfte sorgen für gute Stimmung. Das Camp liegt am Meer und Essex entdeckt, wie man in der Ferienatmosphäre Frauenherzen bricht. Im entscheidenden Moment hilft Essex seinem Freund aber nicht. Ringo wird in eine Schlägerei als Folge seiner Schwindeleien verwickelt und schlimm verprügelt. Der Film ist in mehrfacher Hinsicht ein Glücksfall: Er zeigt Ringo in Bestform und so, wie er während seiner Zeit bei Rory und zu Beginn bei den Beatles war. Zudem ist es ein Rockmusik-Film, der wie kein anderer jene Zeit des Aufstiegs des Mersey Beats einfängt. Was später ein globales Phänomen wird, beginnt so, wie es in „That'll Be The Day“ festgehalten wird.

„Son Of Dracula", 1974

(Vampirfilm, 90 Minuten)

Ringo ist im Frühsommer zufrieden mit der Arbeit an „Born To Boogie". Er hat zudem eine Schwäche für Horrorgeschichten. Also beschließt er, als nächstes für Apple Film Corps einen Horror-Rock-Vampirfilm zu produzieren. Alles geht sehr schnell und die Dreharbeiten sind schon im November 1972 abgeschlossen. Aber der Film ist so schlecht, dass er keinen Verleiher findet, weder in Großbritannien noch in den USA. Daraufhin versucht man mit Hilfe der Freunde von Monty Python die Dialoge umzuschreiben und den Film neu zu synchronisieren. Das Ergebnis bleibt desaströs. Um den Film irgendwie zu retten, findet im April 1974 eine Premiere mit Ehrengästen in Atlanta, Georgia, statt, doch die tolle Rock-Party hilft auch nicht weiter. Die wenigen Besprechungen, die zu „Son Of Dracula" erscheinen, sind vernichtend. Der Film wird nur in wenigen Kinos gezeigt und auch Harry Nilssons Soundtrack verschwindet rasch in der Versenkung. Immerhin verführt eine Szene gegen Ende des Films, in der Harry Nilsson im Doppelbett mit seiner Geliebten durch das Weltall schwebt Teenager zum Träumen: Die beiden sind durch eine Bluttransfusion miteinander verbunden und dazu erklingt „Without You", gesungen von Harry Nilsson.

Erzählt wird die Geschichte von Count Downe (Harry Nilsson), dem Sohn des Grafen Dracula. Nach der Ermordung Draculas durch einen Zwerg dank Kruzifix, Tageslicht und Knoblauch wird ein Thronfolger für die Unterwelt gesucht. Es finden Beratungen mit dem Zauberer Merlin (Ringo mit langem grauem Bart und langen grauen Haaren sowie spitzem Magierhut) und mit dem Baron Frankenstein (Freddie Jones) statt. Graf Downe soll für die Thronfolge vorbereitet werden. Merlin spricht mit Downe und ist in Sorge, schließlich wurde Downe aus dem Schoss einer Frau geboren und ist kein reiner Vampir. Die Sterne sagen, dass etwas vor der Inthronisierung des neuen Herrschers der Unterwelt dazwischen kommen könnte.

Graf Downe spaziert durch das nächtliche London, betrachtet erstaunt die Auslagen, sieht in einem Plattenladen das Albumcover

„Son Of Schmilsson“, auf dem Harry Nilsson – also er selbst – als Vampir abgebildet ist und geht in einen Nachtclub. Dort spielt eine Band Rock'n'Roll (dieselbe, die auf dem Soundtrack spielt). Downe setzt sich ans E-Piano und singt. Danach rettet er eine Frau vor einem Werwolf, worauf sie sich freut, von ihm gebissen zu werden. Mit witzigen Szenen (Merlins Assistentin verwandelt sich von einer schwarzen Katze in eine Frau und zurück), mit Alpträumen Downes (er wacht zu früh auf) und etlichen Irrungen und Wirrungen, die darauf hindeuten, dass er menschlicher ist, als die Unterwelt es erlauben würde, will er sich von Frankenstein in einen Menschen verwandeln lassen. Doch der plant eine Intrige. Er will Downe mit Hilfe seines Zwergs vernichten, so wie er schon den Vater vernichtet hat, um selbst Herrscher der Unterwelt zu werden.

Merlin durchschaut ihn. Downe verliebt sich in Amber (Suzanna Leigh), der Assistentin von Dr. Van Helsing (Dennis Price), der ihm letztlich bei der Menschwerdung hilft. Beim Flirten und Kennenlernen will Amber mehr von Downe wissen. Der ziert sich lange, um dann zu gestehen: „I like music, that's all“. Weitergeführt wird die Handlung jeweils mit Songs aus der Feder Harry Nilssons. Count Downes Band ist hochkarätig: Am Schlagzeug wechseln sich Keith Moon und John Bonham ab, die Gitarre spielt Peter Frampton, am Piano sitzt Leon Russell, am Bass agiert Klaus Voormann und als Bläser von den Rolling Stones ausgeliehen wurden Bobby Keys und Jim Price. Das Soundtrack-Album mit sechs Songs von Harry Nilsson und fünf Instrumentals von Paul Buckmaster floppt. Aber die Singleauskopplung „Daybreak“ schafft es 1974 auf Platz 21 der US-Charts. Mary Roos veröffentlicht im selben Jahr die Coverversion „Hamburg im Regen“. Ringo sagt rückblickend zum Film: „I just think that if Dracula were around today he would be into rock.“

Der finale Showdown zwischen Merlin und Frankenstein findet am Billardtisch statt. Frankenstein löst sich in Rauch auf. Downe tritt ins Sonnenlicht zu Amber und zu den Klängen von „Remember“. Es ist wieder eine Filmproduktion unter Freunden. Der Spaß ist wichtiger als die Qualität. Aufgrund gewerkschaftlicher Bestimmungen muss Ringo seinen Darstellern aus den USA nur Minimal-

Gagen bezahlen. Aber Ringo zeigt sich erkenntlich: Er spendiert Harry passend zum Film eine Rundumerneuerung der Zähne.

„Lisztomania", 1975

(Spielfilm, 103 Minuten)
Ein Verdienst dieses Films ist es, den sprachlichen Ursprung des Begriffs Beatlemania einem größeren Publikum bekannt zu machen. Dadurch, dass Ringo im Film die Nebenrolle des Papstes spielt, dachten die Zuschauer sofort an die Verbindung der Begriffe Beatlemania und Lisztomania. Heinrich Heine hatte den Begriff Lisztomania 1842 geprägt, als sich die fast schon hysterische Verehrung Liszts dem Höhepunkt näherte. Und schon im 18. Jahrhundert sprach man von Bibliomanie oder im Lateinischen von Nymphomania.

Der Film (ab 18) nimmt das Leben Franz Liszts (Roger Daltrey) zum Anlass, eine metaphorisch überhöhte Geschichte zu erzählen, die zwischen Rock-Oper und erotischer Komödie changiert. Dabei ist Richard Wagner (Paul Nicholas) der Antagonist, der erst ganz am Ende von Liszt zur Strecke gebracht werden kann. Ringos dramatischster Auftritt findet statt, als Wagner beginnt, seine Theorie des arischen Übermenschen mit Erfolg zu verbreiten. So überrascht der Papst seinen verehrten Komponisten und setzt ihn unter Druck: Wenn es Liszt nicht gelinge, Wagner zu stoppen, werde er Liszts Musik verbannen.

Roger Daltrey als Liszt liegt mit seiner Geliebten im Bett, als plötzlich der Heilige Stuhl hereingerollt wird. Ringo erscheint mit vielen Geistlichen und Nonnen und kümmert sich nicht um die halbnackte und kaugummikauende Frau in Daltreys Bett. Ringo wirkt sehr päpstlich, trägt aber hellbraune Cowboystiefel samt klappernder Sporen, die Daltrey hingebungsvoll küsst. „But truth is stranger than fiction?", fragt Ringo gelassen den sich ängstlich wegen seiner Geliebten entschuldigenden Daltrey und macht Anspielungen auf menschliche Schwächen, die Ringos Nonnen zu einem milden Lächeln verführen. Ringo lobt Liszts letzte Komposition. Er spricht ruhig und eher leise. Liszt könne der größte katholische Komponist auf Erden werden. Aber es gebe beunruhigende Nachrichten. Liszts Tochter Cosima habe den Antichristen geheiratet, Wagner. Liszt müsse den Teufel aus Wagner austreiben. Gelinge das nicht, werde seine Musik auf den Index gesetzt und verboten. Wie Ringo plötzlich das Wort „banned" schreit ist bemerkenswert.

„The Day The Music Died", 1977

(Dokumentarfilm, 84 Minuten)
Der Film entsteht im Juli 1970 beim ersten New York Popfestival auf Randalls Island zwischen Harlem River und East River, u.a. mit Jimi Hendrix, Van Morrison und Steppenwolf. Produziert und gedreht wird er von Bert Tenzer. Durch den Film führt DJ und Impresario Murray the K.

Murray the K wird Mitte der 1960er Jahre als fünfter Beatle bekannt, weil Ringo ihn so nennt. Murray ist beim ersten Besuch der Beatles in den USA im Februar 1964 der erste und eine Zeitlang einzige Medienvertreter, der von Brian Epstein in die Beatles-Suite eingeladen wird. Murray führt Interviews und begleitet die Beatles auf ihrer Tour. Bei der Ed Sullivan-Show ist er mit den Beatles im Backstage-Bereich.

Der Film ist eine Collage aus Archivaufnahmen zu Politik und Zeitgeschichte der 1960er Jahre und den Auftritten der Bands beim politisch aufgeladenen Popfestival sowie Archivaufnahmen weiterer Auftritte. Es sind nur ganz kurze, aber rare Aufnahmen mit den Fab Four zu sehen. Die Dokumentation beginnt mit der Wettervorhersage für New York und für das Festival: „The air quality is unacceptable." Das setzt den Ton der Doku, in der auch die organisatorischen Schwierigkeiten gezeigt werden und die Kraft und Radikalität der Bürgerrechtsbewegung.

„Ringo", 1978

(Filmkomödie, 44 Minuten)
Die ursprüngliche Idee, einen PR-Film zum Album „Bad Boy" zu drehen, wird hier bei Weitem übertroffen. Ringo spielt eine Doppelrolle, einerseits sich selbst, andererseits einen erfolglosen Doppelgänger, der gerne ein Star wäre. Die Idee basiert auf Mark Twains „Der Prinz und der Bettelknabe". George Harrison ist der Erzähler, der zu Beginn erklärt, dass zwei Babys in verschiedenen Verhältnissen aufgewachsen sind, aber einander ähneln wie eineiige Zwillinge. Einer sei der berühmte Ringo Starr geworden, der andere ein Habenichts, der versucht, Karten zu verkaufen, in denen die Villen von Prominenten in der Umgebung von Hollywood eingezeichnet sind.

Der Kartenverkäufer heißt Ognir Rrats (ein Palindrom von Ringo Starr), ist aussichtslos in ein hübsches Mädchen verliebt (Carrie Fisher) und lebt alleine mit einem cholerischen Vater (Art Carney), der ihn ständig beschimpft und ihm sein weniges Geld wegnimmt. Ringo hingegen leidet unter seinem Erfolg. Der Manager (John Ritter) lässt ihm keine Ruhe, jagt ihn von Termin zu Termin. Als nach einem Streit Ringo in einer kurzen Pause Ognir sieht, kommen die beiden ins Gespräch und Ringo schlägt ihm vor, einen Tag lang in seine Star-Rolle zu schlüpfen.

In einer psychedelischen Traumsequenz tauschen sie während eines Balletts zu „Yellow Submarine" die Rollen. Ringo leiht sich für viel Geld ein tolles Auto und imponiert damit Carrie Fisher. Wieder tanzt Ringo in einer Phantasie, diesmal mit Carrie Fischer zu „You're Sixteen". Zurück in der Realität wird Ringo von Ognirs Vater angezeigt. Es fehlen nicht Reime und Wortspiele: Ringo sei der „little fool" aus Liverpool. Der Alte ist sich aber sicher, dass Ognir das Auto gestohlen haben muss. Der Manager versucht noch mit Hilfe eines Hypnotiseurs, Ognir in Ringo zu verwandeln. Aber das klappt letztlich nicht.

In Ognirs Zimmer eingesperrt sieht Ringo, wie Ognir bei einer TV-Show seinen Auftritt vermasselt. Im Fernsehstudio und im Kinderzimmer geht dabei in einer originellen Szene allerhand Schlagwerk kaputt. Ognir fällt im Studio in die Bass Drum und Ringo zerschlägt zu Hause trommelnd Teile der Einrichtung. Ringo flüchtet mit Carries Hilfe vor der Polizei und kommt noch rechtzeitig zum großen TV-Auftritt. Am Ende bietet Ringo seinem Double Ognir einen Job als Manager an. Ringo singt aus dem Album „Bad Boy" drei Lieder: „Heart On My Sleeve", „Hard Times" und „A Man Like Me". Bemerkenswert ist zu Beginn des Films die veränderte Fassung von „Back Off Boogaloo".

„Sextette", 1978

(Spielfilm, 91 Minuten)
Mae West, die Sex-Ikone des 20. Jahrhunderts, ist zeitweise die Frau mit dem höchsten Einkommen in den USA. „The one and never lonely Mae West" fasziniert Ringo. Das Angebot, mit der über 85-Jährigen Legende zu spielen, nimmt Ringo sofort an. Er schätzt auch Wests Rock-Alben, auf denen sie mit ihrer nicht sehr ausdrucksstarken, aber tief-verführerischen Stimme Klassiker u. a. von den Beatles, Bob Dylan, John Lee Hooker, Jim Morrison oder Neil Sedaka singt.

Mae West spielt sich in „Sextette" selbst, eine erotische Kino-Göttin, die gerade ihren sechsten Mann geheiratet hat. Sie befindet sich mit ihm in einer Hotelsuite in London und droht mit der Veröffentlichung ihrer Memoiren, die sie auf Kassette diktiert hat. Ex-Ehemänner und Geheimdienste wollen das verhindern. Es treten u. a. Tony Curtis, Alice Cooper und Keith Moon auf. Ringo spielt auch einen Ex-Mann von Mae, den zerstreuten Regisseur Laslo Karozny. Bei Dreharbeiten schreit er seine Crew an: „What's the word? What's the word?" Eine Assistentin sagt es ihm und Ringo schreit „Action!". Wie immer stehen für ihn und Keith Moon der Spaß im Vordergrund. „Mae hätte meine Großmutter sein können, deshalb ist es etwas peinlich, das zu sagen: Aber sie ist verdammt attraktiv. Und Mae ist keine Garbo. Mae will nicht alleine sein", so Ringo.

Nach Drehende organisiert Ringo in seinem Haus in Haslam Terrace in Los Angeles eine Party für über 100 Gäste. The Band und Mae sind auch da. Mae sitzt die ganze Zeit auf einem großen Stuhl in einer Ecke. Die Musiker gehen vor ihr in die Knie. „Sie war großartig. So viel Persönlichkeit. Sie konnte es mit jedem aufnehmen", erinnert sich Ringo. „Sextette" ist der letzte Film mit Mae West. Sie stirbt zweieinhalb Jahre nach der Premiere an einem Schlaganfall.

„Caveman", 1981

(Filmkomödie, 88 Minuten)
Selten hat Ringo mit prominenteren Schauspielern zusammengearbeitet als in „Caveman" („Der aus der Höhle kam"). Es ist Ringo, genannt Atouk, der in prähistorischer Zeit aus der Höhle kommt. Die Stars, die in diesem Film Höhlenmenschen darstellen, wirken zu Beginn etwas merkwürdig unbeholfen und unnatürlich, aber die Zuschauer gewöhnen sich rasch an die komischen Situationen und auch an die Tatsache, dass sich die Steinzeitmenschen in einer seltsamen Sprache unterhalten. Das Witzige daran: Man versteht rasch, was sie sagen, weil sie ihre Worte gestenreich begleiten oder beispielsweise Szenen nacherzählen, die sich gerade ereignet haben.

Die weibliche Hauptrolle als Höhlenfrau in „Caveman" spielt Barbara Bach, genannt Lana. Barbara Bach hatte vier Jahre davor die weibliche Hauptrolle an der Seite von Roger Moore in „James Bond 007 – Der Spion, der mich liebte" gespielt. In Deutschland war es der zweiterfolgreichste Bond-Film aller Zeiten, wozu auch Curd Jürgens in der Rolle des Meeresforschers und Bösewichts Karl Stromberg beitrug. Barbara Bach verkörperte die russische Spionin Anya Amasova, die von der Feindin Bonds zur Geliebten wird. Das schafft sie bei Atouk (Ringo) nicht im Film, aber in Wirklichkeit: Während der Dreharbeiten zu „Caveman" verlieben sich Barbara und Ringo und sind seither ein Paar.

Atouks bester Freund heißt Lar, gespielt von Dennis Quaid, sein größter Feind heißt Tonda, verkörpert von John Matuszak. Die Rolle ist für Ringo wie maßgeschneidert. Am Anfang des Films ist Atouk der Eigenbrötler, der Melancholiker und Loser. Zudem wird er von den Stammesangehörigen gemobbt. Anführer ist Atouk und seine Geliebte ist die schöne Lana. Atouk liebt Lana. Atouk ist ein gu-

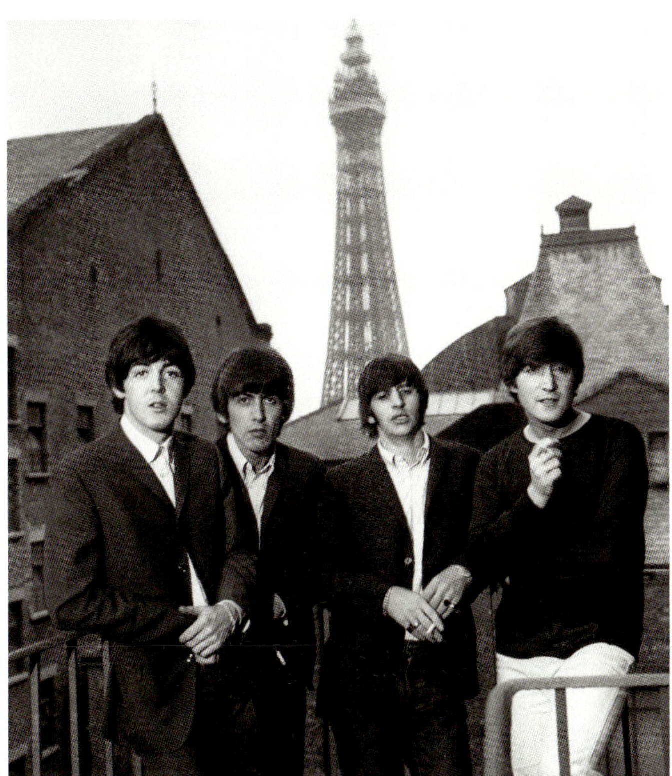

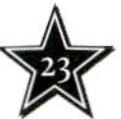

Die Beatles vor ihrem Konzert im Opera House in Blackpool am 16. August 1964. Im Hintergrund der 1894 fertiggestellte Stahlfachwerkturm, das Wahrzeichen Blackpools.

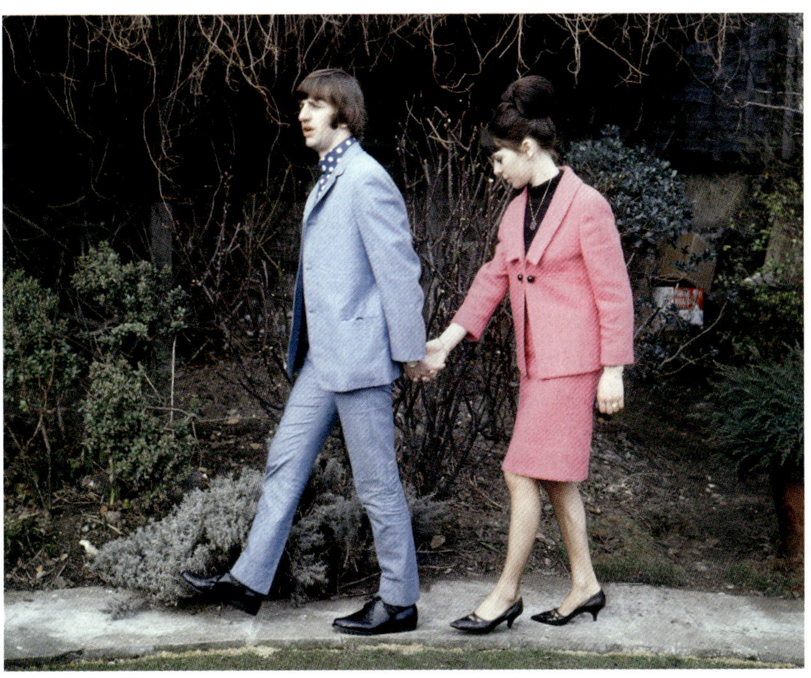

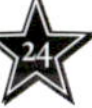

Ringo Starr mit seiner Frau Maureen „Mo" Starkey auf der nur dreitägigen Hochzeitsreise im Februar 1965. In Hove bei Brighton präsentiert sich das Paar der Presse.

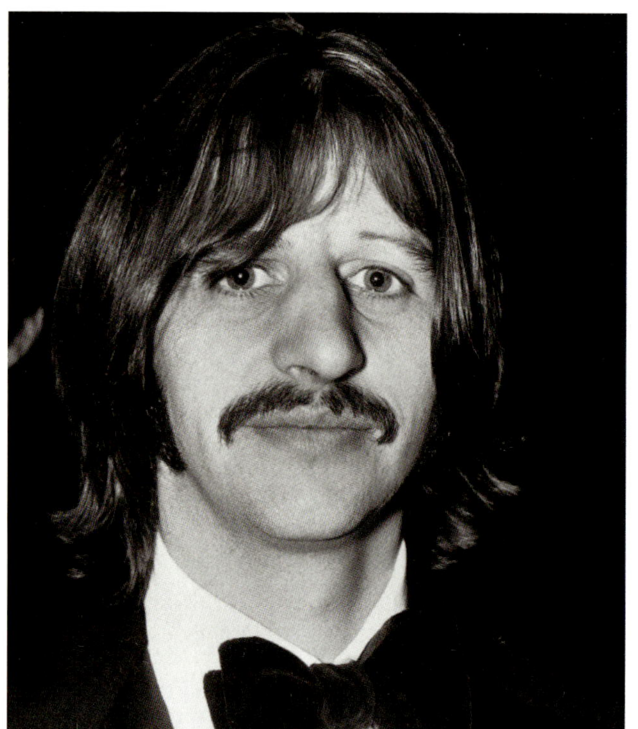

Ringo Starr bei der Filmpremiere von „Oh, What a Lovely War" im März 1969.

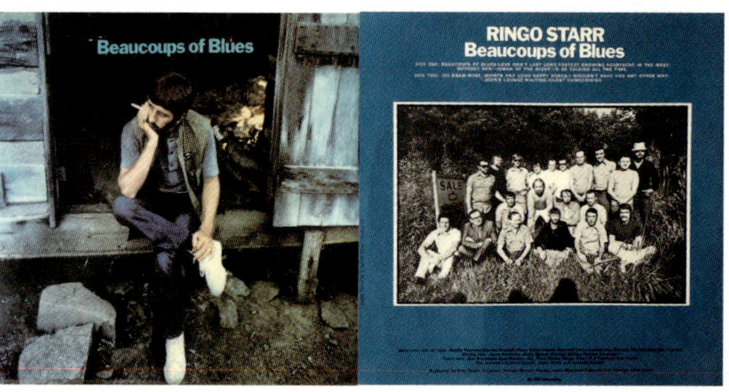

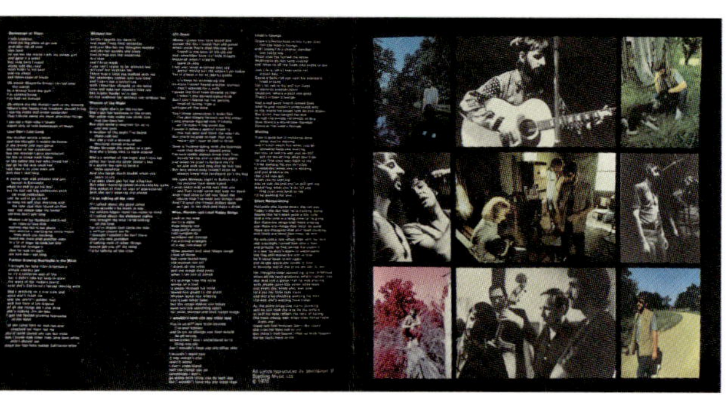

Beaucoups of Blues ist das zweite Studioalbum von Ringo Starr nach der Trennung der Beatles. Es wurde am 25. September 1970 in Großbritannien (USA: 28. September 1970) veröffentlicht. Das aufklappbare LP-Cover entwarf John Kosh. Die Coverfotos wurden von Marshall Fallwell Jr. in Nashville aufgenommen.

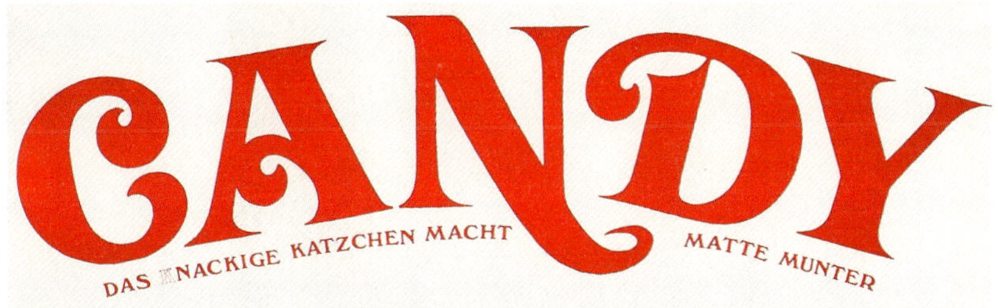

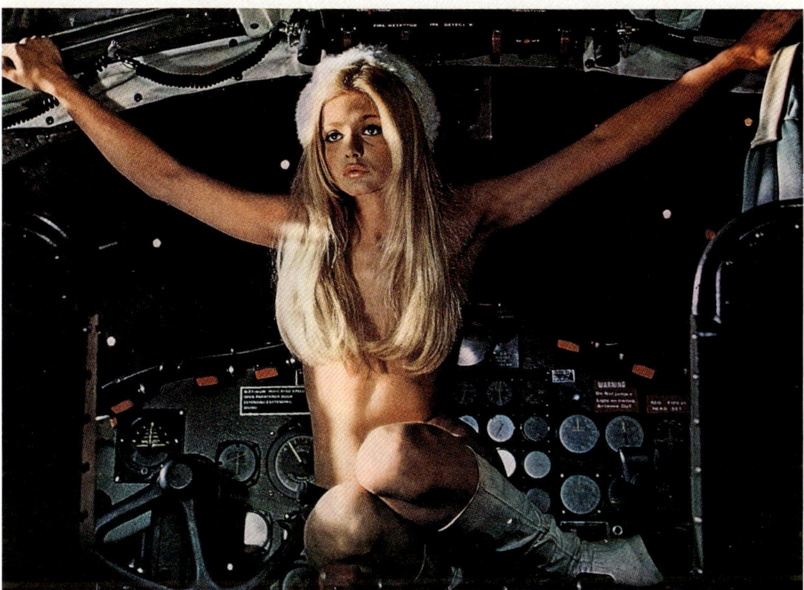

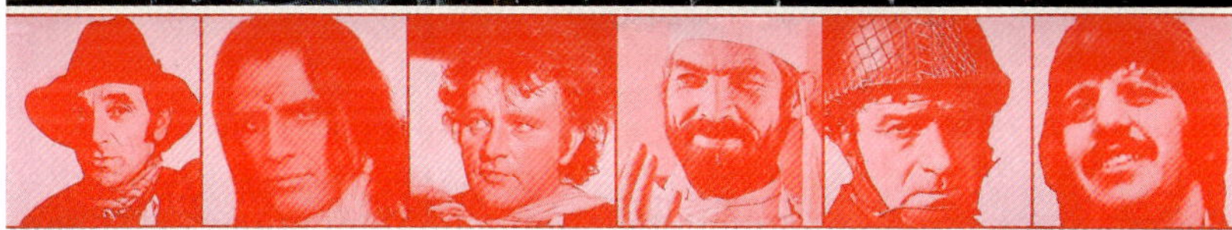

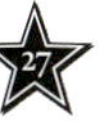

Ringo Starr als ein Schauspieler unter vielen Kinostars: Das deutsche Filmplakat zum Kult-Film „Candy“ von 1968. Die weibliche Hauptdarstellerin Ewa Aulin war mit 15 Jahren Miss Teen Sweden und verkörperte als 17-jährige die naive Candy, die es nacheinander mit Richard Burton, Ringo Starr, Walter Matthau, James Coburn, John Huston, Anita Pallenberg, Charles Aznavour und Marlon Brando zu tun bekommt.

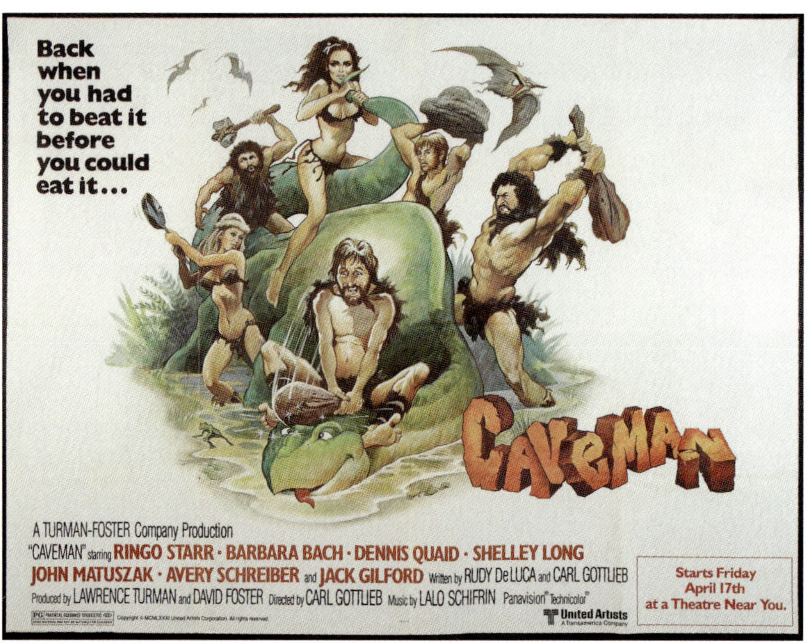

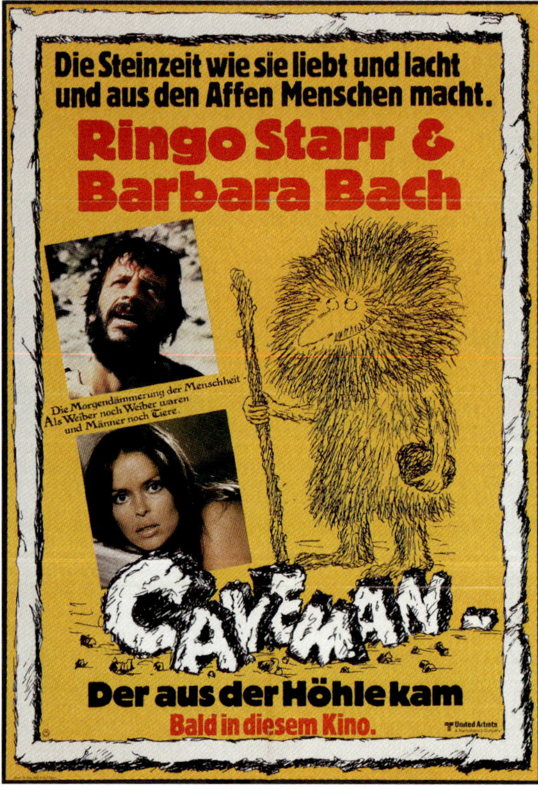

Ringo Starr ist Hauptdarsteller im Film „Caveman", der die internationalen Plakatkünstler zu variantenreichen Interpretationen animiert.

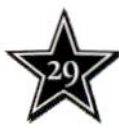

Auch das deutsche Plakat zum Film „Caveman" setzt textlich auf Gereimtes. Die Karikatur Ringos konzentriert sich 1980 noch immer auf die Nase.

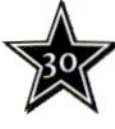

Rechts: Rory Storm & the Hurricanes und John Lennons Band The Quarrymen inspirierten den Film „That'll Be The Day" (1973), der in den späten 1950er und frühen 1960er Jahren spielt.

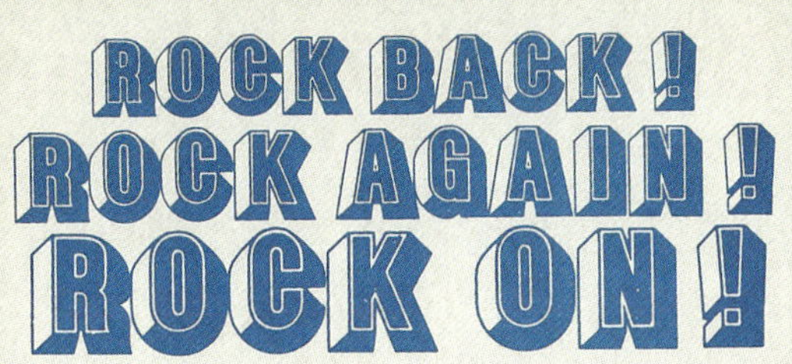

Nat Cohen presents an Anglo EMI Film
Goodtimes Enterprises production

That'll Be The Day

M

starring

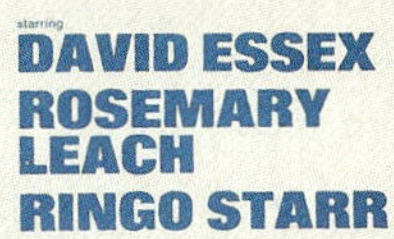

Guest stars
JAMES BOOTH
BILLY FURY
KEITH MOON

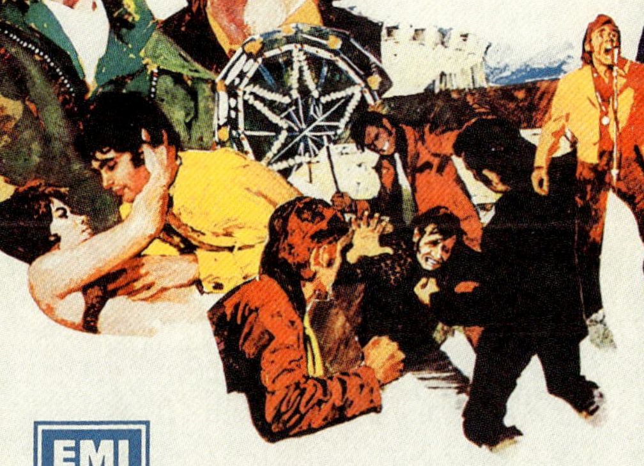

EMI

EMI'S "THAT'LL BE THE DAY!"
Sound Track Album
TV SS15 Available All
Record Stores

BEF

Executive Producer ROY BAIRD
Directed by CLAUDE WHATHAM
Original story and screenplay by
RAY CONNOLLY
Produced by DAVID PUTTNAM
and SANFORD LIEBERSON
Technicolor ®

M.A.P.S. LITHO PTY. LTD.

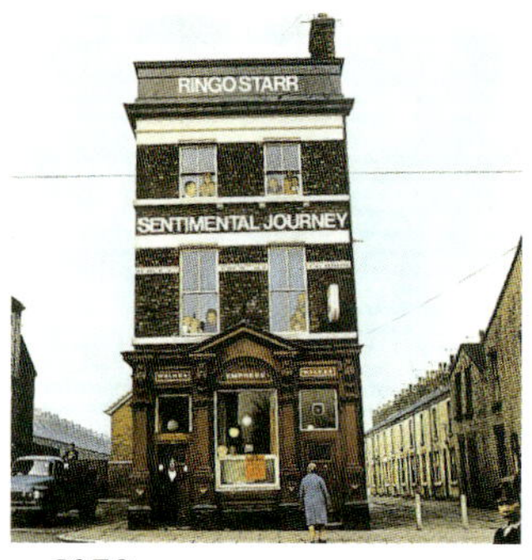

1970

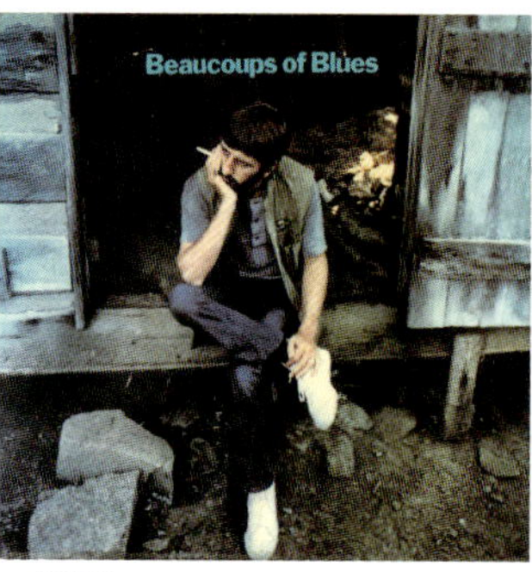

1970

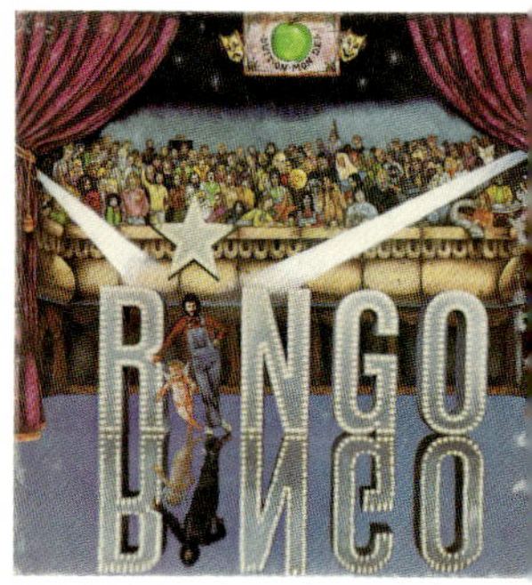

1973

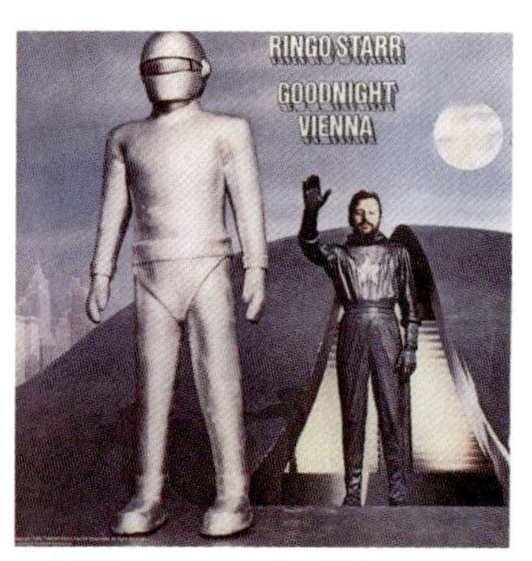

1974

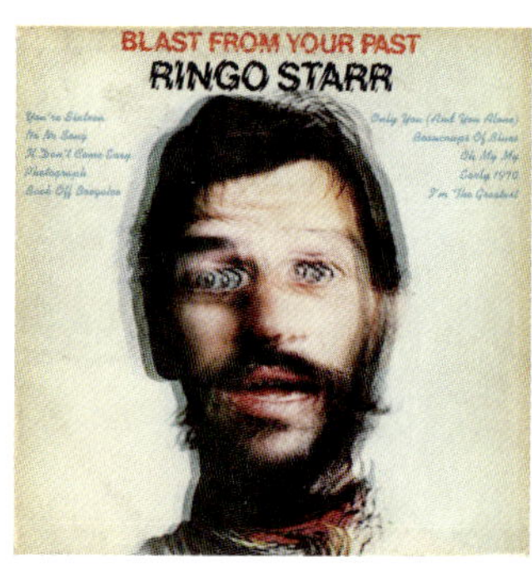

1975

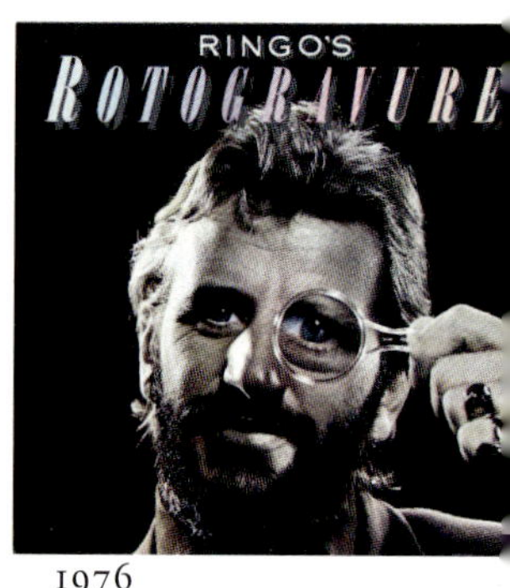

1976

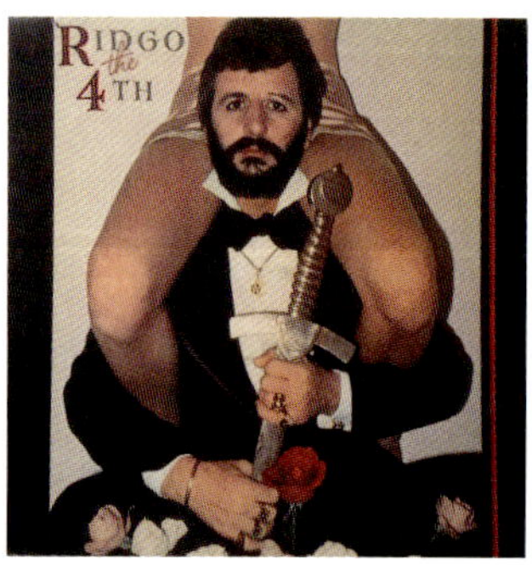

1977

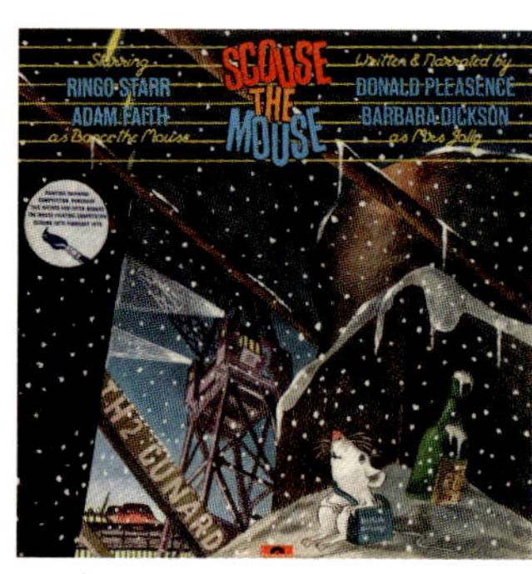

1977

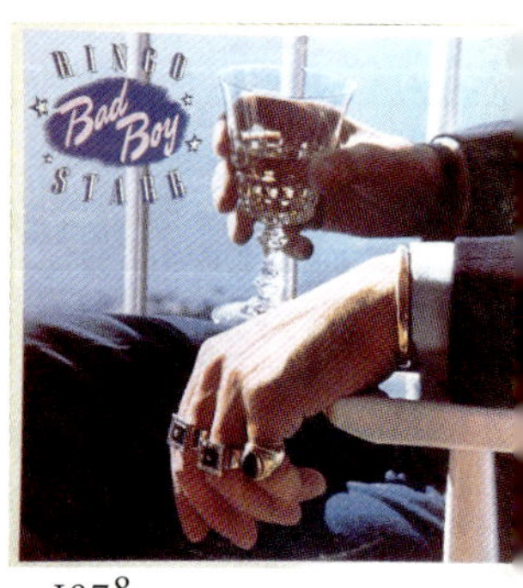

1978

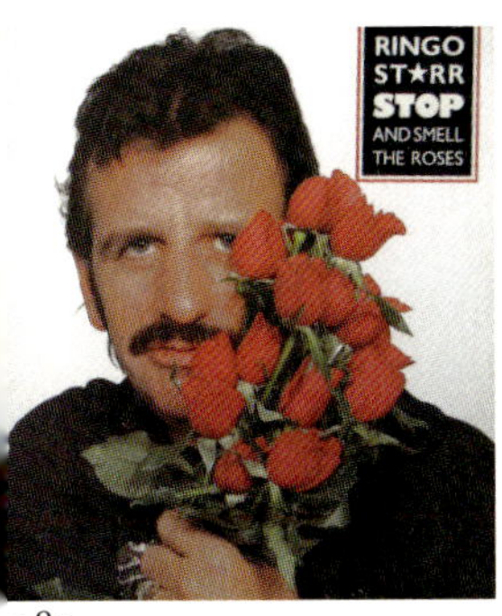

981

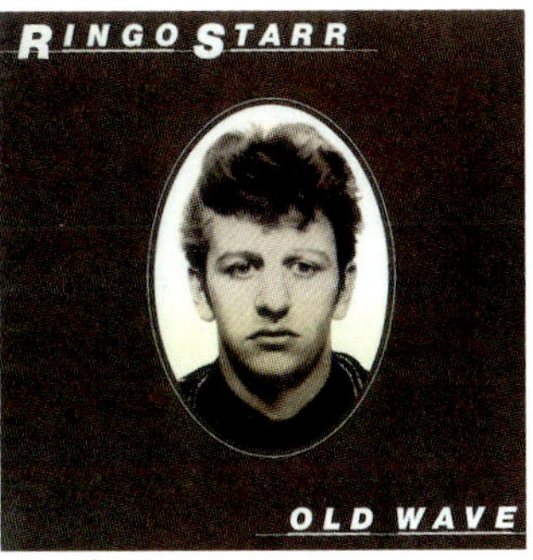

1983

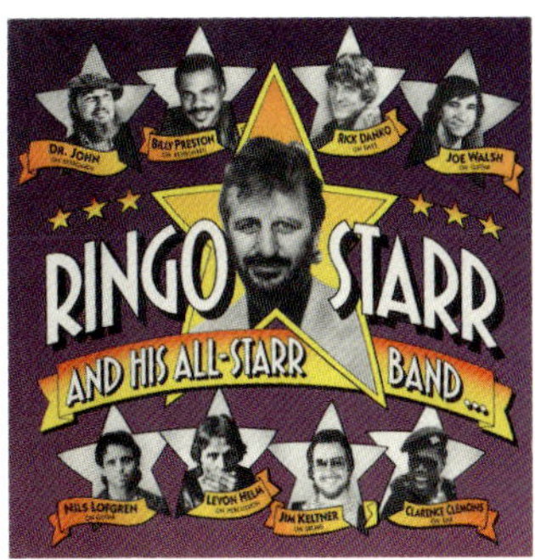

1990

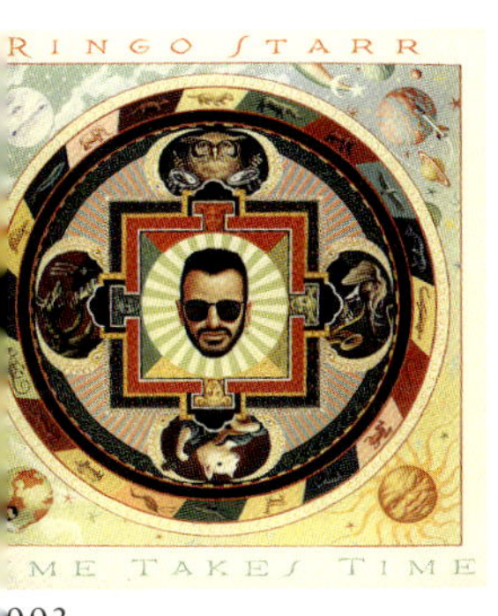

992

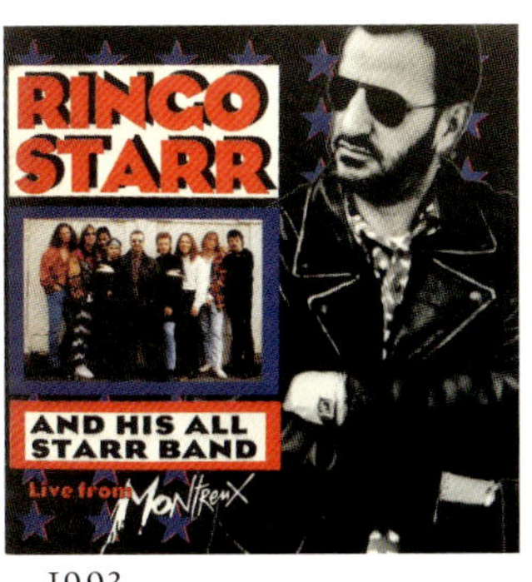

1993

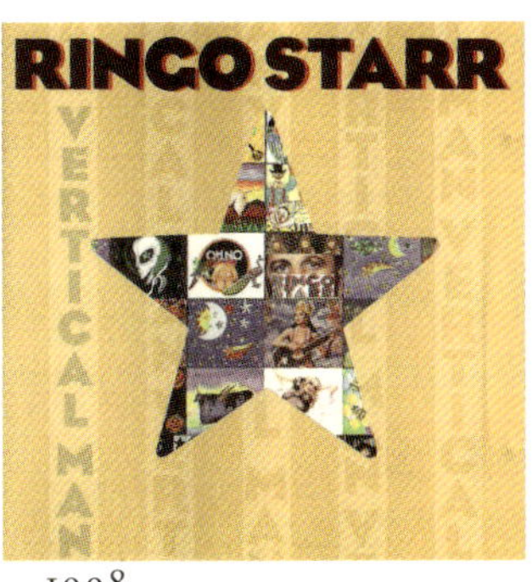

1998

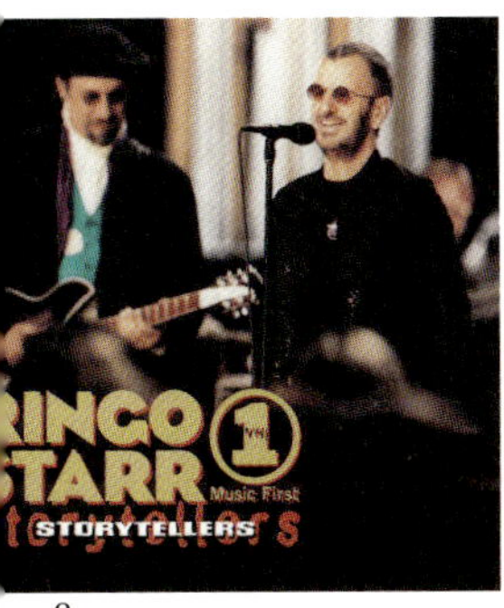

998

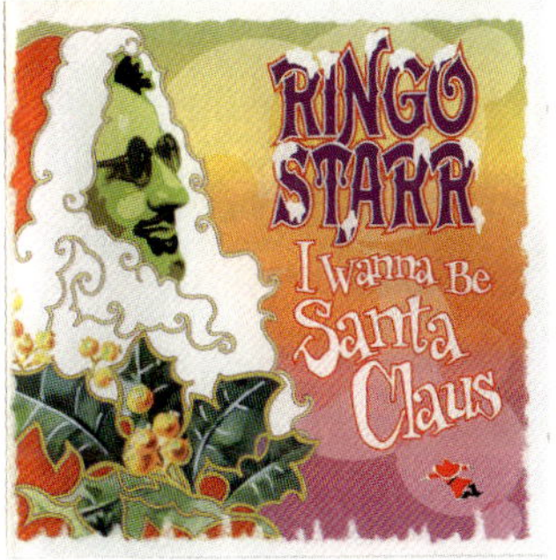

1999

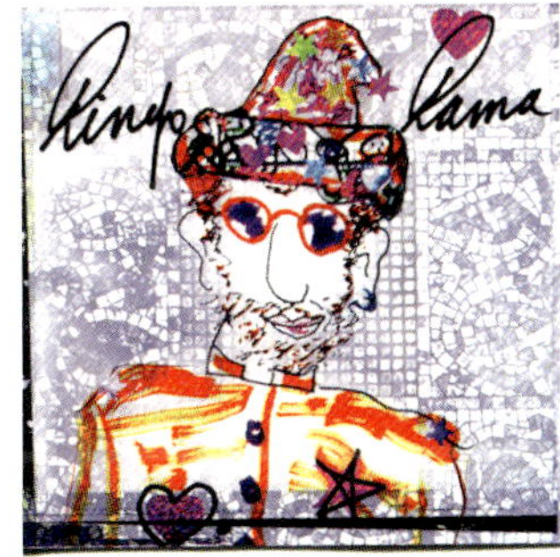

2003

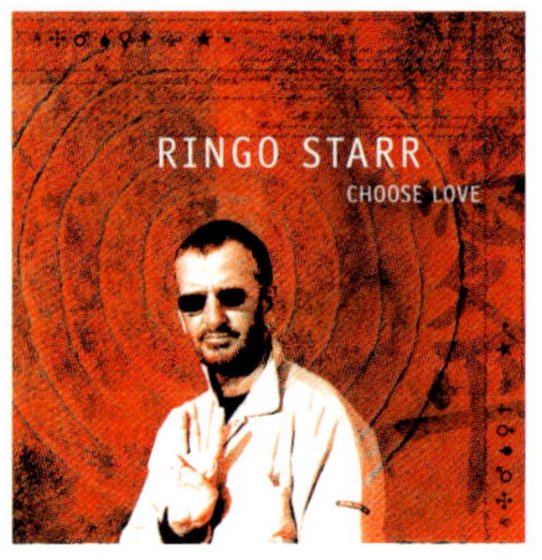

2005

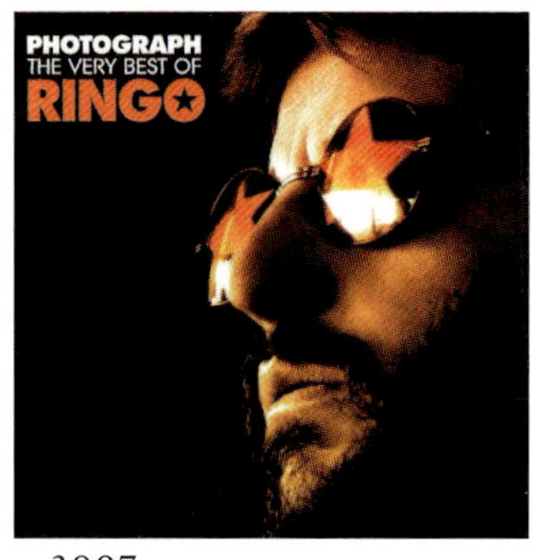

2007

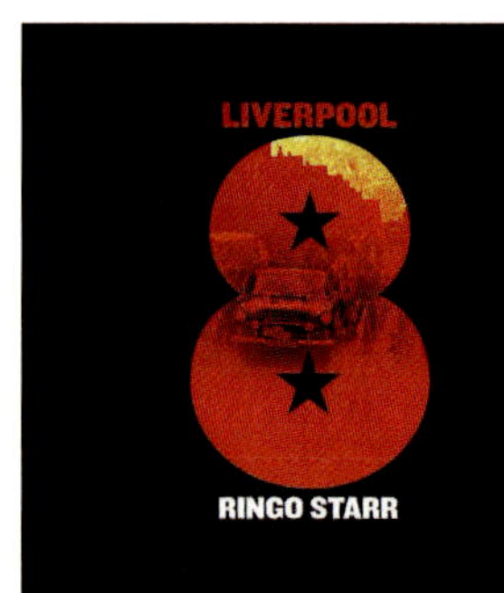

2008

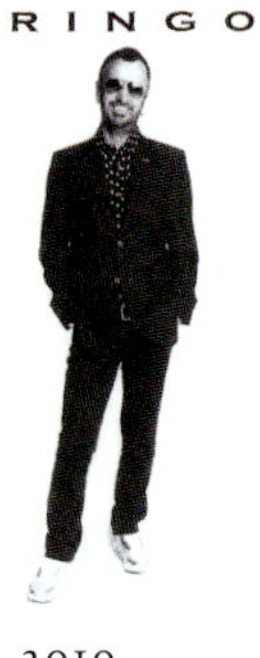

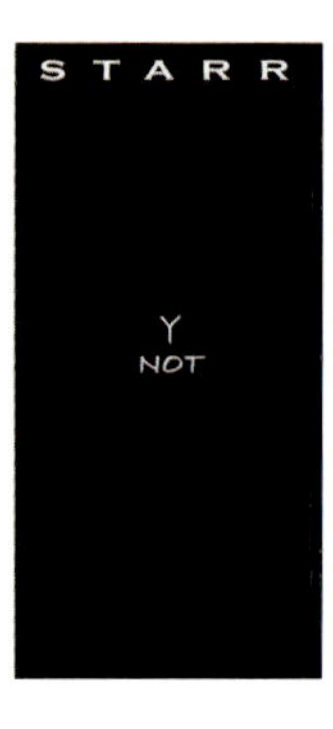

2010

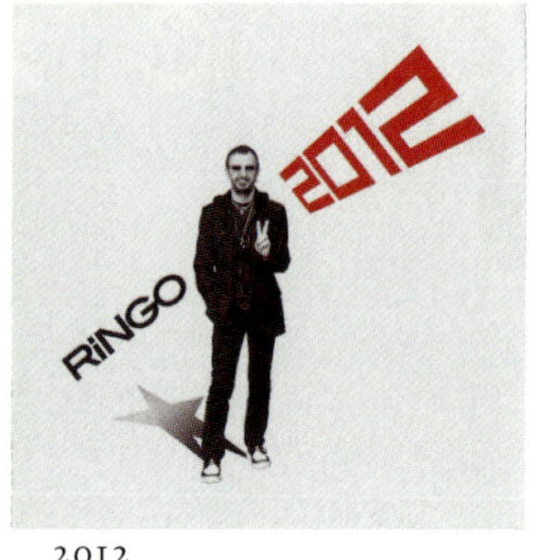

2012

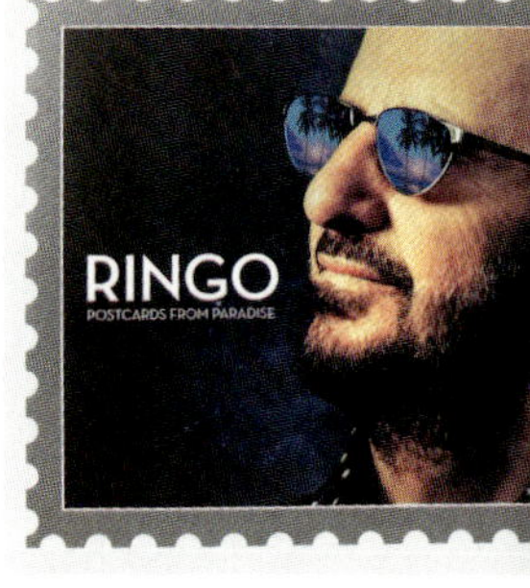

2015

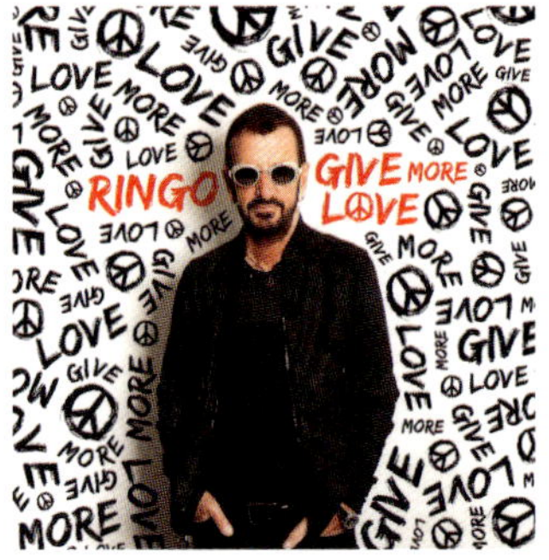

2017

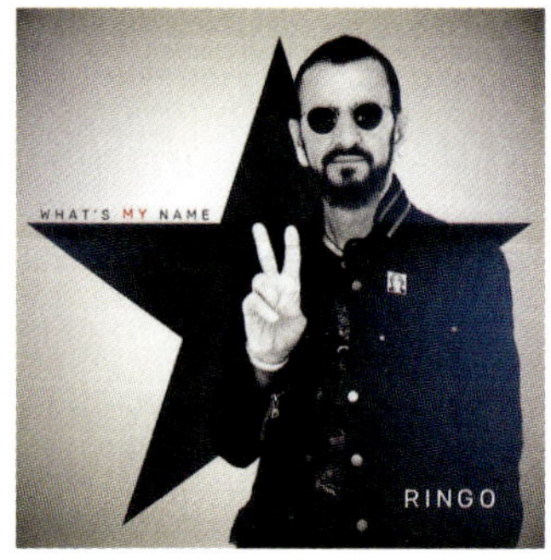

2019

ter Höhlenmensch: Love and peace. Aber Atouk ist schmächtig und im Vergleich zum kräftigen Tonda ein Schwächling. Aber Atouk ist hilfsbereit. Als sich Lar verletzt, hilft ihm Atouk. Die beiden werden Freunde und verlassen ihren Stamm. Bald finden sie neue Freunde, eine Sippe in der Nachbarschaft. Jack Gilford spielt herausragend den blinden Gog und Shelley Long ist seine Tochter Tala, die sich allmählich in den freundlichen Atouk verliebt. Doch der hat nur Lana im Kopf.

Atouk versucht mit Höhlenmenschschläue, seine Schwächen zu kompensieren: Er entdeckt die einschläfernde Wirkung von roten Beeren und will so Lana entführen. Aber das geht schief. Auf zahlreichen Abenteuern findet die Entwicklung des Höhlenmenschen zum Homo Sapiens im Zeitraffer statt. Das Zeichnen, der aufrechte Gang, das Feuer, das Kochen, die Waffen und als Höhepunkt die Musik werden dank Atouks Aufmerksamkeit entdeckt. Natürlich sorgt Atouk für den Rhythmus. Und jemand hält im Takt Gogs Hand ins Feuer, wodurch Gog selbst merkt, welch guter Rock-Screamer er ist. Nur mit der Sprache hapert es.

Der Film ist vor kurzem erneut auf DVD und Blue Ray erschienen. Ein kleines Wörterbuch erleichtert das Verständnis beim ersten Anschauen: Alunda – Liebe, Bobo – Freund, gluglug – ertrunken, Haraka – Feuer, Matscha – Dinosaurier, Zugzug – Sex. Einer der neuen Sippe spricht ein paar Brocken Englisch, aber niemand versteht ihn. Wilde Abenteuer führen Atouks Stamm in „eine nahe gelegene Eiszeit" und mehrfach werden sie von Dinosauriern bedroht. Aber sie lernen, wie man sich schützt und überlebt.

Mit diesen neuen Erfahrungen und Fähigkeiten und mit diesem Wissen ausgestattet kommt es zum Showdown: Atouks Stamm gegen den Tondas. Am Ende gewinnt Atouk und scheinbar hat er sein Ziel, nämlich Lanas Liebe erreicht. „Caveman" ist ein vorwiegend in Mexiko gedrehter Klamaukfilm besonderer Güte, der Kultstatus erreicht hat. Er ist das beste Beispiel, in welche Richtung sich Ringo noch als Schauspieler in Hauptrollen hätte weiter entwickeln können. Und er erklärt ein wenig Ringos und Barbaras Liebe: Wenn er sie mal nicht gut genug behandelt, erinnert sie ihn daran, wie er sie in die riesige Dinosaurier-Scheiße fallen ließ und wie schön es beim starken Tonda war. Wenn sie mal nicht aufmerksam genug ist, droht er, sich wieder ihn die brave Tala zu verlieben. Der Spaß, den der Film macht, überträgt sich auf die Schauspieler und die Zuschauer. Ringo und Barbara heiraten ein Jahr nach Abschluss der Dreharbeiten. Fast gleichzeitig zu „Caveman“ wird mit sehr viel Ernst der Evolutions-Thriller „Am Anfang war das Feuer“ gedreht.

„Thomas & Friends“, 1984

(Zeichentrickserie)
In den 1940er Jahren beginnt Wilbert Awdry für seinen kranken Sohn Christopher Geschichten über eine Lokomotive zu erzählen. Er veröffentlicht 26 Bände unter dem Reihentitel „Thomas The Tank Engine“. Danach schreibt Sohn Christopher weiter und schließt die Reihe mit dem 42. Band „Thomas And His Friends“ 2011 ab.

1983 besucht die Filmproduzentin Britt Alcroft Ringo in Tittenhurst Park, um von ihrem Projekt einer Trickfilmserie auf der Basis der Thomas-Bücher zu berichten. Ringo kennt die Reihe nicht und zweifelt an dem Projekt. Er erwartet eher Angebote, die mit Dinosauriern oder der „Star Wars“-Welt zu tun haben. Aber schließlich lässt er sich überzeugen und übernimmt die Rolle des Erzählers.

Ringo spricht für die Serie von 1984 bis 1986 und von 1989 bis 1990 die ersten beiden Staffeln. Er wechselt überzeugend zwischen direkter und indirekter Rede. Ohne zu übertreiben verleiht er den verschiedenen Protagonisten ihre eigenen Stimmen. Ringos Beitrag trägt maßgeblich zur Popularität der Filme bei. Er tritt auch mit dem Autor Wilbert Awdry in Talk Shows auf. Ringo macht seine Sache so gut, dass Produzentin Britt Alcroft ihn für eine filmische Variante gewinnen kann, die in den USA produziert wird. Auf Alcrofts Drehbuch basierend entsteht die Kinderfilmserie „Shining Time Station“, bei der Ringo zum Auftakt 1989 und 1990 mitspielt. Ringo ist Mr. Conductor, ein sehr kleiner und freundlicher Mann in Uniform, der als Moderator in die Geschichten und Lieder einführt. Der kleine

Ringo wird in die Kulisse des Bahnhofs hineinkopiert. Ein Bleistift in seinen Händen ist größer als ein Schwert.

Die Zeichentrickserie ist erfolgreicher als die Filmserie. „Thomas & Friends" wird in viele Sprachen übersetzt und in vielen Ländern ausgestrahlt, auch im deutschsprachigen Raum. Die Bücher zur Zeichentrickserie sind auch auf Deutsch lieferbar (Panini) und die Serie wird weiterhin fortgesetzt, erscheint auch als Film und Hörbuch mit Sky du Mont als Sprecher (Sony). Zudem werden Merchandising-Produkte veröffentlicht wie Puzzles (Ravensburger) oder Spielzeuglokomotiven (Mattel).

„Queen: Magic Years", Vol. 2, 1987

(Dokumentarfilm, 57 Minuten)
Zu Beginn der Dokumentation werden Ringo und Barbara auf nächtlicher Straße wie zufällig von Fernsehreportern aufgehalten: „Excuse me, are you a Queen fan?", fragt der Journalist aus dem Off. Ringo verneigt sich und zieht seine Schiebermütze. Barbara fragt ihn, ob er sie kenne. Ja, sagt Ringo, er sei ihr zweimal begegnet. Sie habe ihm auch ein kleines Abzeichen gegeben, weshalb er keine Steuern mehr bezahlen müsse. Der Journalist korrigiert, er meine die Rockband. Ja, die kenne er auch, habe sie aber nie gemocht. Er gibt Barbara den Schirm, denn da kommt etwas auf ihn zu. Plötzlich hält Ringo ein Bündel Noten in der Hand. Er nimmt einen Schein und sagt, dafür möge er die Band sehr gerne. Dann blättert er im ganzen Bündel: „For this – what a great gang of guys!" ruft Ringo. Ein netter Auftakt für Freddie und seine Band.

„Good Ol' Freda", 2013

(Dokumentarfilm, 86 Minuten)
„Peace and love. My name is Ringo. And this is a message to all of Freda Kellys grandchildren. Freda was a great friend to the Beatles. She

was the fanclub leader. An we've known her for a long time. We all love Freda. She was great", sagt Ringo im Abspann dieser Dokumentation, die zu den besten über die Beatles gehört. Streng aus der Warte der Fanclub-Leiterin wird das Phänomen Beatles sehr menschlich und persönlich betrachtet. Es ist bewundernswert, mit welcher Diskretion, Konsequenz und Leidenschaft Freda ihre Arbeit für die Beatles geleistet hat. Sie war selbst ein großer Fan. Deshalb konnte sie die anderen Fans so ernst nehmen und gut verstehen. Bis zuletzt hielt sie am Käfer-Logo fest und vom ersten bis zum letzten Heft betreute sie auch das Fan-Magazin.

Freda hatte zu Ringos Mutter eine besonders enge Beziehung. Als die ersten Fanbriefe bei Ringos Privatadresse ankamen, waren Elsie und Ringo überfordert. Ringo notierte stichwortartig die Antworten auf bestimmte Fragen und ging damit zur Freda. „Es waren neun Briefe", lacht Freda, denn bei den anderen drei Beatles waren es längst viel mehr. Sie vereinbarten ein Treffen und Freda half Elsie beim Antworten. Daraus wurde ein Ritual. Jahrelang war Freda einmal die Woche bei Elsie. „Ich glaube, Elsie und Harry sahen in mir die Tochter, die sie nie hatten", sagt Freda. Sie verstand sich so gut mit Elsie, dass sie ihr Geheimnisse anvertraute, die sonst niemand kennt.

Cameos, Clips und Werbung

Rückblickend erweist sich „Caveman" als komischer Höhe- und Endpunkt von Ringos Karriere als Schauspieler. Die späteren Versuche, sich doch noch zu etablieren, werden von der Filmkritik negativ beurteilt. Da bei Ringo immer die Freude an der Arbeit im Vordergrund steht, versäumt er es, sich in der Nachfolge von „A Hard Day's Night" und „That'll Be The Day" weiter in dieser ernsthaften Richtung zu profilieren. Qualität ist nicht das dominierende Kriterium bei der Auswahl der Drehbücher. Wenige und bequeme Drehtage und hohe Honorare sind ihm wichtiger. Ringo macht aber auch nach „Caveman" vor und hinter der Kamera weiter. Bemerkenswert ist ein sehr gepflegter Auftritt Ringos mit Barbara an seiner Seite in stets luxuriöser Umgebung im TV-Spielfilm „Princess Daisy" (1983): Adrett frisiert und elegant gekleidet lässt Ringo seiner Frau den Vortritt bei längeren Gesprächen mit Dritten. Barbara ist es auch, die bei der Intrige (die beiden spielen ein Erpresser-Pärchen) die fiesen Ideen hat. Ringo trägt ein Halskettchen mit einem Goldsternchen. Man sieht ihn auf einer Yacht mit Models, im Schaumbad Zigarre rauchend oder im Bett mit Seidenpyjama und Schlafmaske. Sein wirklicher Lebenswandel unterscheidet sich in jenen Jahren kaum davon.

Mehrere Filme mit Ringos Beteiligung wurden schon in Teil eins und Teil zwei in diesem Buch erwähnt. Es gibt exotische Momente, beispielsweise im Jahr 1969, als Maurice Gibb von den Bee Gees in Ringos Nachbarschaft wohnt. Sie treffen sich oft und drehen Amateurfilme, denen man den Spaß ansieht, den sie dabei hatten. Sie kostümieren sich recht aufwändig und überbrücken spielerisch in ihren Darbietungen die Jahrhunderte. Einerseits versetzen sie sich ins 18. Jahrhundert und springen gar ins 10. Jahrhundert zurück, als sich die Königreiche York und Jórvik bekämpften, andererseits befinden sie sich rauchend in der Gegenwart einer fiktiven Talk-Show und einer Nachrichten-Parodie samt absurden Werbeeinblendungen. Ringo gibt den Journalisten, der Maurice befragt, wie man sich als Prinz fühlt. Die beiden machen sich über die Medien lustig, die ständig wissen wollen, wie es einem als Pop-Star geht. Manchmal läuft Ringos Schäferhund ins Bild oder Sohn Zak. Ringo gibt später den Nachrichtensprecher, Maurice den Sportberichterstatter. Es sind private Fingerübungen Ringos als Filmemacher und Regisseur. Dazu gehören auch Montagetricks für skurrile Videoclips oder Ringo im Pool oder auf einer Schaukel. Nebenbei entsteht ein Instrumental der beiden: „Modulating Maurice".

1973 sieht man Ringo mit Maureen backstage in David Bowies „Ziggy Stardust And The Spiders From Mars". Zu sehen ist Ringo auch in Dick Clements „Water" (1985) mit George Harrison und Eric Clapton und in Steven Van Zandts Video „Sun City" (1985) oder im nie ausgestrahlten Film „To The North Of Katmandu" (1986), in dem er im Cartier-T-Shirt (Cartier ist der Sponsor) mit Frau Barbara auf Elefanten Polo spielt. In der Musikkomödie mit Bruce Willis „The

Return Of Bruno" (1987) erklärt Ringo, ohne Bruno Radolini hätte es die Beatles nie gegeben. Zudem tritt er im kanadischen Esoterik-Dokumentarfilm „Walking After Midnight" (1988) als Erzähler auf – ohne Körper über eine prähistorische Landschaft schwebend. Im Dokumentarfilm „Oh My God" (2009) äußert er sich zu seinem Glauben. Weitere Auftritte: In Voormanns Musikdokumentation „All You Need Is Klaus" (2010). In Martin Scorseses Film über George Harrison „Living In The Material World" (2011). Als Zeichentrickfigur in der Zeichentrickserie „The Powerpuff Girls": Ringo singt 2014 das Lied für Frieden und Liebe „I Wish I Was A Powerpuff Girl" und spielt in knallgelbem Mädchenkleid Schlagzeug. Zudem leiht er in der Serie der Figur des Mathematikers Fibonacci seine Stimme.

Zur Komödie „Popstar: Never Stop Never Stopping" (2016) trägt Ringo mit einem herzhaften „doinkdedoink" bei. Die Dokumentation „The Beatles: Eight Days A Week – The Touring Years" (2016) mit Ringo-Zitaten, produziert von Apple Corps, richtet sich an die Nachgeborenen, damit sie die Beatlemania aus der Zeit ihrer Eltern und Großeltern besser verstehen. Auch bei Allan Parkers Dokumentation „It Was Fifty Years Ago Today! The Beatles: Sgt. Pepper & Beyond" (2017) ist Ringo mit von der Partie, aber Pete Best erzählt hier die mit Abstand beste Geschichte: John erinnerte sich demnach 1967, dass er bei Pete zu Hause Ehrenmedaillen gesehen hatte. Er beauftragte Neil Aspinall, der sehr eng mit der Best-Familie verbunden war, mit der Recherche. Ergebnis: John trägt an seiner Uniform auf dem Cover von „Sgt. Pepper" die Medaillen von Pete Bests Großvater mütterlicherseits. Pete Best hat auch das letzte Wort im Film. Er spricht von der planetarischen Wirkung der Beatles über 50 Jahre nach ihrem Ende: „It's wonderful for me to be a small part of it". So schließt Pete Frieden mit seinem harten Schicksal nur für den Fall, dass es doch kein Vieraugengespräch mit Ringo mehr geben wird.

Manchmal fehlt Ringo gänzlich in Dokumentationen, in denen man ihn erwarten würde, beispielsweise in „Who Is Harry Nilsson. (And Why Is Everybody Talkin' About Him?)" (2006): Yoko Ono, May Pang, Al Kooper, Richard Perry und viele andere geben in Interviews Auskunft über Harry Nilsson. Aber Harrys bester Freund Ringo weigert sich, daran teilzunehmen mit der Begründung, er habe große Mühe über drei Freunde zu sprechen, Harry, John und George. Auch im hochgelobten Spielfilm „Yesterday" (2019) von Danny Boyle („Slumdog Millionaire") fehlt Ringo. Er und Paul hätten sich gut an der Seite von Himesh Patel und Ed Sheeran gemacht. Immerhin äußern sich die Fab-Two nach dem großen Erfolg positiv zum Film. Manchmal taucht Ringo dann aber in Dokumentationen auf, in denen man ihn nicht erwarten würde: In Jakob Dylans und Andrew Slaters Dokumentarfilm „Echo In The Canyon" (2019) erinnert Ringo daran, dass er sich schon bei seinem ersten Besuch mit den Beatles 1964 in Los Angeles in seine spätere Wahlheimat verliebt habe. Er erinnert an seine späteren Begegnungen mit David Crosby, Roger McGuinn und vielen anderen Musikern aus dem Laurel Canyon. Ringo lebte selbst 1979 im legendären Folk Rock-Canyon, im von Mama Cass gemieteten Haus, das dann abbrannte.

Ringo verdient sich als Werbeträger vor allem in den 1980er und 1990er Jahren zusätzlich zu den Tantiemen, den Einnahmen aus Konzerttourneen und den Plattenverkäufen hohe Honorare. Kurz vor der Selbsteinweisung in die Entzugsklinik 1988 wirbt Ringo noch für das Alcopop-Getränk Sun Country Cooler. Kurz danach wirbt er 1989 mit seiner Tochter Lee für General Motors unter dem Slogan „This Is The New Generation Of Oldsmobile". In den lustigen Videoclips sowohl fürs Getränk als auch fürs Auto wird auf Ringo als früherer Beatle rekurriert.

Mit Japan hatte Ringo schon Mitte der 1970er Jahre gute Geschäfte gemacht, als er mehrere Werbeclips mit einem eigens komponierten Lied produzierte. Mit von der Partie waren Harry Nillson und der frühere Monkee Davy Jones. Damals warb er für Freizeitkleidung der Marke Simple Life der japanischen Firma Renown. Und weil Ringo auf Japanisch Apfel heißt, wirbt er 1995 in mehreren witzigen Clips für das japanische Fruchtgetränk Ringo Sutta (geriebener Apfel). Er fühlt sich in den TV-Clips angesprochen, wenn Japaner Ringo Sutta sagen (das „U" hört man kaum) und denkt, er sei in Japan gerade erkannt worden. Dann aber versteht er, dass das Getränk gemeint ist. Für die Clips, die zwei Tage Drehzeit in Vancouver beanspruchen,

Hin- und Rückflug erster Klasse inklusive, bekommt Ringo rund 500.000 britische Pfund.

Mitte der 1990er wirbt er für Pizza Hut, obwohl er selbst keine Pizza isst. Im Videoclip wird auf eine Wiedervereinigung der Beatles angespielt, aber dann ist Ringo von den Monkees umgeben. Er tritt auch kurz in Werbespots für die Kreditkarte Discovery, für den Immobilienmakler Century 21, für Schweppes und mehrfach für die Versicherungsgesellschaft Aviva auf. Im Jahr 2014 wirbt er für die Schuhfirma Skechers unter dem Slogan „Relaxed Fit Shoes – Rock out in comfort", was ihm Kritik seitens professioneller Drummer einbringt. Im Werbeclip bewegt Ringo mit einem eleganten Modell von Skecher die Fußmaschine Heel-down. Sein gesamter Fuß liegt also auf dem Pedal. Aber Skecher haben Gummisohlen. Das ist ein No-Go für manche Profis. Die bestehen darauf: Entweder man spielt in Schuhen mit Ledersohlen oder barfuß, um die Schwingungen besser zu spüren. Mit Gummisohlen könne man nur mit vom Pedal abgehobener Verse Heel-up vernünftig spielen. Unverfänglicher ist es, wenn Ringo schlicht die Rechte zu Werbezwecken eng begrenzt abgibt, wie für 7-Eleven, die mit „It Don't Come Easy" für selbstbelegte Hamburger werben.

Ringos Bücher

Ringo Starr veröffentlicht 2004 das großformatige Buch „Postcards From The Boys" (Genesis Publications, Deutsch bei Schwarzkopf & Schwarzkopf, 2005). Darin werden 51 Postkarten jeweils mit Vorder- und Rückseite abgebildet, die John, Paul und George ihrem Drummer geschickt haben. Am Ende des Buches befindet sich ein umfangreiches Stichwortverzeichnis. Das Buch lässt sich als kleines Nachschlagewerk in Sachen Ringo verwenden. Das liegt daran, dass er zu jeder Karte seinen Gedanken freien Lauf lässt. So erfährt man beispielsweise, dass er leidenschaftlich gerne in schneebedeckten Bergen spirituelle Erfahrungen macht; dass er in Sachen Alkohol- und Drogenmissbrauch 1988 auf den großen Absturz zusteuerte, und dass er so stolz darauf ist, zum ersten Mal mit Zak bei Steven Van Zandts Projekt Artists United Against Apartheid zusammengearbeitet zu haben. Ringo berichtet, dass seine und Barbaras Schäferhunde Anfang der 1980er Jahre die Gäste in Tittenhurst in Panik versetzen konnten; dass in Jamaika Burning Spear sein Lieblingsmusiker ist oder dass man ihm in einer Klinik in Monte Carlo eineinhalb Meter Gedärme rausoperierte, worauf er fünf Tage in der Intensivstation lag und schon wenig später wieder 60 Zigaretten am Tag rauchte. Auf einer Karte versteht er etwas nicht, was George ihm geschrieben hat. Das erinnert ihn daran, dass er noch alte Notizbücher von sich besitzt: „Da braucht man heute einen Marsmenschen, um die zu entziffern." Und Ringos Motto lautet: „Ich kann überall leben, wo Palmen wachsen." Die vielleicht wichtigste Aussage Ringos im Buch ist ein Kommentar zu einer Karte Pauls aus Rishikesh. Ringo und Maureen waren ja früher zurück nach England geflogen. Ringo kommentiert Pauls Karte: „Ich bin auch im Nachhinein noch froh, dort gewesen zu sein und den Maharishi getroffen zu haben. Er hat mir ein Mantra mit auf den Weg gegeben, das mir keiner wegnehmen kann. Es begleitet mich bis heute."

Die Postkarten sind für Ringo der Anlass, sich an Anekdoten zu erinnern. Für die Leser ist es, als blättere man mit Ringo in einem privaten Album, um beispielsweise zu erfahren, wie gut die Fab Four auch nach dem Ende der Beatles noch befreundet waren. Ähnliches geschieht in Ringos zweitem Buch: „Photograph" (Genesis Publications, 2013), wofür er sein Foto-Archiv durchforstet hat. Es handelt sich ausschließlich um Aufnahmen, die Ringo selbst gemacht hat oder die ihm gehören. Seine Mutter hatte noch Schachteln voll vergessener Fotos und Ringo selbst fand unzählige Negative, die erstmals für „Photograph" ausgewertet wurden. „Ich habe viele Bilder gefunden, von denen ich keine Ahnung hatte", so Ringo. Er besitzt noch seine erste Kamera und sein erstes Fischaugenobjektiv, mit dem er John, Paul und Ringo in Indien fotografierte. Im Buch sind daher seltene und viele bis dahin auch nie gesehene Fotos Ringos auch aus seiner Kindheit und seiner Zeit vor den Beatles enthalten. Ringo mit Schulkameraden, im Krankenhaus, mit seiner Mutter oder trommelnd an seinem ersten Schlagzeug. Dazu hat Ringo wie beim Postkartenbuch assoziative Kommentare verfasst. John, Paul, George und Ringo hatten alle Kameras, „aber ich war der Fotograf", erinnert sich Ringo. Er dokumentiert damals klugerweise das Leben der Beatles auch im Alltag und auf Tour. Man sieht die Beatles auch beim Essen oder beim Blödeln in den Hotelsuiten.

Ringos drittes Buch „Ringo Starr: Another Day In The Life" (Genesis Publications, 2019) setzt die Erfolgsformel der ersten zwei Bücher fort. Es enthält 500 bis dahin unveröffentlichte Fotos Ringos oder sehr seltene Archivaufnahmen jeweils mit seinen Kommentaren. „I love taking photos of random things, and seeing how they all fit together. Whether it is at home or on the road, certain things catch my eye – and when I see something that interests me, that's the emotion of it, and I want to capture it", erklärt Ringo. Das Buch ordnet die Fotos thematisch stärker als die beiden Vorgänger. So werden beispielsweise einige Seiten dem Thema Stern gewidmet, andere einem Vogel auf Ringos Balkon in Miami, wieder andere dem Mond, dem Friedenszeichen oder dem Gesicht in verschiedensten Erscheinungsformen, später nur dem Auge. Hinzu kommen viele Bilder, die Ringo in Restaurants mit dem Handy fotografiert hat: Besonders arrangierte Teller-Gerichte. Das Handy führt auch zu sehr vielen Selfies mit Freunden. Ringo der Tierliebhaber kommt ebenfalls zum Ausdruck.

Das Layout ist anspruchsvoller als in den Vorgängern. Platzierungen und Größe der Bilder sind ausgeklügelt und erheben den Anspruch mehr als ein privates Album, sondern eher ein Kunstbuch zu sein. Der großformatige Band enthält auch ein Lieblingszitat Ringos von Albert Camus: „Geh nicht vor mir; vielleicht folge ich dir nicht. Geh nicht hinter mir; vielleicht führe ich dich nicht. Geh einfach neben mir und sei mein Freund."

NACHWORT

Die Journalistin Barbara Jill Walters fragt Ringo in einem bemerkenswert ruhigen TV-Interview 1981, was er tun könne, um wieder er selbst und nicht der Beatle zu sein. „Dazu werde ich nie in der Lage sein“, erwidert Ringo und beschwert sich, dass man ihn immer einen Jungen nenne, einen Lad oder einen Boy. Aber er hat sich im Inneren den Jungen bewahrt. Er passt auf sich auf. Über dreißig Jahre später sagt er: „Well, I'm getting happier all the time, which is very nice.“

Johns Zitat wird ihn immer begleiten: „He was quite simply the heart of the Beatles“. Das Herz und mehr: Wenn John und Paul die genialen waren und George der ruhige, so ist Ringo der liebenswerte: „I'm the lovable one“. Er bestätigt, dass er bei den Beatles die Mütter und die Kinder faszinierte, George die Intellektuellen, Paul die Teenager und John alle. Auf die Frage, wer von den Vieren denn die meisten Mädchen gekriegt habe, sagt Ringo, es sei Paul gewesen, aber in den USA sei er es gewesen: „I'm Mister America.“ Als ein Journalist während des Interviews feststellt: „Du warst der berühmteste Beatle“ erwidert Ringo: „Zu Hause, ja“.

Wenn es um die Frage des Nachruhms geht, betont Ringo die Musik: „I think the most exciting thing is that you expect people our age to know the music, but actually a lot of kids know the music, and if anything is left, we have left really good music, and that's the important part, not the mop-tops or whatever.“

Ringo freut sich, dass seine beiden Söhne künstlerisch arbeiten, Zak als Schlagzeuger (zurzeit bei den Who), Jason spielt mehrere Instrumente und fotografiert, Tochter Lee ist Modedesignerin und wurde 2009 Mutter von Drillingen. „Ich wollte einen Anwalt als Sohn“, lacht Ringo und erinnert sich daran, wie hilflos er war, als Zak die

Schule abbrach, um professioneller Schlagzeuger zu werden. „Aber was sollte ich tun? Ich hab's ja vorgemacht."

Ringo ist achtfacher Großvater und inzwischen auch Urgroßvater. Er bietet seiner großen Familie finanzielle Sicherheit. 2019 ist er auf Platz eins der Forbes-„People With Money"-Liste über die zehn bestbezahlten Sänger des Jahres mit einem geschätzten Verdienst von 75 Millionen Dollar, die er aus verschiedenen Quellen einnimmt. Damit ist Ringo auch der bestverdienende und reichste Schlagzeuger der Welt. Ringo verfügt derzeit über ein geschätztes Vermögen von 215 Millionen Dollar.

Immer wieder wird Ringo gefragt: Warum tourst du noch? Du hast es doch nicht nötig? Und Ringo antwortet: „Ich liebe es. Deshalb mache ich es. Ich bin Musiker und will mit anderen Musikern live auftreten." An anderer Stelle erklärt Ringo: „I still get magic moments now, onstage with the All-Starrs. When you're together, the band is together and the audience is together, it creates a magic moment that, unless you do it, you'll never unterstand. It's a magical, spiritual moment. You can feel it just lift your spirits. It's a good reason to go on tour."

Jahrzehntelang haben Journalisten Ringos beschränkte Gesangsfähigkeiten kritisiert. Doch die einfach zu singenden Parts in seinen Songs haben den Vorteil, dass Ringo sie heute immer noch live darbieten kann wie am ersten Tag und wie im Studio, ohne die geringsten Qualitätseinbußen. Zudem kommt er auf der Bühne ohne Teleprompter klar. Und dort wedelt er noch immer wild mit den Armen. Manchmal hält er sie hoch wie ein Boxer und tänzelt, manchmal schießen sie in die Höhe wie bei einem Fußball-Schiedsrichter. Und all das nur, weil er nicht am Schlagzeug sitzt. Ringo, der einzigartige Performer, besitzt Qualitäten, die sich aus vielen Zufällen zusammensetzen.

2020 hat Ringo immer noch Lampenfieber. Vor jedem Konzert kommt der Moment, in dem er am liebsten ins Bett möchte. Vor jedem Konzert nimmt er sich vor, wie Frank Sinatra cool schlendernd vor sein Publikum zu treten. Umsonst. Ringo rafft sich auf und stürmt vorwärts. Das ist auch der Grund, warum er meist zu Beginn im Laufschritt auf der Bühne erscheint. Sobald er das Mikro in der Hand hält, geht es ihm dann gut. Die Show startet. Die Show geht weiter. Auch im Studio: 2019 erscheint sein Album „What's My Name". Die Stimme auf dem neuen Album ist reicher, tiefer. „Je mehr ich sie benutze, desto besser wird sie."

Es klingt absurd, aber Ringo wird heute noch nach einer Beatles-Reunion gefragt. Lange nach Johns Tod sagte George in einem Interview: „Es gibt keine Wiedervereinigung, so lange John tot bleibt." Das Problem hat sich seit Georges Tod 2001 verdoppelt. Also arbeiten Ringo und Paul an virtuellen Vereinigungen. Nach „Free As A Bird" ist das 2019 wieder geschehen mit dem Lied „Grow Old With Me".

Und da gibt es ja noch das Gerücht der finalen Wiedervereinigung. Schließlich ist der letzte dokumentierte Standort von Johns Urne unter Yokos Bett im Dakota Building. Und Georges Asche wurde nicht wie ursprünglich gemeldet in den Ganges gestreut, oder nur ein Teil. Es befindet sich viel von Georges Asche bei Olivia. Von John und George gibt es keine Gräber auf Friedhöfen. Von einem Mausoleum ist nun die Rede, in dem letztlich die Asche der Fab Four wieder vereint sein wird.

Inzwischen mehren sich posthume Huldigungen. Zum John Lennon Airport in Liverpool sagt Ringo, dass er sich gefreut hätte, wenn man wenigstens ein Gepäckband im Flughafen nach ihm benannt hätte. Aber ein Teil seiner Grundschule heißt ja nun Ringo, ein Garten heißt George und das Imagine-Mosaik im Central Park in New York ersetzt den Grabstein für John. Auffallend oft spricht Ringo von 87, er werde bestimmt 87 Jahre alt. Es scheint sein Pendant zu Pauls gesungenem 64 zu sein. Und so jugendlich wie die beiden heute sind, werden sie wohl alle Erwartungen übertreffen. Es bleibt die Hoffnung auf viele neue Fab Two-Alben und -Konzerte.

Die Schauspielerei allerdings hat Ringo längst aufgegeben. Er leistet nicht lange Widerstand, wenn Journalisten ihm erklären, dass er in „Candy" und vielen anderen Filmen kein guter Mime war. Und doch verteidigt Ringo seine Arbeit vor der Kamera. Immerhin habe er dadurch die Größten seines Fachs kennengelernt: Liz Taylor, Richard Burton oder Marlon Brando.

Die Western-Ballade „Ringo“ aus dem Album „Welcome To The Ponderosa“ ist 1964 ein Hit für den Schauspieler Lorne Greene, der Ben Cartwright in „Bonanza“ spielt. Dabei wird Greenes Bariton-Sprechgesang vielfach von einem sonoren Männerchor beantwortet, der „Ringo“ ruft. Die Parallele zu 2019 drängt sich auf: In Ringos Single „What's My Name“ aus dem gleichnamigen 20. Studioalbum wird 55 Jahre später die rhetorische Frage (der Songtitel hat kein Fragezeichen) von einem gemischten Fan-Chor beantwortet: „Ringo!“

Ringo, der größte Drummer der Welt ist mit 80 Jahren ein Meter und 69 Zentimeter hoch, drahtig und muskulös, so als radle er heute noch auf dem Heimtrainer wie 1964 im Begleitvideo zu „I Feel Fine“. Die Uniform von „Sgt. Pepper“ von 1968 passt ihm immer noch. Er fühlt sich gut und kündigt seine 2020er Tour an – vorsichtig aus dem Off, mit Pausen. Ringos zögerliches und scheinbar deplatzierter Hinweis „and I'm here“ hält man für einen Versprecher. Es werden Daten und Städte eingeblendet und die All-Starr Band in Aktion gezeigt und Ringo spricht: „Hello everybody, my name is Ringo … and I'm here … ähm … and then I'm there“. Anlässlich seiner Friedensaktion zu seinem Geburtstag sagt er: „Humor is huge! Isn't that great? Positive vibes? Laughing is good for your body!“ So hat sich Ringo in das Bewusstsein der Öffentlichkeit hineingesprochen, -getrommelt und gesungen. Und wenn er sagt „I'd like to end up sort of unforgettable“, so hat er das längst geschafft.

ANHANG

DISKOGRAPHIE

Sentimental Journey / April 1970

Sentimental Journey / Night And Day / Whispering Grass (Don't Tell The Trees) / Bye Bye Blackbird / I'm A Fool To Care / Stardust / Blue, Turning Grey Over You / Love Is A Many Splendoured Thing / Dream / You Always Hurt The One You Love / Have I Told You Lately That I Love You? / Let The Rest Of The World Go By

Beaucoups Of Blues / September 1970

Beaucoups Of Blues / Love Don't Last Long / Fastest Growing Heartache In The West / Without Her / Woman Of The Night / I'd Be Talking All The Time / $15 Draw / Wine, Women And Loud Happy Songs / I Wouldn't Have You Any Other Way / Loser's Lounge / Waiting / Silent Homecoming

Ringo / November 1973

I'm The Greatest / Have You Seen My Baby / Photograph / Sunshine Life For Me (Sail Away Raymond) / You're Sixteen / Oh My My / Step Lightly / Six O'Clock / Devil Woman / You And Me (Babe)

Goodnight Vienna / November 1974

(It's All Down To) Goodnight Vienna / Occapella / Oo-Wee / Husbands And Wives / Snookeroo / All By Myself / Call Me / No No Song / Only You / Easy For Me / Goodnight Vienna (Reprise)

Ringo's Rotogravure / September 1976

A Dose Of Rock'n'Roll / Hey! Baby / Pure Gold / Cryin' / You Don't Know Me At All / Cookin' (In The Kitchen Of Love) / I'll Still Love You / This Be Called A Song / Las Brisas / Lady Gaye / Spooky Weirdness

Ringo The 4th / September 1977

Drowning In The Sea Of Love / Tango All Night / Wings / Gave It All Up / Out On The Streets / Can She Do It Like She Dances / Sneaking Sally Through The Alley / It's No Secret / Gypsies In Flight / Simple Love Song

Scouse The Mouse / Dezember 1977

Living In A Pet Shop / Sing A Song For The Tragopan / Scouse's Dream / Snow Up Your Nose For Christmas / Running Free / America (A Mouse's Dream) / Scousey / Boat Ride / Scouse The Mouse / Passenger Pigeon / I Know A Place / Caterwaul / S.O.S. / Ask Louey / A Mouse Like Me

Bad Boy / April 1978

Who Needs A Heart / Bad Boy / Lipstick Traces (On A Cigarette) / Heart On My Sleeve / Where Did Our Love Go / Hard Times / Tonight / Monkey See – Monkey Do / Old Time Relovin' / A Man Like Me

Stop And Smell The Roses / November 1981

Private Property / Wrack My Brain / Drumming Is My Madness / Attention / Stop And Take The Time To Smell The Roses / Dead Giveaway / You Belong To Me / Sure To Fall / You've Got A Nice Way / Back Off Boogaloo

Old Wave Juni 1983

In My Car / Hopeless / Alibi / Be My Baby / She's About A Mover / I Keep Forgettin' / Picture Show Life / As Far As We Can Go / Everybody's In A Hurry But Me / Going Down

Time Takes Time / Juni 1992

Weight Of The World / Don't Know A Thing About Love / Don't Go Where The Road Don't Go / Golden Blunders / All In The Name Of Love / After All These Years / I Don't Believe You / Runaways / In A Heartbeat / What Goes Around

Vertical Man / August 1998

One / What In The … World / Mindfield / King Of Broken Hearts / Love Me Do / Vertical Man / Drift Away / I Was Walkin' / La De Da / Without Understanding / I'll Be Fine Anywhere / Puppet / I'm Yours

I Wanna Be Santa Claus / Oktober 1999

Come On Christmas, Christmas Come On / Winter Wonderland / I Wanna Be Santa Claus / The Little Drummer Boy / Rudolph The Red-Nosed Reindeer / Christmas Eve / The Christmas Dance / Christmas Time (Is Here Again) / Blue Christmas / Dear Santa / White Christmas / Pax Um Biscum (Peace Be With You)

Ringo Rama / März 2003

Eye To Eye / Missouri Loves Company / Instant Amnesia / Memphis In Your Mind / Never Without You / Imagine Me There / I Think Therefore I Rock And Roll / Trippin' On My Own Tears / Write One For Me / What Love Wants To Be / Love First, Ask Questions Later / Elizabeth Reigns / English Garden

Choose Love / Juli 2005

Fading In Fading Out / Give Me Back The Beat / Oh My Lord / Hard To Be True / Some People / Wrong All The Time / Don't Hang Up / Choose Love / Me And You / Satisfied / The Turnaround / Free Drinks

Liverpool 8 / Januar 2008

Liverpool 8 / Think About You / For Love / Now That She's Gone Away / Gone Are The Days / Give It A Try / Tuff Love / Harry's Song / Pasodobles / If It's Love That You Want / Love Is / R U Ready?

Y Not / Januar 2010

Fill In The Blanks / Peace Dream / The Other Side Of Liverpool / Walk With You / Time / Everyone Wins / Mystery Of The Night / Can't Do It Wrong / Y Not / Who's Your Daddy

Ringo 2012 / Januar 2012

Anthem / Wings / Think It Over / Samba / Rock Island Line / Step Lightly / Wonderful / In Liverpool / Slow Down

Postcards From Paradise / März 2015

Rory And The Hurricanes / You Bring The Party Down / Bridges / Postcards From Paradise / Right Side Of The Road / Not Looking Back / Bamboula / Island In The Sun / Touch And Go / Confirmation / Let Love Lead

Give More Love / September 2017

We're On The Road Again / Laughable / Show Me The Way / Speed Of Sound / Standing Still / King Of The Kingdom / Electricity / So Wrong For So Long / Shake It Up / Give More Love

What's My Name / Oktober 2019

Gotta Get Up To Get Down / It's Not Love That You Want / Grow Old With Me / Magic / Money / Better Days / Life Is Good / Thank God For Music / Send Love Spread Peace / What's My Name

FILMOGRAPHIE

The Beatles Come To Town (1963) / A Hard Day's Night (1964) / Help! (1965) / Reflections On Love (1966) / Magical Mystery Tour (1967) / The Beatles Mod Odyssey (1968) / Candy (1968) / The Magic Christian (1969) / Let It Be (1970) / 200 Motels (1971) / Blindman (1971) / The Concert For Bangladesh (1972) / Born To Boogie (1972) / That'll Be The Day (1973) / Ziggy Stardust And The Spiders From Mars (1973) / Son Of Dracula (1974) / Lisztomania (1975) / The Day The Music Died (1977) / The Beatles And Beyond (1977) / Sextette (1978) / The Last Waltz (1978) / The Kids Are Alright (1979) / Caveman (1981) / The Cooler (1982) / Give My Regards To Broad Street (1984) / Water (1985) / Alice In Wonderland (1985) / Sun City (1986) / Queen: The Magic Years (1987) / Walking After Midnight (1988) / The Return Of Bruno (1988) / The Long And Winding Road: The Life And Times Of The Beatles (1994) / Anthology 1 bis 3 (1995 bis 1996) / Concert For George (2003) / Oh My God (2009) / George Harrison: Living In The Material World (2011) / Good Ol' Freda (2013) / Popstar: Never Stop Never Stopping (2016) / The Beatles: Eight Days A Week – The Touring Years (2016) / How The Beatles Changed The World (2017) / Echo In The Canyon (2019)

BIBLIOGRAPHIE

Andy Babiuk: „Beatles Gear“ (Backbeat Books, San Francisco 2001). Das großformatige Buch präsentiert in Wort und Bild alle technischen Details zu Ringos verschiedenen Schlagzeugen.

Keith Badman: „The Beatles After The Break-Up. 1970–2000“ (Omnibuspress, London 1999). Dieses Nachschlagewerk ist chronologisch geordnet und berichtet seit April 1970 bis März 2000 oft Tag für Tag, was die vier Ex-Beatles gemacht haben. Keith Badman hat mehrere Bücher zur Rockmusik veröffentlicht und war Berater für „The Beatles Anthology“.

Pete Best & Patrick Doncaster: „Beatle! The Pete Best Story“ (Plexus Books, London 2001). Pete Best erzählt die Geschichte aus seiner Warte. Am Ende wird klar: Alle haben ihren Frieden gemacht, aber es bleiben noch Rechnungen offen.

Cilla Black: „What's It All About“ (Ebury Press, London 2003). In ihrer Autobiographie legt Cilla den Schwerpunkt auf die Berührungspunkte mit den Beatles.

Geoff Emerick & Howard Massey: „Here, There and Everywhere: My Life Recording The Music Of The Beatles“ (Gotham Books, New York 2006). Emerick, der genialische Tontechniker der Beatles (ab „Revolver“) und vierfache Grammy-Gewinner verrät Einzelheiten bei den Aufnahmen rund um Ringos Schlagzeug.

Bill Harry: „The Ringo Starr Encyclopedia“ (Virgin Books, London 2004). Bill Harry, geboren 1938 in Liverpool, kannte alle vier Beatles persönlich, prägte den Begriff Mersey Beat, gründete die gleichnamige Zeitschrift und war der erste Journalist, der regelmäßig über die Beatles berichtete. Für jede Beschäftigung mit Ringo ist dies das

Grundlagenwerk. Es ist allerdings nicht leserfreundlich, da es streng alphabetisch von A bis Z nach Schlagworten geordnet ist.

Mark Lewisohn: „The Complete Beatles Recording Sessions: The Official Story Of The Abbey Road Years 1962–1970" (Hamlyn/Hachette, London 2018). Der Klassiker von 2013 in neuem Gewand. Lewisohn irritiert darin noch nicht die Beatles-Forscher mit zurückgehaltenen Aufnahmen Lennons.

Brian Southall: „The Beatles Album By Album" (Carlton Books, London 2019): Auf dem neuesten Stand der Forschung untersucht Southall alle Alben der Beatles und räumt Ringo den Platz ein, der ihm gebührt. Das zeigt sich auch an der Foto-Auswahl, z. B. auf den Seiten 48 und 49, wo Ringo im Vordergrund steht.

Brian Southall: „The Beatles In 100 Objects" (Carlton Books, London 2013): Das Buch enthält viele seltene Aufnahmen und besondere Informationen, u. a. zum Beatles Käfer-Logo oder zu Ringos Kleidung. Herausragend ist Ringos Abbey Road Aschenbecher (S. 76)

Michael Seth Starr: „Ringo – With A Little Help" (Backbeat Book, Milwaukee 2015). Der Autor ist nicht mit Ringo verwandt und hat sonst nichts zu den Beatles veröffentlicht. Ringo hat sich öffentlich distanziert. Der Autor schreibt statt Ritchie ständig Richy und unterschlägt die wichtigsten Quellen: Ringo Starrs Buch „Photograph" (2013) und Ringos Gespräch mit Elliot Mintz (1976). Das Buch enthält viele zweifelhafte Aussagen von „Freunden" Ringos.

Steve Turner: „A Hard Day's Write. The Stories Behind Every Beatles Song" (Carlton Books, London 1994/1999). Turner würdigt auf vielfältige Weise Ringos Beiträge zu den Beatles-Songs.

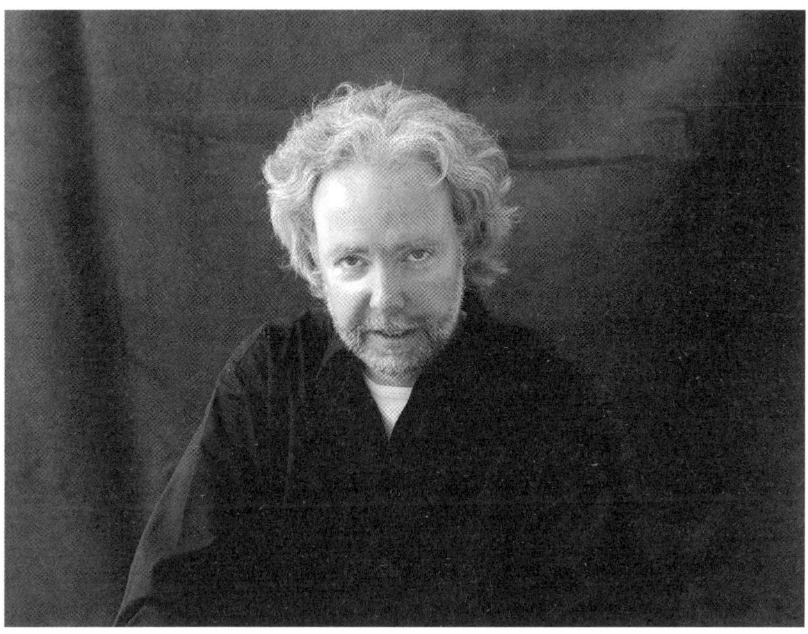

Über den Autor:

Nicola Bardola, geb. 1959 in Zürich, studierte Germanistik, italienische Literatur und Philosophie und lebt seit vierzig Jahren in München. Bekannt wurde er mit seinem Roman „Schlemm“. Mit dem Porträt von Stephenie Meyer «The Twilight Phenomenon» (Picadilly Press) gelang ihm ein internationaler Bestseller. Der Literatur- und Musikkritiker gilt als exzellenter Beatles-Experte und veröffentlichte eine autorisierte und vielbeachtete Biografie über Yoko Ono und eine weitere über John Lennon. Bardola lieferte Beiträge u.a. für die Süddeutsche Zeitung, Rolling Stone oder Die Zeit und ist seit über 25 Jahren ständiger Mitarbeiter beim Börsenblatt für den deutschen Buchhandel. Seine letzte Buchveröffentlichung „Elena Ferrante – meine geniale Autorin“ (Reclam) wurde als „Identitätskrimi“ (NDR) bezeichnet und erregte großes Aufsehen.

Bildnachweis

Cover:
Umschlag Vorderseite: © ullstein bild/ mirrorpix; Umschlag Rücken und Rückseite: © shutterstock.com/s_bukley

Inhalt:
S. 8 © ullstein bild; S. 12 © shutterstock.com/Fabio Diena; S. 14 © ullstein bild – Heritage Images/Jewish Chronicle; S. 112 © ullstein bild/United Archives/IFTN; S. 114 © ullstein bild/mirrorpix; S. 180 © ullstein bild – RDB; S. 182 © ullstein bild/©TopFoto; S. 231 © ullstein bild/Rex Features/ITV Sutterstock; S. 239 © Vogt und Boerboom

Bildteil:
1: © ullstein bild/Mirrorpix/Eric Piper; 2: © GettyImages/Bryn Colton; 3: © GettyImages/Ebet Roberts; 4: © ullstein Bild/mirrorpix; 5: © ullstein bild – Heritage Images/Jewish Chronicle; 6: © shutterstock.com/Dana Nalbandian; 7: © GettyImages/Robert Knight Archive; 8: © ullstein bild – AP; 9: © shutterstock.com/ Fabio Diena; 10: © GettyImages/Kevin Mazur/WireImage; 11: © GettyImages/Suzanne Cordeiro; 12: © shutterstock.com/ JStone; 13: © shutterstock.com/ Eugene Powers; 14: © GettyImages/Michael Ochs Archives; 15: © ullstein bild – Heritage Images; 16: © GettyImages/Michael Ochs Archives, 17: © ullstein bild/M McNeill; 18: © GettyImages/Bettmann; 19: © ullstein bild/Arthur Sidey; 20: © GettyImages/Paul Harris; 21/22: © Archives Studio/Edouard Curchod; 23: © ullstein bild/mirrorpix; 24: © ullstein bild/mirrorpix/Ley Charlie; 25: © ullstein bild/amw; 26: Albumcover-Foto aus privater Sammlung; 27: © GettyImages/LMPC; 28–30: © MovieArt.ch; alle Albumcover-Fotos aus privater Sammlung